U0514636

"国家自然科学基金青年项目"创新政策工具及其组合对企业持续创新的影响机理研究（项目编号：72004182）

"陕西省社科基金年度项目""放管服"改革促进陕西中小企业持续创新研究（项目编号：2022R031）

"陕西省创新能力支撑计划项目"基于创新驱动发展战略的西安创新型城市发展与评价研究（项目编号：2019KRM068）

创新型城市建设的理论
与实证研究

郑 烨 著

中国财经出版传媒集团
经济科学出版社
Economic Science Press

图书在版编目（CIP）数据

创新型城市建设的理论与实证研究/郑烨著 . -- 北
京：经济科学出版社，2022. 11
ISBN 978 - 7 - 5218 - 4250 - 0

Ⅰ. ①创… Ⅱ. ①郑… Ⅲ. ①城市建设 - 研究 - 中国
Ⅳ. ①F299. 2

中国版本图书馆 CIP 数据核字（2022）第 214944 号

责任编辑：刘　莎
责任校对：王苗苗
责任印制：邱　天

创新型城市建设的理论与实证研究

郑　烨　著

经济科学出版社出版、发行　新华书店经销
社址：北京市海淀区阜成路甲 28 号　邮编：100142
总编部电话：010 - 88191217　发行部电话：010 - 88191522
网址：www. esp. com. cn
电子邮箱：esp@ esp. com. cn
天猫网店：经济科学出版社旗舰店
网址：http://jjkxcbs. tmall. com
固安华明印业有限公司印装
710 × 1000　16 开　18. 25 印张　300000 字
2022 年 11 月第 1 版　2022 年 11 月第 1 次印刷
ISBN 978 - 7 - 5218 - 4250 - 0　定价：82. 00 元
（图书出现印装问题，本社负责调换。电话：010 - 88191510）
（版权所有　侵权必究　打击盗版　举报热线：010 - 88191661
QQ：2242791300　营销中心电话：010 - 88191537
电子邮箱：dbts@ esp. com. cn）

序　言

　　创新型城市是经济社会发展到一定阶段的产物，其不仅仅限于科技范畴，而且强调创新是发生在经济、社会各个领域的复杂的系统活动，是一种全方位、全社会、全过程的创新，是现代城市实现跳跃式发展的途径，其终极目标是彻底改变传统经济发展模式，最终实现经济社会的可持续发展。20 世纪七八十年代，美、日、欧等发达国家和新兴工业化国家/地区就开始制定以创新为核心的国家发展战略，并且相对较早的结束了创新型国家的建设进程，并取得了相应的成果。党的第十八大报告明确提出要实施创新驱动发展战略，党的第十九大报告提出创新是引领发展的第一动力，要瞄准世界科技前沿，强化基础研究，实现前瞻性基础研究、引领性原创成果重大突破。2021 年 3 月召开的全国"两会"通过了《中华人民共和国国民经济和社会发展第十四个五年规划和 2035 年远景目标纲要》，对未来 5 年中国城市化的发展作出新的部署，提出"坚持走中国特色新型城镇化道路，深入推进以人为核心的新型城镇化战略，以城市群、都市圈为依托促进大中小城市和小城镇协调联动、特色化发展，使更多人民群众享有更高品质的城市生活"。城市是国家的重要组成部分，国家的创新以城市的创新为基础，创新型城市的建设是创新型国家建设的基础，切实有效的城市建设能为国家的建设添砖加瓦。由此可见，创新型城市建设是一项长期复杂的社会系统工程，对创新型城市的建设需要科学研究作为理论指导和支撑，因此对其展开研究具有重要的意义。

从理论视角来看，现有相关研究表明，创新型城市的建设不仅仅是为了解决城市问题，促进城市自身的可持续发展，而且在区域中发挥着协同创新的功能效应，是推进建成创新型国家的重要引擎。尽管当前学界围绕创新型城市建设已取得了丰硕的研究成果，但是在创新型城市建设。背后仍然存在诸多亟待解决的问题。基于此，本书主要采用混合研究方法，综合运用质性研究及量化分析，全面系统地分析了国内外在创新型城市建设过程中的背景、现状、过程及效果，并在此基础上提出了促进创新型城市建设发展的相关政策建议。

本书在当前国家创新驱动战略实施背景下，通过文本分析、深度访谈、案例研究，以及实证调研、面板数据分析等手段，在借鉴国内外创新型城市典型范式的基础上，提出符合区域自身特色和发展方向的创新型城市发展路径。从实践意义上看，这将为创新型城市的建设和发展提供科学合理、具备可操行的现实方案；从理论角度看，本书将从理论、案例、现状、效果分析逻辑来揭示创新型城市建设目标的实现机理与路径，深化对创新型城市建设过程和发展效果的评价研究。

为完成本书的撰写，笔者和研究团队在西安、青岛、苏州等多个城市展开实地调研，并面向公众发放了大量问卷，这也为本书的顺利撰写奠定了良好的基础，在此感谢相关政府工作人员及社区工作人员对本书数据收集方面给予的大力支持与配合。另外，在本书出版过程中，感谢秦可馨、杨青、柴金来、马嘉琛、王艺伟等研究生在多次校对过程中做出的贡献。最后，还要衷心感谢国家自然科学基金委员会、陕西省科学技术厅、西北工业大学科学技术研究院等机构为本书出版提供的资金支持。本书从撰写到出版几经修改，能够顺利出版实属不易，衷心希望本书能够为读者从公共管理视角研究创新型城市建设提供思路借鉴，也希望本书能够为城市规划、科技等政府部门在制定相关的支持创新型城市建设发展的公共政策时提供一定的理论参鉴。

目　录

第1章

导　论

1.1　研究背景

　　创新型城市是经济社会发展到一定阶段的产物，其不仅仅限于科技范畴，而且强调创新是发生在经济、社会各个领域的复杂的系统活动，是一种全方位、全社会、全过程的创新，是现代城市实现跳跃式发展的途径，其终极目标是彻底改变传统经济发展模式，最终实现经济社会的可持续发展（尤建新、卢超等，2011）。自2006年党中央明确出台《国家中长期科学和技术发展规划纲要（2006~2020年）》，提出建设创新型国家的战略目标以后，国内已有超过200个城市纷纷提出建设创新型城市的奋斗目标，尤其是深圳、北京、天津、上海等城市率先提出了建设创新型城市的发展目标和举措，由此国内迎来了创新型城市建设的热潮。创新型城市作为创新型国家在城市层面的具体表现，创新型城市建设是一项长期复杂的社会系统工程，需要科学理论作为指导和支撑，因此对其展开研究具有重要的现实意义。

　　2012年党的十八大明确提出要实施创新驱动发展战略，随后，2015年党的十八届五中全会顺利召开，以习近平总书记为首的新一届中央领导集体明确提出了以"创新、协调、绿色、开放、共享"作为当前的五大发展理念，其中创新发展居于首要位置。党的第十九大报告继续提出创新是引领发展的第一动力，要瞄准世界科技前沿，强化基础研究实现前瞻性基础研究、引领性原创成果重大突破。2020 年，习近平总书记在科学家座谈会上提到，"必须要走出适合国情的创新路子，特别是要把原始创新能力摆在更加突出的位置"。这进一步说明了"创新驱动发展"是确保当前国家实现更高质量、更有效率、更加公平、更可持续发展的治国思路，是关系国家社会经济发展的一场全面深化的变革，这势必对当前创新型城市的建设也提供了明确的理论指引。目前，中国城市化已进入以质量提升为主的阶段，城市作为全球创新网络的重要节点，对于创新型国家建设意义重大。创新型城市建设内容丰富，涉及思想观念创新、发展模式创新、机制体制创新、企业管理创新和城市管理创新等诸多方面，是一个系统工程。因此，建设创新型城市，不仅仅是建设以创新为主要思想的城市，更是顺应时代发展潮流的重要目标，增强中国国际竞争力的重要因素。

在创新驱动发展战略的背景下，全国各地都在深入推进创新型城市建设，那么当前创新型城市建设的状况是怎样的？如何科学构建相关指标体系，来评价创新型城市的发展现状？对于上述问题的深入研究将有助于了解创新型城市发展的现状，及时诊断现存问题和不足，旨在为推动创新型城市的科学发展及建设工作提供理论参考和依据。鉴于此，本书基于计划行为理论和多中心治理理论，在对已有研究文献进行系统梳理的基础上，通过文本分析、深度访谈、多案例分析以及实证调研等手段，重点围绕创新型城市发展及评价这一现实问题展开研究，细化的关键研究问题包括：

（1）当前国内外创新型城市的发展状况是怎样的？存在哪些经验和不足？面临哪些现实需求？

（2）创新型城市的评价指标体系是什么？如何进行科学评价？评价结果是怎样的？

（3）公众参与如何影响创新型城市建设？公众参与影响创新型城市

建设的作用机制与路径是怎样的?

（4）创新型城市群建设规划过程中部门联动网络的结构特征是怎样的?不同部门在联动网络中的地位和作用又是怎样的?

（5）基于以上研究,从多中心治理理论的视角出发,推进创新型城市发展的策略又包括哪些?

1.2　研究意义

对上述问题进行理论和实证研究具有重要的理论价值和应用前景。概而言之,本书的理论价值和应用前景主要包括如下方面。

理论价值:一方面,将公共管理与城市治理等学科的相关理论进行有效融合,深入研究创新型城市建设过程中的发展状况及路径,进一步丰富了多中心治理理论、计划行为理论等相关理论。另一方面,本书尝试探索创新型城市发展的评价指标体系,揭示了创新型城市的建设目标,强化了对创新型城市发展路径的认识,并有助于构建创新型城市发展的"投入—活动—产出—效果"逻辑模型。

应用前景:一方面,本书对政府部门而言,揭示了在推进创新型城市建设的过程中,不同区域、不同规模、不同经济发展水平下的创新型城市发展的优势和不足,识别了不同政府部门的角色定位,提出了优化策略,为当前加强服务型政府建设,提高城市治理水平等提供现实依据。另一方面,本书对城市发展而言,揭示了创新型城市在不同指标体系上的绩效表现,识别了影响创新型城市建设的公众层面和政府层面的因素,可以从城市发展需求出发,为创新型城市的建设和发展提供科学合理、具备可操行的现实方案。

1.3 研究问题与研究方法

1.3.1 研究问题与研究内容

本书试图回答在创新驱动发展战略提出的背景下，创新型城市研究现状是怎样的，以及发展效果如何等问题，这有助于各利益相关主体了解创新型城市发展现状，总结经验教训，从而进一步推动和落实创新型城市建设。具体而言，基于创新驱动发展战略的创新型城市发展及评价研究工作，就是要将创新驱动发展战略的思想精髓融入创新型城市建设实践中去，构建符合区域特征的创新型城市发展模式，在此基础上，构建创新型城市发展评价指标体系，并从投入、活动、产出、效果和影响等方面科学客观地评价创新型城市发展现状，及时诊断现存问题及不足，构建创新型城市发展的动态调整机制，以确保创新型城市建设工作的顺畅实施。

本书基于多种理论、多种研究方法相结合的研究策略，按照"理论建构→案例比较→现状需求→指标构建→分析评价→推进策略"的研究思路，凝练以下研究内容：

研究内容 1：国内外创新型城市的理论与现状研究。

研究内容 2：国内外创新型城市建设模式的多案例研究。

研究内容 3：基于生态创新视角的创新型城市发展评价指标体系构建研究

研究内容 4：创新型城市建设中的部门联动网络研究。

研究内容 5：公众参与创新型城市建设绩效的实证研究。

研究内容 6：基于多中心治理理论的创新型城市推进策略研究。

1.3.2　研究方法

（1）文献研究与文本分析法。系统梳理创新驱动发展战略的相关文献和实践资料，深入把握创新驱动战略和创新型城市的内涵与精髓，构建创新驱动发展战略与创新型城市发展之间的理论关系模型，归纳梳理创新型城市发展评价的相关指标和评价方法，为构建创新型城市发展评价指标体系及进行相关评估提供理论和实践基础。

（2）案例研究法。选取国内外比较具有代表性的创新性城市发展案例，通过对个案的深入剖析，以及不同案例之间的横向比较，提炼创新型城市发展的模式和经验，重点归纳创新型城市发展的共性和个性举措。

（3）实地调查法。采用深度访谈、参与式观察和问卷调查等方法对创新型城市发展的现状、现实需求，以及发展路径与效果之间的因果关系链条等有关内容进行实地调查，为构建创新型城市发展模式，明确创新型城市发展路径，及提炼和甄别相关的评价指标体系并展开实证研究等提供重要的实证依据。

（4）系统分析法。系统分析创新型城市发展过程中，从投入、活动到产出、效果和影响的整个逻辑关系链条，识别创新型城市发展过程中的不同利益相关主体及各自的重要角色，为科学合理推进创新型城市发展与评价工作提供重要的理论参鉴。

（5）政策网络分析法。重点围绕创新型城市发展过程中所涉及的政府、企业、高校（科研院所）、中介服务机构等不同创新主体，结合现有的重要创新政策，利用政策网络分析方法，探讨不同创新主体以及与创新政策之间的关系和作用，最终将创新主体与各项政策之间的相互关系清晰可视化地呈现出来。

1.3.3　技术路线

本书的结构安排及技术路线如图 1-1 所示。

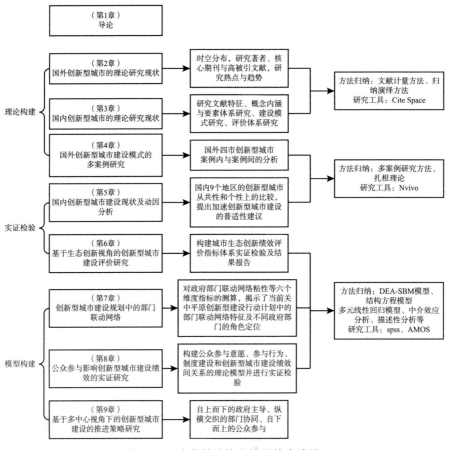

图 1-1　本书的结构安排及技术路线

1.4　研究框架

本书从提出问题、理论研究现状、多案例研究、实证研究等几大方面展开，全书共分为九章，具体框架安排如下：

第1章，导论。本章简要描述了本书的研究背景、实践及理论价值、本书的研究问题、研究方法与研究思路、相关概念的界定、研究框架的搭建等。

第 2 章，国外创新型城市的理论研究现状。本章对国外创新型城市研究的时空分布，研究著者、核心期刊与高被引文献，研究热点与趋势等现状进行梳理。

第 3 章，国内创新型城市的理论研究现状。本章对国内创新型城市的研究文献特征、概念内涵与要素体系研究、建设模式研究、评价体系研究等现状进行梳理。

第 4 章，国外创新型城市建设模式的多案例研究。本章从实践层面出发，采用基于扎根理论的多案例研究的方法，以新加坡、荷兰埃因霍温、日本川崎和美国波士顿为例进行案例内与案例间的分析。

第 5 章，国内创新型城市建设现状及动因分析。本章选取国内的东、中、西部的九个创新型城市进行实证分析，从共性和个性上的比较，提出加速创新型城市建设的政府与部门的理性选择。

第 6 章，基于生态创新视角的创新型城市建设评价研究。本章以国内 29 个创新型城市作为研究对象，采用 DEA - SBM 模型对中国创新型城市 2013 ~ 2018 年的面板数据进行测度，并对城市生态创新效率和效益的时空演变特征等进行深入分析。

第 7 章，创新型城市建设规划中的部门联动网络。本章以关中平原创新型城市群建设行动计划为考察对象，采用社会网络分析方法，通过对政府部门联动网络粘性等六个维度指标的测算，揭示了当前关中平原创新型建设行动计划中的部门联动网络特征及不同政府部门的角色定位。

第 8 章，公众参与影响创新型城市建设绩效的实证研究。本章以计划行为理论为研究基础，构建公众参与意愿、参与行为、制度建设和创新型城市建设绩效间关系的理论模型并进行实证检验，揭示公众参与影响创新型城市建设绩效的作用机理，为公众参与创新型城市建设实践提供相关理论借鉴。

第 9 章，基于多中心视角下的创新型城市建设的推进策略研究。本章从多中心治理的理论视角出发，从政府引导、公众参与与部门协同的角度切入，为有序推进创新型城市规划与建设提供指导性建议。

1.5 小　结

　　总之，本书在当前国家创新驱动战略实施背景下，拟通过文本分析、深度访谈、案例研究，及实证调研、面板数据分析等手段，在借鉴国内外创新型城市典型范式的基础上，提出符合西安区域特色和发展方向的创新型城市发展路径。从实践意义看，这将为西安创新型城市的建设和发展提供科学合理、具备可操作的现实方案。从理论角度看，本书将从理论、案例、现状、效果分析逻辑来揭示创新型城市目标实现机理与路径，深化对创新型城市的发展评价研究。

第2章

国外创新型城市的理论研究现状

2.1 研究背景

城市作为人类活动的集聚地（Dvir & Pasher，2004），在经济全球化与科技国际化发展进程中举足轻重，且"创新"日渐成为各个城市的在城市管理、科技创新、经济发展、公共服务等方面的竞争力的标志，发掘城市的创新潜力，是提升国家整体创新策源能力的重要举措。创新型城市是依靠科技、人才、知识、文化、体制等创新要素驱动发展的城市，建设创新型城市是实现转方式调结构的必然要求，是提升城市综合竞争力的关键所在，也是建设宜居幸福的现代化国际城市的内在要求。当今，哪个城市率先建成创新型城市，哪个城市就能够最大限度分享全球化利益，就能够聚集高端创新资源。因此众多城市努力创新城市发展模式，构建创新型城市发展模式，以此来提升国家整体的创新能力。

回顾创新型城市的研究起源，米格尔·利夫席茨（Miguel Lifschitz，1999）提出传统型城市迈向现代化城市主要是依靠创新力和创造力，即创新型城市。黄和朴（Hwang Hee – Yun & Park Jong – Gwang，2006）提出了创新型城市的基本构成要素，包括基础设施、治理、技术、知识和控制要素之间关系的规划组成。比约恩·约翰逊（Björn Johnson，2007）创新型城市发展中促进经济增长的同时又对城市环境提出了新的挑战,因此城市发展中急需要解答可持续发展的问题。在国内,杜世成(2002)首次提出创新型的城市这一概念,他认为在城市可持续发展中创新的意义重大,可以通过创新力创造出的奋发向上的城市文化。万载斌(2005)提出要把构建创新型城市作为一项引领和支撑城市未来经济社会发展的重大战略选择。

据德国《焦点》周刊 13 日报道,总部位于澳大利亚墨尔本的商业数据公司 2thinknow 最新公布的 2021 年全球"创新城市"指数排名显示,排名前十的城市分别是东京、波士顿、纽约、悉尼、新加坡、达拉斯—沃思堡、首尔、休斯敦、芝加哥和巴黎。其中日本东京是当之无愧的绿色生态创新型城市,其生态优美、低碳经济、绿色节能,走出一条人与自然和谐发展的可持续发展之路。美国波士顿是智能创新型城市的典范,在信息创新时代,其凭借科教资源、人才支撑、创新文化、创新环境等要素保障科技创新水平在美国首屈一指。纽约是世界经济与金融中心,其积极建设"全球科技创新领袖城市",相继诞生了谷歌、亚马逊等创业公司,吸引全球顶尖人才,成为世界城市发展的标杆。我国的北京、上海、深圳、广州等城市要积极对标国际创新型城市,把建设世界一流创新型城市作为自己的发展目标,努力成长为具有竞争力、创新力、影响力卓著的全球标杆城市。

然而,目前学术圈对于国外创新型城市这一研究议题大多是聚焦于一个具体领域,少有学者基于文献计量的方式对国外创新型城市研究成果进行系统梳理和总结,难以全面整体地认知其内涵、热点、不足、研究趋势,以及国外创新型城市未来的落脚点在何处。这些难题如不加以解决,便很难为国外创新型研究的发展提供借鉴意义。鉴于以上这种情况,本研究以 1990~2021 年间 WOS(Web of Science)数据库收录的 401 篇研究创新型城市的论文为样本,采用文献计量分析法和信息可视化软件 CiteSpace Ⅲ,通过绘制出近 40 年国外创新型城市研究的图谱,对国外创新型城市的研究的时空分布、研究著者、核心期刊与高被引文献分析进行分析,挖掘出近 40 年国外创新型城市研究热点及趋势，最后，在分析的基础上，进行评述小结与未来展望。这将为国内学者了解当前国际研究状况，今后开展更为深入的研究奠定重要的基础。

2.2　数据采集与研究方法

2.2.1　数 据 来 源

本书以美国综合性在线文献数据库 Web of Science（WOS）作为数据来源，检索过程如下：在 WOS 核心合集数据库中选择了 SSCI 这一权威引文数据库，选择文献标题进行检索，"innovative city"或"innovative urban"或"innovation city"都是表达"创新型城市"常用的词汇，因此将主题词设定为"innovative city"或"innovative urban"或"innovation city"，由于在 1990 年以前，有关创新型城市的文章收录较少，因此本书将检索时间设定为 1990 年 1 月 1 日至 2022 年 1 月 1 日，文献类型设定为"article"，剔除关联较小文献信息后，最终得到了共 401 篇有效文献。总的来说，近 40 年来学者关于国外创新型城市方面的研究，研究视角较为广泛，这些文献具体涉及：环境研究（115 篇）、环境科学（78 篇）、城市研究（78 篇）、区域城市规划（67 篇）、地理（58 篇）以及绿色可持续技术（55 篇）等其他领域。需要说明的是，本书之所以没有选取 SCI 数据库，主要是因为 SCI 收录的创新型城市研究论文涉及的领域大多偏向工程、材料、医疗等技术层面，不太容易把握创新型城市研究的整体趋向和发展特点，因此本研究则选取了 SSCI 期刊文献。

2.2.2　研 究 方 法

科学知识图谱被作为一个展示研究领域的现状、勾画知识结构、预测动态发展趋势的可视化研究方法，已被广泛应用于各个领域，且已得到学术界的普遍认可（朱军文和李奕赢，2016）[22]。本书选取被广泛使用的图谱软件 CiteSpace Ⅲ 作为研究工具，通过生成可视化科学知识图谱直观地对国外创新型城市的研究著者、核心期刊、研究机构、高被引文献分析、共被引分析以及研究热点与研究趋势进行挖掘，从而梳理出国外创新型城市的研究脉络与演讲趋势，这为国内学者了解当前国外的整体研究状况，今后开展更为深入的研究提供了参考价值与借鉴经验。

2.3　国外创新型城市研究时空分布

发文的数量可以用来判断国外创新型城市这一研究主题在一定时期的研究热度、研究动态变化、研究未来趋势。图 2 - 1 刻画了近 40 年国外研究创新型城市文献的年度发文数量及整体发展趋势，纵观整个图可以发现发文量大致呈现出 "L" 曲线特征，即近 40 年来整体上呈现出一个逐渐增长的趋势。依据每年的发文数量、变化趋势及时代背景划分出萌芽期、发展期、爆发期 3 个发展时期，分别对应 1990 ~ 2006 年、2007 ~ 2017 年、2018 ~ 2021 年。具体而言，1900 ~ 2006 学术圈对于创新型城市的关注较少，该研究领域处于萌芽阶段，发文数量基本上没有什么较大的变化，发文数量在 1 ~ 7 篇之间波动增长；2007 ~ 2017 年发文量处于快速增长阶段，并在 2008 年发文数量突破了 18 篇，随后发文数量便逐渐迎来增长，可见这 10 年来这一研究受到学者们重视；2018 ~ 2021 年出现指数式的增长趋势，近 5 年来国外创新型城市研究热潮逐步形成，在 2021 年的发文量高达 86 篇，体现出了该领域研究的热度之高。

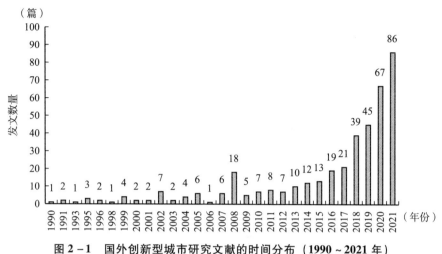

图 2 - 1　国外创新型城市研究文献的时间分布（1990～2021 年）

资料来源：作者整理。

2.4　国外创新型城市研究著者、核心期刊与高被引文献分析

2.4.1　著者分析

表 2 - 1 统计了 1990～2021 年排名前 10 名的高发文量的作者。从表中可以看出，国内和国外高校学者都非常关注创新型城市问题，都是该研究领域的核心力量，发文量前 10 名的国内外专家学者的发文量均超过了 3 篇，被引频次总计都在 42 次以上。其中武汉大学的范斐（Fan Fei）、伦敦大学伦敦政治经济学院的罗德里格斯（Rodriguez-pose A）、李（Lee N）是发文量排名前三的作者，三人都是研究创新型城市的著名专家学者，为该领域的发展起到了很大的推动作用，在该领域贡献度最高的学者是罗德里格斯，被引频次高达 11 028 次，这说明了其研究成果得到了国内外学者的一致认可。

表 2 - 1   1990 ~ 2021 年发文量排前 10 位的作者

排名	作者	发文量	作者单位	被引频次总计
1	Rodriguez-pose A	6	London School of Economics and Political Science	11 028
2	Lee N	5	London School Economics & Political Science	1 189
3	Fan F	5	Wuhan University	373
4	Qi, Ye	3	Hong Kong University of Science & Technology	1 529
5	GONZÁLEZ - ROMERO, GEMA	3	University of Sevilla	75
6	Caragliu A	3	Polytechnic University of Milan	2 641
7	Caravaca, Inmaculada	3	University of Sevilla	92
8	Mendoza, Aida	3	University of Sevilla	42
9	Song, Qi	3	Tarim University	258
10	BramwellA	3	University of North Carolina	440

2.4.2 核心期刊分析

表 2 - 2 是 1990 ~ 2021 年载文数量最多的 15 种核心期刊的基本信息。如表 2 - 2 所示，载文量排名前 15 的期刊的载文量均超过 5 篇，*Sustainability*（《可持续性发展》）是其中载文量最多的期刊，发文量为 33 篇。*Journal of Cleaner Production*（《清洁生产杂志》）是其中影响因子最高的期刊，影响因子为 11.072，在此期刊上面，有关创新型城市的载文量为 10 篇，管理类知名期刊 *Technological Forecasting and Social Change*（《技术预测与社会变革》）和 *Sustainable Cities and Society*（《可持续城市与社会》）累计发表了 12 篇创新型城市的文章，这些无一不体现出创新型城市这一研究主题在管理学研究中的重要性。除此之外，在 *European Planning Studies*（《欧洲规划研究》）、*Regional Studies*（《区域研究》）、*Urban Studies*

（《城市研究》）等期刊中载文量也比较多，说明创新型城市这一研究领域是一个多理论、综合性的议题。

表 2 – 2   1990～2021 年载文量排前 15 位的期刊

排名	期刊名称	载文量	影响因子
1	*Sustainability*	33	3.889
2	*European Planning Studies*	15	3.777
3	*Journal of Cleaner Production*	10	11.072
4	*Regional Studies*	10	4.595
5	*Innovation Organization Management*	8	2.453
6	*Technological Forecasting and Social Change*	7	10.884
7	*Urban Studies*	7	4.418
8	*Cities*	6	6.077
9	*Innovation Management Policy Practice*	6	2.453
10	*International Journal of Environmental Researchand Public Health*	6	4.614
11	*Journal of Urban Affairs*	6	2.559
12	*Journal of Urban Technology*	6	5.15
13	*Growth and Change*	5	2.704
14	*Land Use Policy*	5	6.189
15	*Sustainable Cities and Society*	5	10.696

2.4.3 发文机构分析

机构发文量是评价学术机构影响力以及权威程度的重要指标（武常岐等，2019）。结果显示，各个国家的发文机构绝大部分分布于高校之中，发文机构排前 4 位且发文量超过 10 篇的高校机构分别是（见表 2 – 3）：伦敦大学（20 篇）、多伦多大学（11 篇）、武汉大学（11 篇）、伦敦经济学院政治学（10 篇）。在发文量排名前 20 的高校机构中，位于美国的大学有 6 所，占 30%；位于中国的大学有 6 所，占 30%；位于英国的大学有 4 所，占 20%，其他国家的大学的机构有 4 所，占 20%。这也充分论证了美国和中国在创新型城市领域均具有较强的科研能力，英国也是研究该领域的重要的中坚力量。究其原因，是这些国家都积极地构建创新型城市，由此可以看出一个国家的学者的研究方向和国家的政策环境息息相关。接下来在对研究机构之间的合作图谱画图后，如图 2-2 所示，发现目前研究机构彼此之间的联系处于一个比较分散的状态，区域间合作关系不强，未能形成明显的合作网络图谱，因此需要尽量调整当前分散的研究现状，加强国内外研究机构的合作交流。

表 2-3　　　　　　　1990~2021 年发文量排前 20 位的机构

排名	发文机构	篇数	排名	发文机构	篇数
1	University of London	20	11	University of North Carolina	5
2	University of Toronto	11	12	University of Turin	5
3	Wuhan University	11	13	Zhejiang University	5
4	London Schooleconomics Political Science	10	14	Aalto University	4
5	University of California System	9	15	Chinese Academy of Sciences	4
6	State University of New Yorksuny System	7	16	Chongqing University	4
7	University College London	6	17	City University of New York Cuny System	4
8	University of California Berkeley	6	18	Delft University of Technology	4
9	Harbininstitute of Technology	5	19	Hong Kong University of Science Technology	4
10	Lancaster University	5	20	Indiana University System	4

图 2 - 2　1990 ~ 2021 年关于研究国外创新型城市的作者合作网络图

2.4.4　高被引文献分析

表 2 - 4 是 1990 ~ 2021 年国外创新型城市研究领域被引频次最高的前 12 篇文献，从表中可以看出这些高被引文献的时间主要集中在 2017 ~ 2021 年，说明此研究主题新颖，是当前国内外学者关注的重点，学界围绕创新型城市和环保、智慧、创新等研究文献数量较多，这也说明了此类主题是当前学界急需做出解答的现实问题，研究此领域具有较大的现实意义。其中被引频次最高的文献是弗洛里达（Florida，R）等人于 2017 年在 *Regional Studies* 上发表的 *The city as innovation machine*，其被引频次高达 149 次。作者认为创新与创业不是简单地将城市作为容器，真正意义上的城市需要创新创业精神。

通过梳理发现关于创新型城市研究的主要内容包括 4 个方面：

（1）智慧城市。在该领域研究中，国内外学者主要探讨智慧城市的作用、影响、所需要素等。其中阿皮奥（Appio，F P，2019）提出智慧城市正在如火如荼地开展，其主要是通过更完备的公共服务以及更美好的生活环境来为公民提升生活水平并提高城市竞争力。卡瑞各留（Caragliu A，2019）重点关注智慧城市政策通过促进城市创新来对经济绩效和增长产生积极影响，他认为智慧城市项目通常需要通过技术水平来解决生活中的问题，一般需要大型跨国公司、当地政府部门以及当地公司等参与进来。林德（Linde L，2021）提出智慧城市中普遍存在的是，企业面临着因为技术变革、数字化发展以及可持续等要求而必须增加活力。

（2）绿色创新。在该领域研究中，国内外学者主要从环境监管、环境信息公开、产业结构升级、碳排放绩效、环境规制等方面进行探讨。其中杜（Du K R，2021）发现随着时间的演进，环境规制在实现中国城市经济绿色转型中起到越来越突出的作用。范（Fan F，2021）认为绿色创新逐渐成为城市获得竞争优势的重要方向，文中对中国 235 个城市的绿色创新效率进行了计算，发现这些城市存在较大的空间不均衡性，总体呈现出"东升、中企稳、西下降"的趋势。徐（Xu L，2021）发现绿色创新对环保重点城市、资源型城市、非资源型城市和中心城市的碳排放绩效具有明显的积极作用。同时，地方城市间存在碳排放绩效的"雪球"效应和共生效应。

（3）科技创新。在该研究领域中，国内外学者主要探讨了技术创新、绿色技术等在创新型城市中的重要作用。奉（Feng Y C，2021）对 2008 ~ 2018 年 113 个城市的面板数据进行实证，识别了静态和动态情况下绿色技术创新在环境信息披露、经济发展和环境污染之间的中介作用的有效性，也为中国提供了绿色、可持续、高质量发展的理论框架。任（Ren，W H，2021）基于 2006 ~ 2016 年中国沿海 11 个省份的面板数据，探究了环境规制和技术创新对海洋经济绿色全要素生产率的影响。

（4）创新效率。即主要探讨了城市发展和创新效率的关系以及如何提升城市的创新效率。其中范（Fan F，2020）提出中国城市在制定提高创新效率和科技资源管理的政策过程中，应该充分考虑附近区域的影响，加强城市间的合作创新。任（Ren W H，2021）提出城市要积极形成绿色经济城市群，勠力同心，形成合力，实现区域共同发展。李（Li J，2021）得出创新型城市创新效率受到了比对非创新型城市的生态足迹的更强的抑制作用。

表 2 - 4   **1990~2021 年被引频次最高的前 12 篇文献**

序号	作者	标题	被引频次	期刊名称	时间
1	Florida，R et al.	The city as innovation machine	149	REGIONAL STUDIES	2017
2	Appio，F P et al.	Understanding Smart Cities：Innovation ecosystems, technological advancements, and societal challenges	136	TECHNOLOGICAL FORECASTING AND SOCIAL CHANGE	2019
3	Caragliu，A et al.	Smart innovative cities：The impact of Smart City policies on urban innovation	118	TECHNOLOGICAL FORECASTING AND SOCIAL CHANGE	2019
4	Du，K R et al.	Environmental regulation, green technology innovation, and industrial structure upgrading：The road to the green transformation of Chinese cities	89	ENERGY ECONOMICS	2021
5	Fan，F et al.	Can environmental regulation promote urban green innovation Efficiency? An empirical study based on Chinese cities	83	JOURNAL OF CLEANER PRODUCTION	2021
6	Fan，F et al.	Can regional collaborative innovation improve innovation efficiency? An empirical study of Chinese cities	75	GROWTH AND CHANGE	2020
7	Xu，L et al.	Heterogeneous green innovations and carbon emission performance：Evidence at China's city level	63	ENERGY ECONOMICS	2021
8	Li，J et al.	Spatial effect of environmental regulation on green innovation efficiency：Evidence from prefectural-level cities in China	46	JOURNAL OF CLEANER PRODUCTION	2021
9	Feng，Y C et al.	How does environmental information disclosure affect economic development and haze pollution in Chinese cities? The mediating role of green technology innovation	43	SCIENCE OF THE TOTAL ENVIRONMENT	2021

续表

序号	作者	标题	被引频次	期刊名称	时间
10	Liu, Y J et al.	How technological innovation impacts urban green economy efficiency in emerging economies: A case study of 278 Chinese cities	39	RESOURCES CONSERVATION AND RECYCLING	2021
11	Ren, W H et al.	How do environmental regulation and technological innovation affect the sustainable development of marine economy: New evidence from China's coastal provinces and cities	18	MARINE POLICY	2021
12	Linde, L et al.	Dynamic capabilities for ecosystem orchestration A capability-based framework for smart city innovation initiatives	13	TECHNOLOGICAL FORECASTING AND SOCIAL CHANGE	2021

2.4.5 共被引文献分析

创新型城市研究最早源于国外的经典理论和研究文献，因此非常有必要对国外创新型城市研究的知识基础进行梳理总结。共被引分析的作用是能够识别研究一个领域中的经典文献，可以帮助尽快厘清研究领域的发展脉络，经常被当作研究某一领域的知识基础（张琳，2021）。图 2 - 3 是关于 1990 ~ 2021 年创新型城市在 SSCI 期刊 401 篇关于研究创新型城市文献绘制的共被引网络图谱，节点数 N = 823，连线数 E = 707，圆环的大小表示文献被引次数的多少，圆环越大，表明文献被引用的次数越高，节点的大小代表文献被引频次的数量，连线粗细代表被引文献间关系的强度。

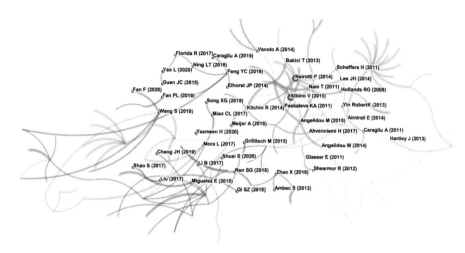

图 2 - 3　1990～2021 年共被引文献图谱

根据图 2-3 中的共被引文献图谱中的文献共被引的频次，整理和归纳出被引频次前 15 位的高被引文献的作者、篇名、发表时间以及共被引频次信息，具体如表 2-5 所示，这些文献的时间跨度紧凑，从 2011～2020 年，反映出该领域还比较新颖，整体处于萌芽阶段，比较具有创新性。其中，被引频次最高的是阿尔比诺（Albino V）等发表的 *Smart Cities：Definitions，Dimensions，Performance，and Initiatives* 一文，共被引频次为 10 次，最早的是 2011 年卡瑞各留（Caragliu A）等人发表的 *Smart Cities in Europe* 一文。

表 2 - 5　　　　　　　　1990～2021 年共被引排前 15 位的文献信息

排名	作者	篇名	共被引频次	时间
1	Albino V et al.	Smart Cities：Definitions，Dimensions，Performance，and Initiatives	10	2015
2	Angelidou M	Smart cities：A conjuncture of four forces	9	2015
3	Neirotti P et al.	Current trends in Smart City initiatives：Some stylised facts	8	2014

排名	作者	篇名	共被引频次	时间
4	Meijer A et al.	Governing the smart city: a review of the literature on smart urban governance	7	2016
5	Shearmur R	Are cities the font of innovation? A critical review of the literature on cities and innovation	7	2012
6	Wang S et al.	The symbiosis of scientific and technological innovation efficiency and economic efficiency in China-an analysis based on data envelopment analysis and logistic model	6	2019
7	Fan F et al.	Can regional collaborative innovation improve innovation efficiency? An empirical study of Chinese cities	6	2020
8	Ahvenniemi H et al.	What are the differences between sustainable and smart cities?	5	2017
9	Florida R et al.	The city as innovation machine	5	2017
10	Feng Y C et al.	Effects of environmental regulation and FDI on urban innovation in China: A spatial Durbin econometric analysis	5	2019
11	Caragliu A et al.	Smart innovative cities: The impact of Smart City policies on urban innovation	5	2019
12	Caragliu A et al.	Smart Cities in Europe	5	2011
13	Cheng J H et al.	Can low-carbon city construction facilitate green growth? Evidence from China's pilot low-carbon city initiative	5	2019
14	Ambec, S et al.	The Porter Hypothesis at 20: Can Environmental Regulation Enhance Innovation and Competitiveness?	4	2013
15	Angelidou, M	Smart city policies: A spatial approach	4	2014

从以上高共被引文献发表的时间顺序来看：卡瑞各留等（2011）认为城市的竞争力不是只取决于城市的硬件，而是越来越依赖于城市的通信技术、教育水平、城市环境等，即"城市的智慧化"。希尔默尔（Shearmur R，2021）探讨了创新与城市之间的关系，城市在孕育创新和新兴产

业方面表现卓越。安贝克等（Ambec S et al.，2013）讨论了未来关于环境法规、创新和竞争力之间关系的研究思路。内罗蒂等（Neirotti P et al.，2014）对智慧城市的六个主要领域和相关的子领域进行了分类，全面详细阐述了智慧城市的概念并且还通过实证研究发现了智慧城市的演化模式高度依赖于其本地环境因素。安格里多（Angelidou M，2014）提出城市应该尽快在一些紧迫的领域开展创新活动。阿尔比诺等（2015）确定了智能城市的定义、主要维度和要素，回答了智慧城市的绩效衡量标准和举措。安格里多（2015）将智慧城市的近期历史分成城市未来和知识与创新经济，并给出了解决技术推动和需求拉动智慧城市的方案。梅耶尔等（Meijer A et al.，2016）强调智慧城市治理不是一个技术问题，而是一个复杂的制度变革过程，并承认社会技术治理的吸引力愿景的政治性质。阿赫文涅米等（Ahvenniemi H et al.，2017）建议使用"可持续智慧城市"一词代替"智慧城市"，因为可持续智慧城市包含大量更准确地衡量环境的指标，这也恰恰是智慧城市所没有的。弗洛里达等（Florida R et al.，2017）主张创新和创业精神不是发生在城市而是依赖城市无法脱离城市。王等（Wang S et al.，2019）研究发现东部沿海地区的高科技创新效率聚集一点，高经济效率则从沿海向内陆扩散。奉等（Feng Y C et al.，2019）要想有效提高我国城市创新能力，政府应该把重点放在环境规制实施和监管效率等方面。卡瑞各留等（2019）立足于智慧城市政策对城市创新的影响，研究发现智慧城市政策是城市创新的主要驱动力之一。程等（Cheng J H et al.，2019）提出低碳城市为城市应对经济发展与环境保护困境提供了一个可行的举措。范等（Fan F et al.，2020）提出了一种新的方法去评估中国城市协同创新及其与创新效率的关系。希尔默尔（2021）探讨了创新与城市之间的关系，城市在孕育创新和新兴产业方面表现卓越。总之，通过对国外创新型城市高共被引文献进行研究，为学者探索该领域奠定了重要的知识基础，也为学者们的未来研究指明了方向。

根据图 2 - 3 中的共被引文献图谱中的文献共被引的频次，整理和归纳出被引频次前 15 位的高被引文献的作者、篇名、发表时间以及共被引频次信息，具体见表 2 - 5 所示，这些文献的时间跨度紧凑，从 2011 ~ 2020 年，反映出该领域还比较新颖，整体处于萌芽阶段，比较具有创新性。其中，被引频次最高的是阿尔比诺（Albino V）等发表的 *Smart Cities: Definitions, Dimensions, Performance, and Initiatives* 一文，共被引频次为 10 次，最早的是 2011 年卡瑞各留等人发表的 *Smart Cities in Europe* 一文。

如前文所述，卡瑞各留等（2011）城市的竞争力不是只取决于城市的硬件，越来越依赖于城市的通信技术、教育水平、城市环境等等，即"城市的智慧化"。希尔默尔（2021）探讨了创新与城市之间的关系，城市在孕育创新和新兴产业方面表现卓越。安贝克等（2013）讨论了未来关于环境法规、创新和竞争力之间关系的研究思路。内罗蒂等（2014）对智慧城市的六个主要领域和相关的子领域进行了分类，全面详细阐述了智慧城市的概念并且还通过实证研究发现了智慧城市的演化模式高度依赖于其本地环境因素。梅耶尔等（Meijer A et al. , 2016）强调智慧城市治理不是一个技术问题，而是一个复杂的制度变革过程，并承认社会技术治理的吸引力愿景的政治性质。阿赫文涅米等（Ahvenniemi H et al. , 2017）建议使用"可持续智慧城市"一词代替"智慧城市"，因为可持续智慧城市包含大量更准确的衡量环境的指标，这也恰恰是智慧城市所没有的。弗罗里达等（2017）主张创新和创业精神不是发生在城市而是依赖城市无法脱离城市。王等（2019）研究发现东部沿海地区的高科技创新效率聚集一点，高经济效率则从沿海向内陆扩散。奉等（2019）要想有效提高我国城市创新能力，政府应该把重点放在环境规制实施和监管效率等方面。卡瑞各留等（2019）立足于智慧城市政策对城市创新的影响，研究发现智慧城市政策是城市创新的主要驱动力之一。程等（2019）提出低碳城市为城市应对经济发展与环境保护困境提供了一个可行的举措。范等（2020）提出了一种新的方法去评估中国城市协同创新及其与创新效率的关系希尔默尔（2021）探讨了创新与城市之间的关系，城市在孕育创新和新兴产业方面表现卓越。总之，通过对国外创新型城市高共被引文献的深入分析，可以厘清当前创新型城市研究的重要知识基础和发现，有利于推动今后的深入探索研究。

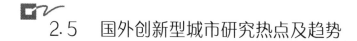

2.5 国外创新型城市研究热点及趋势

2.5.1 研究热点

关键词能够在一定意义上体现出该年度此研究的热点话题，对关键词进行梳理能使得我们迅速了解研究重点。图 2 - 4 是 1990～2021 年关于创新型城市研究的高频词网络，圆圈的大小能反映出关键词出现的频次，越大越能看出当时的研究要点。

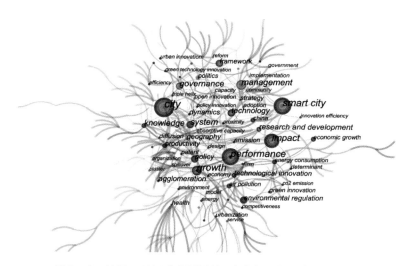

图 2 - 4 1990～2021 年国外创新型城市研究的高频词网络

具体地，根据关键词词频高低以及出现的词频数量多少来探讨国外创新型城市研究的各时段特点及演进趋向。根据关键词的频次，整理和归纳出频次前 20 的关键词列表，具体见表 2 - 6。表 2 - 6 的分析结果表明，近

40年来国外创新型城市研究的热点关键词包括：city（城市，52）、smart city（智慧城市，34）、performance（绩效，31）、growth（增长，30）、impact（影响，27）、management（管理，22）、system（系统，22）、knowledge（知识，19）、governance（治理，18）、research and development（研究与开发，15）、technology（技术，14）、agglomeration（集聚，13）、policy（政策，13）、geography（地理，13）、environmental regulation（环境规制，12）、dynamics（动力，11）、technological innovation（技术创新，11）、framework（框架，10）、productivity（生产力，10）、emission（排放，9）等。总之，这些高频关键词也从一定程度上反映了当前国外创新型城市研究的热点所在。

表 2-6　　　　　　　1990～2021 年研究 20 个高频关键词列表

排名	关键词	年份	频数	排名	关键词	年份	频数
1	city	2001	52	11	technology	2002	14
2	smart city	2016	34	12	agglomeration	2001	13
3	performance	2009	31	13	policy	2009	13
4	growth	1999	30	14	geography	1999	13
5	impact	2018	27	15	environmental regulation	2020	12
6	management	2007	22	16	dynamics	2000	11
7	system	2002	22	17	technological innovation	2018	11
8	knowledge	2008	19	18	framework	2019	10
9	governance	2011	18	19	productivity	2006	10
10	research and development	2011	15	20	emission	2018	9

　　为了更加清楚地识别出来国外创新型城市研究的热点主题，通过归纳、梳理上述关键词发现，国外关于创新型城市的研究热点主要围绕以下

7 个方面展开：企业家精神、公众参与、经济发展、政策创新、智慧城市、城市竞争、可持续发展，对关键词进行聚类，限于篇幅将不显著的小聚类进行剔除后，进而得到 1990～2021 年国外创新型城市研究的较大的 7 个主题聚类，如图 2－5 所示。

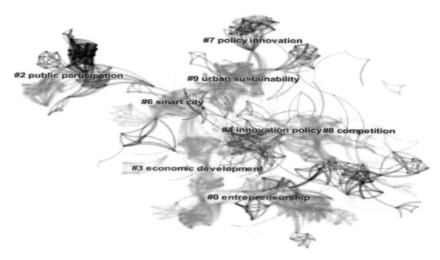

图 2－5　1990～2021 年国外创新型城市研究的关键词聚类

（1）聚类 1：创新型城市中的企业家精神方面，主要包括聚类#0 entrepreneurship（企业家精神），包含主要关键词有 entrepreneurship（企业家精神，5.64，0.05）；knowledge-based development（以知识为基础的发展，4.61，0.05）；data reusability（数据的可重用性，4.61，0.05）；monterrey（蒙特雷，4.61，0.05）；ethnic diversity（种族多样性，4.61，0.05）；knowledge-city（知识城市，4.61，0.05）；trust（信任，4.61，0.05）；capital cities（省会城市，4.61，0.05）等，Qian，HF（2013）在最近有关城市和区域经济学的文献发现，城市发展过程中这些社会因素与技术、企业家精神、创新、住房和经济绩效之间存在关联。企业家是开拓者、创新者，是能尽快将构建创新型城市所需要的科技、人才、知识、文化等要素进行创新有机重组的主力军，通过激发与保护企业家的创新精神，能够有效地促进创新型城市的发展。

（2）聚类 2：创新型城市中的公众参与方面，主要包括聚类#2 public participation（公众参与）。该聚类包含主要关键词有 public participation（公众参与，7.83，0.01）；environmental education（环境教育，7.83，0.01）；rural（农村的，7.83，0.01）；extinction of experience（灭绝的经验，7.83，0.01）；secondary prevention（第二级预防，7.83，0.01）；cardiac rehabilitation（心脏康复，7.83，0.01）；physical activity（身体活动，7.83，0.01）等。一个智慧的城市通常是一个"以人为本"的城市，需要统筹推进城市空间、城市制度、城市生活、城市文化的四方面协调发展，以"人"的需求为出发点，从包容、联系、黏性、魅力、创新、参与的发展角度，形成一种有价值、有温度的城市发展体系，打造一个为市民创造价值和温度的城市，让市民体会到实实在在的城市服务改善。创新型城市说到底是以公众的需求为本，改善民生福祉的城市，其技术革新与服务创新都是为了公民日益增长的美好物质精神需要，因此，创新型城市的建设需要囊括公众参与这一因素，换句话说，在城市的发展中，使公众作为实际客户，通过公众广泛使用和参与城市打分评价，"集中生智"，群策群力，以此来决定创新型城市的发展路径。智慧城市还与高技能和知识渊博的公民联系在一起。卡瑞各留和德尔·博（Andrea Caragliu & Chiara F. Del Bo，2019）认为智慧城市需包括大型跨国公司项目不仅意味着大型跨国公司以及当地公共当局的参与，还应包括当地公司的参与，通常旨在将通用技术解决方案转化为当地需求。钟等人（Miyoung Chong et al.，2018）认为智慧城市系统中的社会属性主要是收集公众所反映的建议和意见，即通过民主参与来提升城市的总体水平以此反映出市民积极参与城市运营并在高科技 ICT（信息通信技术）基础设施中共享城市数据。它的前提是"聪明的公民"能够理解和利用数字技术来很好地适应智慧城市的各种基础设施。

（3）聚类 3：创新型城市中的经济发展方面，主要包括聚类#3 economic development（经济发展），该聚类包含主要关键词有 economic development（经济发展，6.64，0.01）；project portfolio management（项目组合管理，5.13，0.05）；data envelopment analysis（数据包络分析，5.13，0.05）；adaptive management（适应性管理，5.13，0.05）；urban innovative agriculture（城市创新农业，5.13，0.05）；intellectual capital（知识资本，5.13，0.05）等，"十四五"时期，经济增长要朝着高质量发展的方向前进，创新被认定为能推动经济高质量发展的密钥，创新型城市建设能显著提高城市经济增长质量，且这种效应具有持续性，因此全球纷纷把构建创新型国家作为一项重要的国家战略。一个地方经济的发展，很大程度上受制于其创业文化。城市化进程的加快伴随着来自基础设施、交通网络和物流的网络支持系统，以及与长供应链、通信、贸易、文化方面、旅游和就业相关的对食品和食品运输的更大需求，产生溢出效应并导致增长和城市发展（Leamer & Storper，2014）。全球城市所创造出的 GDP 大概占到了 80%，且这个比重还在逐年增长。

（4）聚类 4：创新型城市中的政策创新方面，主要包括聚类#4 innovation policy（创新政策），#7 policy innovation（政策创新）。聚类主要有的关键词有 innovation policy（政策创新，10.3，0.005）；green innovation efficiency（10.3，0.005）；porter hypothesis（6.64，0.01）；environmental regulation（6.64，0.01）；aversion（5.13，0.05）；new institutionalism（5.13，0.05）；uncertainty（5.13，0.05）；land administration（5.13，0.05）等。产业、金融科技创新强不强，关键看体制机制活不活。要满腔热忱地关注、支持民营创业经济的发展，同时要大力营造崇尚创业的社会氛围。创新型城市建设的基础性、关键性的工作是实现制度创新。周和李（Yunlei Zhou & Shengsheng Li，2021）研究发现创新城市试点政策能通过政府财政支出、城市产业集聚程度和人力资本水平等要素提升城市创新水平。政策制定者可以通过使用适当的政策来影响创新活动的数量。智慧城市政策确实对城市创新产生了积极而显著的影响。此外，探讨政策效应是否因区域位置和城市规模而异；结果表明，这种影响仅对特大城市和中国中部城市具有显著的积极影响。

（5）聚类5：创新型城市中的智慧城市方面，主要包括聚类#6 smart city（智慧城市），该聚类包含主要关键词有 smart city（5.49，0.05）；quadruple helix（4.73，0.05）；community（4.73，0.05）；open innovation（4.73，0.05）；urban agriculture（4.73，0.05）；business（4.73，0.05）；community gardening（4.73，0.05）；scotland（4.73，0.05）；knowledge network（4.73，0.05）等。德克斯和基林（2009）将智慧城市定义为部署技术以改造核心系统（人员、商业、交通、通信、水和能源）并优化有限资源回报的城市[1]。智慧城市是解决城市问题的重要方法，代表着通过优化高级分析帮助城市科学化、精细化、智能化发展，为百姓生活提供便利。中国智慧城市正在转型升级迈入"超级智能城市"阶段，"超级智能城市"不再仅仅是透过先进技术与数据融合实现城市智能化，而是必须关注与实现绿色可持续，确保城市韧性，同时实现以人为本，方能建立高效、和谐、人文、可持续发展的城市。城市变得越来越智能，不仅在于我们可以自动化为个人、建筑物、交通系统服务的日常功能，还在于使我们能够监控、理解、分析和规划城市如何提高效率、公平以及公民的生活质量，所有这些都是实时的（Batty et al.，2012）[9]。智慧城市项目通常是大型跨国公司在这些技术上进行大量投资，与寻求通过使这些技术适应当地需求来提高当地绩效的市政和地区当局之间战略互动的结果[16]。

（6）聚类6：创新型城市中的城市竞争方面，主要包括聚类#8 competition（竞争），该聚类包含主要关键词有 competition（9.41，0.005）；industrial development（4.69，0.05）；branding（4.69，0.05）；france（4.69，0.05）；kelvin grove urban village（4.69，0.05）；data mining（4.69，0.05）；creative occupations（4.69，0.05）；knowledge space（4.69，0.05）等，一个城市的开发、发展、管理、创新往往受到地方政府竞争的影响，竞争是城市创新政策制定的一个特征[2]。城市主要是探讨其无疑将会成为全球城市竞争的核心要素，智慧城市的制定对于提高经济竞争力、生活质量和动态形象是不可或缺的[1]。在竞争激烈的全球城市格局和创业型城市主义中，城市的发展目标越来越多地通过"创新"的话语来构建（Kevin Edson Jones et al.，2017）[10]。城市之间的相互竞争促使各个城市不断调整内部结构、城市发展规划、产业结构、制定政策等从而提升总体的竞争力[15]。迈克尔和弗里德里克（Waibel，Michael & Schroeder，Friederike，2011）国际国内竞争迫使中国大都市不断调整自我，调整城市发展战略。

（7）聚类 7：创新型城市中的可持续发展方面，主要包括聚类#9 urban sustainability（城市可持续发展），该聚类包含主要关键词有 urban sustainability（5.23，0.05）；dea game cross-efficiency model（5.23，0.05）；natural resource（5.23，0.05）；local economic development（5.23，0.05）；urban feature（5.23，0.05）；pivotal talent pool（5.23，0.05）；shanghai city planning（5.23，0.05）；spatial spillover effects（5.23，0.05）等，可持续发展目标是世界发展的重点，其内涵是在满足当代人生活需求的同时不损坏后代人的需求，即在发展中要兼顾经济发展与环境保护，创新对城市的可持续发展意义重大。绿色发展是在经济发展的同时降低对环境的污染，以此来实现可持续发展。因此，越来越多的国家决定将绿色发展作为一项战略重点，以生态文明来做城市、文化和社会发展的规划，在生态文明视域下建设低碳、文明、智慧的创新型城市（Park，Ji Young & Page G William，2017）。绿色城市创新利用可以降低环境和生态风险并在不恶化城市环境的情况下实现可持续城市发展的工业和创业生态系统[13]。协调生态健康与经济增长之间的关系是实施可持续发展战略的关键。

2.5.2　研究趋势

为了更加清晰地展示 1990～2021 年国外创新型城市的整体演进趋势和变迁脉络，利用 Citespace Ⅲ 把时间因素纳入绘制，得到关键词时序图谱，如图 2-6 所示，图中每个圆圈代表一个关键词，圆圈的圆心垂直对应的时间是该关键词首次出现的年份，圆圈的面积越大则代表此关键词出现的频次越高，线条代表着各个关键词之间的联系。通过与前面表 2 - 6 中的高频关键词列表以及关键词时序图谱结合进行分析，创新型城市研究经历 3 个发展时期：研究的萌芽期、研究的发展期、研究的爆发期，其中在不同发展时期的研究重点存在显著的差异。

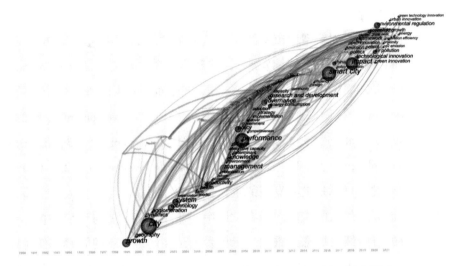

图 2 - 6　1990 ~ 2021 年国外创新型城市研究的关键词时序图谱

第一阶段：研究的萌芽期（1990 ~ 2006 年），这一时期的背景是西方发达国家在 1990 年以后才逐渐引入创新型城市这一发展战略，形成了诸如美国波士顿、澳大利亚的悉尼、英国的伦敦等重点创新型城市，从而引起学术圈的关注，这也标志着城市经济社会发展步入以创新驱动为引擎的新阶段（郑烨，2014）。出现的高频词围绕 growth（30 次）、geography（13 次）、city（52 次）、system（22 次）、technology（14 次）、agglomeration（13 次）、dynamics（11 次）、productivity（10 次）展开。这一阶段学界主要研究的是创新型城市的概念、内涵、要素等主题。比如：劳伦斯（Lawrence，R J，2002）认为城市化是 20 世纪的主要特点，城市化对城市规划、卫生、社会和政策环境提出新的要求，它深刻地改变了人类的进程[23]。奥德斯（Audretsch，D B，2002 年）对城市创新优势的决定因素进行概述和综合，将知识投入与创新产出联系起来，分析了知识溢出在区域创新背景下的作用并为产生城市的创新优势提供了基础[24]。尼坎普和雷吉安尼（Nijkamp，P and Reggiani，A，2000）在为欧洲各类城市的创业创新寻找突出的解释变量时，采用了一种特殊的多元方法，即制度分析法[25]。

第二阶段：研究的发展期（2007～2017 年），联合国报告中指出2007 年是全球城市进程中的重要标识，此年度全球总人口中有超过一半的人口入驻城市，人类历史上首次城市人口超过乡村人口，这些预示着城市化趋势加快（Kourtit et al.，2012）[7]。且在 2007 年首次创立"创新城市"指数排名，每年公布一次。出现的高频词围绕 performance（31 次）、knowledge（19 次）、policy（13 次）、management（22 次）、smart city（34次）、governance（18 次）、research and development（15 次）展开，这一阶段学界主要研究的是创新型城市的建设、发展、管理、绩效等主题。比如：阿西（Athey，G et al.，2008）研究结果为不同的城市类型提出了许多不同的"创新轨迹"，创新政策制定者应更加关注改善城市基础设施、技能和临界质量[26]。巴克、泰勒和艾丹（Buck，Nick Taylor & While，Aidan，2015）提出智慧城市一词正在引起政府、技术提供者和学术界的极大关注，智慧城市是指由政策制定者选择通过技术改造优化城市的一个战略来改善城市形象[18]。卡瑞各留·安德里亚等（Caragliu. Andrea et al.，2016）探索得到，对风险的态度可以理解为城市发展的相关要素，对风险持积极态度的城市创新性更强。

第三阶段：研究的爆发期（2018～2021 年）。2018 年中国晋升世界上最具创新性的前 20 个经济体之列，这一事件具有里程碑式的重要意义，预示着多级创新新格局，在这一年内全球创新指数的主题是"世界能源，创新为要"，这说明了开展气候友好型、绿色创新性工作的必要性。这一时期出现的高频词围绕 impact（27 次）、environmental regulation（12 次）、technological innovation（11 次）、framework（10 次）、emission（9 次）等展开。这反映出学术圈在此阶段主要研究的是创新型城市与绿色发展、城市格局、经济发展、技术创新的影响和关系等议题。比如：卡瑞各留·安德里亚和德尔博（Caragliu，Andrea & Del Bo，Chiara F，2019）认为关于智慧城市的政策主要是通过城市创新的路径对城市经济增长产生积极且显著的影响。内里尼和扶桑（Nerini，Francesco Fuso，2019）等提出城市在实现低碳排放这一个目标时作为重要的主体发挥着关键作用，要想实现零碳城市，需要城市具有明确的战略和目标，结合智慧城市因地制宜地创新[20]。贝瑞塔和艾拉里亚（Beretta，Ilaria，2018）指出意大利智慧城市背景下，绿色创新政策框架已经完善的情况下，生态创新是实现绿色经济的主要促成因素[21]。

CiteSpace 所提供的突现词探测功能，可以通过从大量文献主题词中提炼出突现词，从而清晰地展示出某一学科的研究前沿和发展趋势通过突显词检测[6]，国外创新型城市领域文献凸显关键词共检测到 25 个。突现词图谱中主要包括突现词、出现年份、突现强度和起止时间。如图 2-6 所示，在突现强度层面，突现强度排在前五位的关键词是 governance（3.71）、city（3.56）、politics（3.08）、impact（3.05）、growth（2.81），表明这些主题是该领域研究的重要方向，受到学者们的广泛关注，成为很有影响力的研究前沿。

图 2-7 通过利用 CiteSpace Ⅲ 的突变词和时区视图功能，依据国外创新型城市研究的高频关键词之间的交互作用和突变关系进一步挖掘创新型城市研究的演进趋势。一方面，根据图中 25 个英文突变词的时区分布特征，由此可以看出国外创新城市研究遵循了三条发展脉络与轨迹。

其一，突变词从 increasing return（递增收益）、growth（增长）、creative industry（创意产业）到 economic growth（经济增长）、impact（影响）、air pollution（空气污染）等的转变，城市社会活动频繁、经济高度发达，自然也就产生了较大的环境污染，而这正是未来全球城市需要面对的巨大挑战，创新环境不断优化是城市高质量发展的必然趋势，这一转变

Top 25　Keywords with the Strongest Citation Bursts

Keywords	Year	Strength	Begin	End	1990~2021
increasing return	1990	2.04	1999	2011	
knowledge	1990	1.92	2008	2016	
care	1990	1.87	2011	2017	
health	1990	2.03	2012	2014	
growth	1990	2.81	2013	2016	
community	1990	1.97	2013	2018	
cultural diversity	1990	1.79	2013	2015	
geography	1990	2	2014	2015	
creative industry	1990	1.82	2014	2015	
service	1990	1.9	2015	2015	
city	1990	3.56	2016	2018	
management	1990	2.48	2016	2021	
smart city	1990	2.59	2017	2021	
social innovation	1990	1.82	2017	2019	
governance	1990	3.71	2018	2021	
politics	1990	3.08	2018	2019	
open innovation	1990	2.64	2018	2018	
adoption	1990	2.08	2018	2019	
lesson	1990	1.98	2018	2019	
framework	1990	2.33	2019	2021	
patent	1990	2.14	2019	2021	
impact	1990	3.05	2020	2021	
economic growth	1990	2.34	2020	2021	
air pollution	1990	2.34	2020	2021	
technological innovation	1990	1.82	2020	2021	

图 2－7　1990~2021 年国外创新型城市领域突显关键词

说明城市越来越注重环境问题，各国都充分认识到了生态保护、可持续发展对于城市的重要性，在经济发展的同时也要兼顾环境，各个城市发展的过程中需要不断创新思路、创新体制等，走绿色、低碳、可持续的发展之路，从而有效提升社会效益、生态效益与经济效益，实现城市富、生态美的有机统一。

其二，突变词从 city（城市）到 care（照顾）、service（服务）、management（管理）、smart city（智慧城市）、patent（专利）、technological innovation（技术创新）等的转变，越来越多的人口涌入城市，这为城市的治理提出了巨大难题，因此城市只有不断地创新科学技术，运用前沿技术去解决城市发展中的问题，让城市更加智能化，这一转变体现出科学技术对城市创新的重要性，更加智慧是城市现代化发展的必经之路，在运用技术的同时也应该融入管理要素，促进智慧城市、信息技术、人文关怀、治理赋能深度融合，遵循以人为本、因地制宜的发展模式，更加科学地来引导城市的发展，从而为城市的居民提供高质量的生活条件。

其三，突变词从 knowledge（知识）、geography（地理）、community（社会）、politics（政治）、open innovation（开放创新）、lesson（经验）到 framework（框架）等的转变，建设科技创新型城市，科技、知识、人才、文化、产业、风投、制度等创新资源缺一不可，是支持起创新型城市的主体框架，通过整合创新要素，使创新要素之间深度耦合，构建一个创新型城市建设的概念框架，以框架为指引，集合自身技术与资源优势，高质量助推城市治理、生产、生活的全面转型升级。

2.6 小　结

基于 citespace 对国外创新型城市的研究文献进行了全面可视化分析，进而对研究热点、研究趋势等进行了深入解读，由此为该领域的研究提供了一个比较完整的理论视图。具体而言，主要得出以下研究结论：（1）近40 年国外研究创新型城市文献的整个发文量大致呈现出"L"曲线特征。依据每年的发文数量、变化趋势及时代背景划分出萌芽期、发展期、爆发期 3 个发展时期，分别对应 1990～2006 年、2007～2017 年、2018～2021年。（2）国内和国外学者都非常关注创新型城市问题，在该领域贡献度最高的学者是罗德里格斯，其研究成果得到了国内外学者的一致认可；创新型城市载录于各个领域刊物上，说明这一研究领域是一个多理论、综合性的议题，其中在管理学顶级刊物中载文量居多，说明这一研究主题具有重大的作用；研究主要来自国内外高校等，美国和中国在创新型城市领域均具有较强的科研能力，英国也是研究该领域的重要力量，但是目前研究机构彼此之间的联系处于一个比较分散的状态，区域间合作关系不强，未能形成明显的合作网络图谱。（3）高被引文献的研究内容主要分为四类：一类是创新型城市中的智慧城市研究，一类是创新型城市的绿色创新研究，一类是创新型城市中的科技创新，一类是创新型城市的创新效率研究；共被引频次最高的是阿尔比诺等发表的 *Smart Cities：Definitions，Dimensions，Performance，and Initiatives* 一文，最早的是 2011 年卡瑞各留等人发表的 *Smart Cities in Europe* 一文。（4）国外关于创新型城市的研究热点主要围绕企业家精神、公众参与、经济发展、政策创新、智慧城市、城市竞争、可持续发展 7 个方面展开。（5）研究的整体发展脉络基本上沿着三条轨迹：第一，创新型城市从关注经济增长到协调解决发展和经济增长，走绿色、低碳、可持续的发展之路；第二，城市向智慧化、智能化转变，促进智慧城市、信息技术、人文关怀、治理赋能深度融合；第三，从单一要素到建立框架，通过建立主体框架，通过整合创新要素，使创新要素之间深度耦合。

　　国外创新型城市政府改革研究起步较晚然而发展势头迅猛，通过对当前中外政府改革政策研究文献进行深入细致的比较分析，可以为国内研究提供以下启示："十四五"高质量可持续发展时期，以人为核心、现代化城市治理、低碳绿色城市成为新的核心议题。总的来说，当今世界竞争力愈演愈烈，各个城市应该明确发展目标，以人为本，走创新化、多元化、现代化、绿色化、可持续化的发展道理。

第3章

国内创新型城市的理论研究现状

3.1 研究背景

　　党的十九大报告明确提出要加快建设创新型国家，而创新型城市建设作为当前创新型国家建设的重要支柱，其目的是加快经济发展方式的转变，增创区域发展的新优势。国内有关"创新型城市"概念的提出最早可以追溯到 2006 年党中央、国务院作出的关于"建设创新型"国家的重大战略决策，随后全国有 200 多个城市纷纷提出了建设创新型城市的目标，并提出了具体的实践规划。2008 年在国家发改委等部门的授权和推动之下，深圳市被确定为全国第一个"创新型城市"试点单位，通过试点不断积累和总结创新型城市的发展经验。随后，2012 年国家创新驱动发展战略的正式提出加速了创新型国家和创新型城市建设的步伐，2016 年上半年，中央和国务院印发了《国家创新驱动发展战略纲要》，明确要求建设创新型城市，增强创新型城市的辐射引领作用，截至 2016 年底，在科技部和发改委的统筹推动之下，全国共形成了 61 家创新型城市的建设名录。2018 年 4 月国家出台《关于支持新一批城市开展创新型城市建设函》，增列 17 个城市进入国家创新型城市建设的名单，引导城市加快创新驱动发展。至此，创新型城市建设在当前也迈入了新的发展阶段。

　　从理论层面来看，自"创新型城市"概念提出以来，学界从理论和实践视角对创新型城市建设议题展开了一系列卓有成效的探索，研究的深度和广度也在不断加强。但是，自创新型城市提出的近 15 年来，国内学界围绕创新型城市研究的发展和演进是怎样的，研究的热点内容包括哪些方面，针对创新型城市的实践推动方面的研究进展又是如何？当前研究缺乏对"创新型国家建设以来"至"国家创新驱动发展战略深入推进"这段时期内代表性研究成果的系统总结和梳理，难以为后续国家创新型城市建设实施提供更为全面和精准的理论参鉴，也难以对未来理论研究指出明确的研究趋向。鉴于此，本章立足创新型城市研究的纵向发展演进，以 2006～2019 年 CSSCI 数据库中检索的 321 篇研究文献为样本，采用文献计量分析和内容分析法，对创新型城市的研究演进趋势、高被引文献特征、概念内涵、实践模式、评价体系等内容进行深入剖析，在评述现有研究成果的基础上，进行深入总结和反思。

3.2　创新型城市的研究文献特征

3.2.1　发文数量与演进趋势

　　以"创新型城市"为主题词，在综合考虑数据库的影响力以及期刊论文质量等因素的基础上，选取中文社会科学引文索引（CSSCI）作为数据源进行检索，共检索到 321 篇相关文献，文献的出版时间从 2006 年至 2019 年 7 月 20 日。为进一步了解创新型城市研究的主题分布，将"创新型城市"作为核心主题词，并包含"建设""评价""理论/概念/内涵/"等检索词进行联合检索，分别检索到文章 211 篇、69 篇、31 篇。从数量上看，以上三个主题在所有相关文献中所占比率，"创新型城市建设"独占将近66%，"评价"占比约21%，"理论/概念/内涵/要素"占比约10%，这三类研究主题是当前创新型城市研究领域的核心研究内容。图3-1描绘了在2006~2019年创新型城市在上述三类研究主题中的发表文献数量及变化演进趋势。

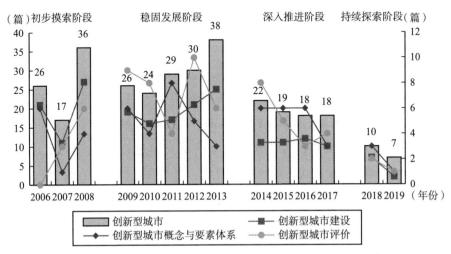

图3-1　创新型城市研究文献数量与演进趋势（2006~2019年）

根据不同时间点所出台的创新型城市相关政策，同时结合图3-1中创新型城市研究的发文数量和变化趋势，由此可以得出"创新型城市"的研究脉络划分为四个阶段。

一是"初步摸索阶段"（2006~2008年）。在2006年初国务院出台的《国家中长期科学和技术发展规划纲要（2006~2020年）》中，明确提出要在2020年建成创新型国家的目标。伴随着国家政策方针的出台，自2006年开始学界围绕创新型城市的相关理论和实践建设，结合西方现有的理论和发展经验等进行初步摸索，提倡要走自主创新之路，推进国家创新体系建设。从2007年开始学术界针对创新型城市和创新型国家的建设效果评价展开了相关探讨，早期成果主要借鉴了国外的相关成熟体系。随后，深圳在2008年获批为国内第一个创新型城市试点单位之后，引领学界对于国内创新型城市建设的探索迈向第一个高峰。

二是"稳固发展阶段"（2009～2013 年）。2009 年国家科技部、财政部等部门联合发文《国家技术创新工程总体实施方案》，督促创新工程建设，在此过程中，学界对于创新型城市的研究处于稳步推进阶段。在 2010 年国家发改委、科技部等发布创新型城市试点工作的指导文件以来，在 2010 年设立了创新型试点城市共 40 个，包括 18 个东部城市、9 个中部城市和 13 个西部城市，试点工作在全国范围内持续推进，此后 2011～2013 年每年均有新的试点城市设立，试点工作的推进也促进了有关创新型城市的理论研究不断跟进。与此同时，在 2010 年科技部正式发行有关创新型城市建设的监测指标，学者们积极响应，此后学界的研究主要结合政策文件中的指标体系，采用不同方法展开理论探讨，这也导致该时期创新型城市建设的评价研究文献数量剧增并呈现出研究方法的多元化特点。2012 年党的十八大首次提出创新驱动发展战略之后，学界对创新驱动发展战略的重要性有了深刻认识，此后结合创新驱动战略的思想精髓等对创新型城市展开了更加丰富的研究，这也进一步促进了学界的研究探索持续升温，于 2013 年出现了研究的炽热期。

三是"深入推进阶段"（2014～2017 年）。国家发改委和科技部于 2014 年发布了《创新型城市工作指引》，由此看出虽然创新型城市的试点开展工作暂时告一段落，但是其完善和推进工作仍在不断加强，为此前创新型试点城市的发展建设指明了具体方向，同时也引领学术界的研究走向深入探索的阶段。同时，创新驱动发展战略在提出之后的两年里在实践界和学术研究领域均得到良好的回应，之后国务院分别于 2015 年和 2016 年连续出台了有关《创新驱动战略的指导意见和发展纲要》，这进一步推动学界的研究步入更加深入的领域。

四是"持续探索阶段"（2018～2019）。2017 年底党的十九大胜利召开，指出自十八大以来我国创新型国家和创新型城市建设硕果累累，并明确提出要加快建设创新型国家。2018 年 4 月国家出台的《关于支持新一批城市开展创新型城市建设函》，增列 17 个城市进入国家创新型城市建设的名单，并明确要求通过引导创新型城市发展加速创新驱动发展，由此进一步开启了创新型城市的持续探索阶段。尽管在此过程中，学界的研究成果数量有所减少，但是仍在持续推进，并且相关理论的梳理和实践研究的深度和广度有所提升，为实现 2020 年建成创新型国家的总体目标持续发力。

3.2.2 高被引文献分析

通过对国内创新型城市研究主题的核心期刊文献检索后发现，高被引文献主要涵盖的学科包括了管理学、统计学、经济学、环境科学、地理学等，由此可见创新型城市研究是一个跨多学科的研究议题。表 3 - 1 中的结果表明，高被引文献主要集中在 2006 ~ 2012 年，这些文献的研究内容主要包括以下三个方面：一是创新型城市的基础理论研究，即着重探讨与创新型城市相关的内涵和构成要素，并且总结相关经验；二是创新型城市的评价指标体系研究，介绍不同标准下所构建的创新型城市评价指标体系及实证应用；三是创新型城市建设的多案例比较和实施模式的建构研究，即着重对不同类型创新型城市进行比较分析，从而得出政策建议。总之，当前学界围绕创新型城市的概念内涵和评价体系的研究文献数量较多，这也体现出学界当前积极回应创新型城市"是什么"以及"构建效果如何"等现实问题。

表 3 - 1　　　　　创新型城市研究被引频次最高的前 10 篇文献

序号	篇名	作者	刊名	发表时间	被引（次）
1	创新型城市：概念模型与发展模式	杨冬梅、赵黎明、闫凌州	《科学学与科学技术管理》	2006 - 08 - 10	238
2	创新型城市建设的内涵、经验和途径	胡钰	《中国软科学》	2007 - 04 - 28	107
3	创新型城市评价指标体系及其比较分析	石忆邵、卜海燕	《中国科技论坛》	2008 - 01 - 05	94

续表

序号	篇名	作者	刊名	发表时间	被引（次）
4	创新型城市的评价指标体系	杨华峰、邱丹、余艳	《统计与决策》	2007 – 06 – 10	87
5	创新驱动过程的阶段特征及其对创新型城市建设的启示	夏天	《科学学与科学技术管理》	2010 – 02 – 10	83
6	创新型城市的概念、构成要素及发展战略	胡树华、牟仁艳	《经济纵横》	2006 – 04 – 25	80
7	创新型城市建设模式分析——以上海和深圳为例	尤建新、卢超、郑海鳌、陈震	《城市问题》	2009 – 01 – 27	78
8	创新型城市竞争力评价指标体系及实证研究——基于长沙与东部主要城市的比较分析	李琳、韩宝龙、李祖辉、张双武	《经济地理》	2011 – 02 – 26	74
9	创新型城市研究综述	代明、王颖贤	《城市问题》	2009 – 01 – 27	69
10	创新型城市评价指标体系与国内重点城市创新能力结构研究	邹燕	《管理评论》	2012 – 06 – 25	66

3.3　创新型城市的概念内涵与要素体系研究

有关创新的概念最早可以追溯到美籍奥地利经济学家约瑟夫·熊彼特，他在《经济发展理论》一书中对创新概念进行了界定，这为当前中国创新型国家建设以及创新驱动发展战略实施等提供了重要的理论基础。自从创新型国家战略实施以来，国内学者围绕创新型城市的内涵与要素体系等内容展开了激烈的探讨，创新型城市的内涵和构成要素旨在回答创新型城市本质为何的基本问题。自 2006 年创新型国家建设战略提出到当前国家创新驱动发展战略深入推进的过程中，尽管学者们从不同视角提出了对创新型城市的认知，但是缺乏系统化的文献梳理和理论建构，因此有必要通过对现有核心成果的观点进行整合归纳，在明确创新型城市本质及其构成要素的基础上，为未来实践推动指明方向。

3.3.1 创新型城市的概念内涵认知

1999 年，英国学者霍尔（Hall）在城市与创新的研究中较早地将创新型城市描述为是"具有创新品质的城市，并认为创新型城市在经济和社会的发展之中，需要不断地吸收、创造，从而发展出新形态"。国内学者从 2006 年以来持续对创新型城市的研究进行关注，以当前国家重大科技创新战略提出的时间作为节点，分段梳理创新型国家战略提出以来，到党的十九大深入推进创新驱动发展战略期间，学界对创新型城市内涵的认知，具体如表 3-2 所示。

表 3-2　　　　　　不同时期国内学者对创新型城市的内涵认知

时间	学者	被引（频次）	内涵
2006~2012 年（"创新型国家战略提出"至"创新驱动发展战略"提出之前）	杨冬梅等（2006）	237	在新经济条件下，以创新为核心驱动力的一种城市发展模式；目标是实现城市可持续发展
	霍丽、惠宁（2006）	32	将企业、高效和科研机构作为主体，通过政府助力，构建创新互动机制，形成完整的自主创新主体，提升城市自身竞争力
	胡钰（2007）	106	强调城市自主创新能力较强
	张洁等（2007）	54	主张综合创新，以科技创新为支撑，提升创新能力，在发展中形成城市的竞争优势
	杨华峰等（2007）	87	依靠创新要素，推动城市在原产业化基础上突破原有经济方式，发展经济社会，改变城市的发展模式
	石忆邵、卜海燕（2008）	94	把创新作为核心驱动力推动其发展，是涵盖技术、知识、制度、服务、文化、创新环境等全社会创新的一个综合创新体系，通过各种创新主体之间的交互作用而形成集聚与扩散知识与技术的网络系统

时间	学者	被引 （频次）	内涵
2006～2012 年 （"创新型国家战略提出"至"创新驱动发展战略"提出之前）	李永胜 （2008）	38	构建以自主创新为核心，融合各种创新要素，推动形成一个持续且协调发展的完整的创新生态系统
	惠宁、谢攀、霍丽 （2009）	34	是在新经济条件下，以创新为核心驱动力，依靠科技、知识、人力、文化、体制、环境等创新要素，调整经济结构，提高城市竞争力，促进城市经济社会的和谐、快速发展
	尤建新、卢超等 （2011）	76	创新型城市是复杂的系统活动，是城市的创新和跳跃式发展过程，目标是告别传统经济发展，实现经济社会的可持续发展
	代明、张晓鹏 （2011）	32	以新经济为基础，创新为驱动构建完善的城市创新系统，该城市系统可以凝聚各类资源，并且不断的进行自我调整和发展
	邹燕 （2012）	64	是知识创新、技术创新和产业创新呈现出密集性和常态化特征的城市形态
2013～2017 年 （"创新驱动发展战略提出以来"至党的十九大胜利召开）	李靖华等 （2013）	21	是新经济条件下，以创新为核心驱动力的一种城市发展模式
	魏亚平、贾志慧 （2014）	40	整合和协同创新驱动要素，以各地创新驱动要素质量水平作为当地创新型城市战略规划的制定依据，和创新型国家建设中宏观调控的重要参考
	江育恒、赵文华 （2016）	5	以科技、知识、人力、文化、体制等作为创新要素驱动发展的城市，以激发城市内部个体和机构的创新活力，尽可能地挖掘潜力、创造价值作为基本理念
	张剑、吕丽、宋琦等 （2017）	9	是一个由多元创新主体（企业、高校、科研机构、中介组织等）共同组成的复杂系统，其发展有赖于创新资源（人才、资金、技术、信息、基础设施等）与创新制度（激励、评价、监督等）的支撑
2018～2019 年 （党的十九大召开以来明确提出深入推进创新驱动发展战略）	杨思莹、李政、孙广召 （2019）	1	城市是创新型经济发展的空间载体，集聚各类创新要素和资源，是知识创造与应用的重要基地，城市创新体系是国家创新体系的重要组成部分
	梁琦、李建成等 （2019）	—	城市是经济活动的重要载体，当下工作的关键是提升其创新水平。以科学知识作为创新的基础和支撑，同时把知识创新与技术创新的协同作用作为创新驱动的关键环节和重要组成部分

资料来源：笔者基于现有文献的自行梳理。

结合表 3 - 2 中的相关内容可以看出，尽管提出的时间不同，但是学者们对创新型城市的内涵存在以下几方面的共识：（1）创新型城市的核心要素是创新，其发展方向或目标为推动城市的可持续发展。众多学者认为创新是创新型城市建设的核心要素和驱动力，创新要素始终贯穿于城市建设的整个体系之中（杨冬梅等，2006；石忆邵等，2008；李靖华等，2013；魏亚平等，2014）。进一步地，杨冬梅等（2006）、惠宁等（2009）均认为创新型城市的建设目标应包括城市的持续性发展，与此同时，有学者提出要突破新的发展模式（杨华峰，2007），主张创新型城市的建设最终应是经济社会的可持续发展（尤建新，2011），实现城市的自我平衡调整和发展（代明，2011）。（2）融合创新是创新型城市建设的核心思想精髓。具体而言，石忆邵和卜海燕（2008）、惠宁和谢攀等（2009）、江育恒和赵文华（2016）认为创新型城市建设包含了科技、知识、人力、文化、体制等一系列创新要素的综合体。（3）创新型城市的本质是一个复合化且兼具活力的模式或系统。例如张剑等（2017）、杨思莹等（2019）等学者均强调创新型城市的最终形态应该是一个综合创新且有竞争力的系统。与此同时，李永胜（2008）等学者主张建立完整的创新城市的生态系统，霍丽等（2006）主张建立完整的城市创新体系，张洁等（2007）学者主张构建竞争力强的城市，江育恒等（2016）学者认为应激发城市的创新活力。总之，现有研究文献从创新型城市的发展目标与意义、本质精髓等方面对其内涵进行了界定，但是缺乏对其实施主体、支撑环境等方面的梳理，而且也缺乏对其构成要素及要素间关系的深入分析，因此本章在厘清创新型城市的内涵基础上，进一步对其构成要素体系展开论述和探讨。

3.3.2 创新型城市的构成要素体系

通过对现有核心研究文献的梳理，可以将创新型城市的构成要素划分为五个方面：创新基础环境、核心驱动力、创新实施主体、创新政策和创新目标，并且结合要素之间的内在联系整理出图 3 - 2 的创新型城市的构成要素体系。

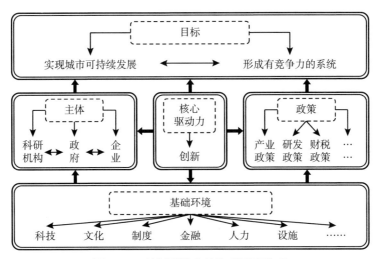

图 3 - 2　创新型城市的构成要素体系

　　结合图 3 - 2 中的构成要素以及表 3 - 2 中的核心期刊文献观点,可以对当前创新型城市的构成要素体系进行深入阐释。第一,创新是整个创新型城市建设过程中的核心驱动力,在整个体系内部通过融合各类创新要素来推动创新型城市的发展建设,这其中,不论是创新基础环境,还是创新实施主体和政策,以及最终的实现目标等,都需要积极融入以创新为中心的基本战略思想,将创新与城市的高质量发展融为一体。第二,创新基础环境是各类创新实施主体间发生互动关系,推动创新型城市相关政策有效实施,进而实现创新型城市目标的重要基础。创新基础环境主要包括科技、文化、制度、金融、人力、设施等要素,同时这些要素之间相互影响、相互联结,共同驱动创新型城市系统内部实施主体和政策等其他环节发挥作用。第三,创新型城市的实施主体受到来自创新基础环境以及创新核心驱动力的直接影响,同时对创新型城市的实现目标也具有显著的影响作用。创新型城市的实施主体重点包括政府、企业和科研机构等,三者之间充分联动构成一个创新网络系统,同时突出了政府的主导和枢纽作用。政府在创新型城市建设过程中主要促进了其他主体之间的相互交流合作,同时提供必要的政策工具支持,而企业作为区域创新的主体,主要通过不断改进和革新生产流水线，创造出更多新产品和新服务等为创新型城市建设发挥主要力量，科研机构的主要功能是知识创新和技术创新，通过与企业之间的深度合作，将新知识和技术等转化为科研成果，提高城市的经济发展水平和科技创新实力。第四，产业、研发和财税等各类创新政策也是创新型城市发展过程中必不可少的要素之一，各类创新政策通过与实施主体之间发生关系，进而起到促进创新型城市建设目标实现的作用，可以认为这些政策实现了科技与产业、创新之间的深度融合，从本质上提升了城市发展的核心竞争力，全力支持了当前创新型城市的建设发展。第五，要明确创新型城市的构成要素，则需要厘清创新型城市的现实目标与诉求。结合前文的分析与学者们的主要观点，本章认为创新型城市建设的直接目标是实现城市的可持续发展，最终目标是促使城市成为一个具有竞争力的系统，而这两方面目标都是在建设创新型城市过程中需要不断积累和突破的。

值得一提的是，当前针对创新型城市的构成要素体系在不同发展阶段各有所侧重。具体而言，在 2006 ~ 2012 年阶段，相关研究主要集中于创新型城市的基础环境、建设目标等内容。而在 2013 ~ 2017 年间，研究成果主要结合创新驱动发展战略的核心要义，在丰富实施主体及基础环境等要素内容的基础上，进一步突出了创新型城市建设的经济效应、环境效益及建设成果的系统性。最后，在当前深入实施创新驱动发展战略阶段，现有研究更加明确了创新型城市建设与创新型国家建设之间的逻辑关系，突出了创新的关键环节。

3.4　创新型城市的建设模式研究

近年来，创新型城市的建设模式是学者们广泛关注的热点问题之一。有关创新型城市的建设，国家创新体系建设战略研究课题组较早地提出了三种创新引领模式，包括高新技术产业引领、传统产业改造引领、调整产业以服务业引领。国内学者从不同视角对创新型城市的建设模式进行了划分，比如尤建新（2011）根据创新型城市的创新主导方向不同，将其划分为文化主导、工业主导、服务业主导、科技主导四大类创新型城市。蒋玉涛（2013）根据广州和深圳的建设路径和各自的特征总结出广州的自体蔓生型模式和深圳的扦插嫁接型模式。在综合现有研究文献的基础上，本节认为，创新型城市的建设应以创新基础作为重要的分类前提，充分结合城市的经济发展水平，其中创新基础应充分考虑创新主体特征、地域条件及历史基础等因素，而经济发展水平应考虑到区域的科研基础设施以及产业发展等因素。结合《中国城市创新竞争力发展报告（2018）》课题组对创新型城市的分类标准，在此将国内创新型城市划分为全面创新型、改进创新型和引导创新型三种类型，相关内容如表 3－3 所示。

表 3－3　　　　　　　　创新型城市建设模式分类和特征解析

类别	建设特征	区域特征	举例
全面创新型	整体的创新基础和经济实力都较强，政府、企业、科研机构三个主体协同共进，创新建设全面发展	多聚集在东部和沿海城市，绝大部分为长三角和珠三角地区城市，中部和西部数量较少	东部：北京、上海、深圳、广州、苏州、杭州、宁波、天津、南京、厦门等；中部：武汉；西部：西安等
改进创新型	创新基础较强，经济实力一般，政府多采用其他相似地区的改进后政策，企业、科研机构缺乏高端扶持，创新建设仍有改进空间	以高校、中高端产业聚集地为典型特征，东部、中部、西部均有分布	东部：青岛、沈阳等；中部：郑州、长沙、哈尔滨、长春等；西部：重庆、成都等
引导创新型	整体的创新基础和经济实力一般，创新建设仍处于引导阶段	中低端产业聚集度较高，多为中部和西部城市	东部：福州、南通、金华、嘉兴；中部：南阳、宜昌、襄阳；西部：昆明、兰州等

　　首先，全面创新型城市指的是整体创新基础和经济实力相对较强，构成要素体系相对较完善的城市。从构成要素体系来看，全面创新型城市创新动力较强，有着稳固的创新基础环境，创新主体间协作关系紧密，创新政策比较完善且创新目标明确。在城市建设方面，全面创新型城市包括高质量的人才体系，充足的经费支持和稳定的政策支持，同时还具有密集的

高新技术企业以及高效的产业拉动等。其次，改进创新型城市指的是整体的创新基础较强，但是经济实力和构成要素体系完善程度一般的城市。从构成要素体系来看，改进创新型城市秉承创新为动力的理念，但是其创新基础环境要素不足，创新主体间的协作关系一般，创新政策有待完善，创新目标的实践效果与预期之间可能有所偏差。在城市建设方面，改进创新型城市也有着高质量的人才体系，科研机构数量较多，科技经费支持较充足，但是区域内部的高新技术企业聚集度相对较低，产业拉动率有待提升，在实际发展中受到区域经济、环境等因素影响较大。最后，引导创新型城市指那些创新基础一般，区域经济实力和构成要素体系的完备度都有所欠缺的城市。从构成要素体系看，引导创新型城市遵循创新驱动的核心，创新基础和经济实力等都亟须提升，创新建设过程还在引导阶段，创新主体间的协作关系、创新政策完善度等相比前两类城市而言较弱，创新目标的实现需要加以引导。在城市建设方面，引导创新型城市主要通过学习和借鉴其他创新型城市的相关经验做法，城市本身在人才储备、科研经费和机构数量等方面存在劣势，高新技术企业聚集度、产业拉动率等较改进创新型城市而言存在明显不足。同时由于部分引导创新型城市正式被设立为创新型城市的时间相对其他城市有所滞后，加之区域发展现状，因此在资源禀赋和政策供给方面存在一些滞后性。

3.5 创新型城市的评价体系研究

自 2006 年创新型国家建设目标提出以来，学者们围绕创新型城市的评价指标体系展开了一系列研究，通过梳理不同发展时期核心期刊文献，具体如表 3 - 4 所示。通过梳理发现，目前创新型城市的评价指标体系主要包括：强调创新内容的评价指标体系、强调创新过程的评价指标体系，以及强调创新合力和城市文化的评价指标体系三大类。

表 3 - 4　创新型城市评价指标体系汇总

时间	学者	被引(次)	评价方法	数据来源	一级指标	二级指标
2006~2012 年("创新型国家战略提出"至"创新驱动发展战略"提出之前)	杨华峰、邱丹等(2007)	87	综合分析方法	《中国城市统计年鉴》等	知识创新、技术创新、制度与管理创新、文化创新、服务创新、创新综合效绩	知识创新主体/投入、技术创新主体/投入、政府管理创新能力、制度创新、基础设施、市场/金融人文环境、品牌创新、知识积累、技术产出与转化能力、产业结构等
	代明、周飞媚(2009)	10	集成运用层次分析法、区位熵法和加权平均法	《中国城市统计年鉴》等	城市文化取向类、市民文化生活类、新兴文化产业类	研发经费、风险投资、恩格尔系数、服务性消费支出、教育文化娱乐消费支出、文化产业增加值、创意产业增长率等
	李琳、韩宝龙、李祖辉、张双武(2011)	74	主成分析法	《中国科技统计年鉴》以及《中国城市统计年鉴》以及各城市科技投资网站和科技厅(局)等	创新资源整合力、创新网络运行力、环境支撑力、创新绩效表现力	R&D/每万人 R&D 人员、科技经费支出额/R&D 经费及其各自占 GDP 的比重、风险投资/GDP 比重、技术市场成交额占位外资金额比重、年实际到位外资金额数、对外开放度等

续表

时间	学者	被引（次）	评价方法	数据来源	一级指标	二级指标
2013～2017年（"创新驱动发展战略提出以来"至党的十九大胜利召开）	周晶晶、沈能（2013）	24	因子分析法、聚类分析法	《中国城市统计年鉴》《中国科技统计年鉴》《中国城市状况报告》以及城市调查公报等	知识创新、技术创新、创新环境、有助于创新的基础设施、创新综合绩效能力	知识创新投入、技术创新投入、创新环境投入、创新基础设施、产业方面、环境绩效、城市化建设
	吴优、李文江、丁华等（2014）	59	熵值法	统计公报、政府工作报告、科技统计年鉴以及《广东省统计年鉴》《中国统计年鉴》等	创新基础条件、创新投入、创新产出、创新影响	经济/教育/信息化/公共基础设施、对外开放、经费、人才和创新主体、知识产权、产业等、民生、环境
	陈莉、李运超（2014）	5	遗传算法－支持向量机	《城市创新评价报告》等	创新基础、科研投入、创新企业、高新产业、城市创新成果、城市创新效率	专业技术人员比重、企业R&D经费支出占就业人员比重、R&D经费支出占GDP比重、R&D经费支出占主营业务收入比重、百万人发明专利拥有量等
	周晶晶等（2015）	8	超效率DEA方法	《中国城市统计年鉴2012》《中国高技术产业统计年鉴2012》以及各城市统计年鉴和统计公报	投入指标、产出指标	全社会研发经费支出占GDP的比重、教育支出占GDP的比重、R&D人员全时当量
2018～2019年（党的十九大召开以来明确提出深入推进创新驱动发展战略）	王默、魏先彪、等（2018）	1	DEA方法	《中国城市统计年鉴》、各个城市的统计年鉴、科技年鉴和地市科技局对外公开的相关数据	创新投入、创新中介服务和知识成果转化以及创新绩效	创新资金投入、创新人才投入、创新环境建设和创新政策支持、科技创新效果、经济拉动效果、社会贡献效果和生态建设效果等

资料来源：笔者基于现有文献的自行梳理。

首先，基于强调创新内容的评价指标体系。自创新型国家概念提出以来，国内学者基于对创新型城市建设内容的梳理，逐渐形成了基于创新内容的创新型城市评价指标体系。学者们主要采用了综合分析法、因子分析法、聚类分析法等对创新型城市建设内容方面展开了量化研究。其中，杨华峰等学者主张将创新型城市的内容评价指标集中在知识、技术、制度、服务、文化创新的量化分析基础上，并列出相关指标的重要性排序。周晶晶等学者则认为知识、技术、环境、设施和绩效能力等是创新型城市建设的主要关注内容。

其次，基于创新过程的评价指标体系。当前围绕创新型城市评价指标体系的设计思路和实证研究更多是从创新过程各维度出发，尤其是创新驱动发展战略实施以来，国内学者对创新型城市评价体系研究也更加聚焦。从研究方法的角度来看，创新型城市的评价主要包括了熵值法、超效率 DEA、遗传算法 – 支持向量机等多元化测算方法。基于不同研究方法的评价指标主要包括了创新基础条件、创新投入、创新产出、创新影响；以及专门侧重于对城市创新基础投入和创新成果及效率指标的关注。

最后，基于城市文化和创新合力的评价指标体系。有学者从城市发展特色出发，将城市文化特征引入创新型城市的评价指标体系中。代明和周飞媚（2009）主要采用层次分析法和区位熵法、加权平均法的混合研究方法从城市文化取向、市民文化生活、新兴文化产业三个维度构建了包含教育文化娱乐消费支出、服务业增加值、文化产业增加值、创意产业增加值和文化产业增长率等在内的二级指标。此外，李琳等学者（2011）强调创新资源整合、创新网络运行、创新环境支撑、创新绩效等在内的创新组合效力，构建了包括 R&D 人员数量、科技经费支出额、实际外资金额等在内的创新型城市评价指标体系。

3.6 小 结

本章通过对创新型国家战略目标提出以来，国内创新型城市研究的核心期刊文献进行系统梳理，明确了当前创新型城市研究的演进趋势、内涵与构成要素体系、建设模式及评价指标体系等内容。概括而言，本章的主要研究发现包括：（1）创新型城市的研究脉络主要体现出"初步摸索阶段""稳固发展阶段""深入推进阶段""持续探索阶段"，高被引文献的研究内容主要包括了强调创新型城市相关内涵和构成要素的基础理论研究、创新型城市的评价指标体系研究，以及创新型城市建设的多案例比较和实施模式的建构等三个方面。（2）创新型城市的内涵包括三个方面：①创新型城市的核心要素是创新，其发展方向或目标为推动城市的可持续发展；②融合创新是创新型城市建设的核心思想精髓；③创新型城市的本质是一个复合化且兼具活力的模式或系统。创新型城市的构成要素包括创新基础环境、核心驱动力、创新实施主体、创新政策和创新目标五大方面。（3）创新型城市的建设模式主要包括了全面创新型、改进创新型和引导创新型三类，创新型城市的评价指标体系包括了强调创新内容的评价指标体系、强调创新过程的评价指标体系，以及强调创新合力和城市文化的评价指标体系三大类。

第4章

国外创新型城市建设模式的多案例研究

4.1 研究背景

随着全球经济一体化的快速推进，创新已逐渐成为衡量国家和区域综合实力的重要指标之一，也成为应对国际化挑战的重要手段。党的十九大报告指出，要坚定实施创新驱动发展战略，加快建设创新型国家，充分发挥创新引领发展的重要作用。众所周知，创新型城市建设是国家创新驱动发展战略实施，以及国家创新体系建设的重要组成部分，也是推动传统城市发展路径转型变革，提升城市创新能力和区域竞争力的重要抓手。创新型城市作为创新战略实施的主体区域，是推动区域创新的重要载体。当前中国城市化发展进程正面临由低质量发展向着高质量发展转型的关键时期，如何充分发挥创新型城市在城市高质量发展中的引领示范作用，已成为学界和社会所广泛关切的重大问题。

近年来，随着国家创新驱动发展战略的深入推进，我国部分创新型城市积极响应国家战略号召，在城市化发展进程中以创新为引擎推动城市产业结构优化升级，注重知识经济发展，在深入探索中不断总结符合自身发展特色的实践路径并取得了良好成效，如以深圳为代表的高科技智造自主创新路径和以昆明为代表的多驱联动绿色创新路径等。然而，与国内创新型城市相比，国外许多创新型城市在推动城市高质量发展方面已积累了更多有益经验，例如斯德哥尔摩在老旧工业区的基础上建立了皇家港社区项目，利用先进的政府与社会资本合作模式推动斯德哥尔摩向宜居、宜业、宜生活的多元城市发展，并于 2015 年获得了第三届 C40 年度城市奖。无独有偶，莫斯科也通过独特的科技融合创新手段打造了斯科尔科沃创新中心，推动莫斯科成为俄罗斯最有创造性的城市，同时在数字创新领域领跑欧洲。

现有研究表明，当前国内学者关于创新型城市的研究在创新型国家建设之初就已开始探索并取得了丰硕的研究成果。然而，结合当前国家发展战略来看，创新型城市高质量发展的实现路径是怎样的？创新是如何驱动城市高质量发展的？令人遗憾的是，当前研究并未对此问题进行深入论证和解答。鉴于此，本研究引入融合创新这一概念，在对融合创新内涵进行界定的基础上，以享誉全球的国外四大创新型城市——新加坡、埃因霍温、川崎和波士顿为研究对象，采用多案例研究方法，首先对四城融合创新的各自实践模式进行案例内分析；其次通过对四城的案例间比较，从创新环境、创新投入、创新政策与机制三个维度出发，提出理论命题并构建融合创新影响城市高质量发展的机理模型并进行深入阐释；最后在总结本研究理论贡献的同时，提出针对国内创新型城市高质量发展的政策启示和实施路径。

4.2　相关概念界定与已有文献回顾

4.2.1　相关概念界定

（1）融合创新。融合创新这一概念最早可以溯源到 1912 年经济学家熊彼特提出的"创新"理论，他认为创新即是引入一个或多个新的生产要素与原生产要素进行重新组合，并推动生产方式在重新排列过程中进行突破，从而实现经济快速增长。基于熊彼特的观点，学界对于融合创新的概念开始了不断探索和完善。在近期的研究成果中，刘新认为融合创新是将各类创新要素进行创造性再匹配，从而使创新系统达到质的飞跃；杜贝等（Dubé et al.）从系统集成的角度独创性地将个人与社会作为创新系统的重要组成部分，认为融合创新是探究个人与集体行为对经济增长影响的新路径；章文光则认为融合创新是从整体层面出发，将创新目标、创新主体与创新受益者、跨学科方法等创新系统内的关键创新要素进行融合，探究各功能区块在实现创新目标的过程中的互动关系，从而有针对性地推进系统经济增长水平、提升社会公平公正、维护区域内公共健康能力和生态环境可持续发展。综合已有观点，本节认为融合创新是指通过对资源、环境、制度、业务流程、组织结构等各方面创新要素进行有机结合，使单一要素间相互弥补不足，形成优良匹配模式，从而实现整个创新系统的持续性提升。

（2）创新型城市高质量发展。高质量发展这一概念是在 2017 年党的十九大上首次提出的，最初是为了表明中国经济由高速增长阶段转向高质量发展阶段。随着高质量发展概念向着城市发展的延伸，城市高质量发展可以看作是当前中国城市化发展进程中的重要转折，同时也体现了中国城市未来发展建设的重点目标。尽管当前学界对创新型城市高质量发展的内涵并未形成共识，但是他们从不同视角对城市高质量发展进行了界定。其中较具代表性的观点包括：方创琳指出城市高质量发展应该是高质量的城市建设、公共服务、基础设施、人居环境，以及高水平的城市管理等要素的有机统一。李善同则强调高质量的城市发展应该重视对城市功能、居民生活质量、生态环境保护以及产业升级等各方面的完善和优化。还有研究表明，在高质量发展阶段背景下创新型城市建设不仅要注重城市发展的"硬设施"和"软环境"，而且需要强化企业、高校及科研院所的重要创新作用，提升城市创新发展的能力。因此，结合现有研究的相关论点，本节认为创新型城市在高质量发展进程中应注重城市经济发展、城市科技创新，以及城市生态建设等各方面的有机结合。

4.2.2　创新型城市研究的文献回顾

当前国内外学界针对创新型城市的研究，主要围绕着创新型城市的内涵与构成要素、创新型城市的评价体系，以及创新型城市的发展模式与路径三大方面展开。

（1）关于创新型城市的内涵研究最早是英国学者霍尔于 1992 年在城市与创新的研究中将其描述为"具有创新品质的城市"，随后兰德里（Landry）首次系统性提出创新型城市应具备开放式思想、多元与包容、优质的人居环境等特质。而国内学者普遍认为创新型城市的核心要素是创新，融合创新更是其核心思想精髓，例如江育恒和赵文华认为创新型城市是科技发展水平、知识技术能力、人口规模与可用劳动力、创新文化与创新氛围以及配套政策体制等关键要素的综合体。同时，尽管学界对于创新型城市构成要素的研究并未达成共识，但围绕产业创新、基础设施建设、制度创新、文化创新、创新主体五类构成要素大致可以分为"三要素""四要素""五要素"三种类型。

（2）创新型城市的评价指标体系研究最早源于 20 世纪 80 年代，国外学者围绕不同时期的典型创新型城市发现现状，分别从人口规模、经济发展情况、政策制度、创新环境、创新能力等多个角度构建了不同的创新评价指标框架和模型，其中学者弗罗里达创造性地提出了"创新力指数（3T 指数）"来衡量城市的创新发展能力和环境。而国内针对创新型城市评价指标体系的研究是从 2006 年提出创新型国家建设目标才开始的，学者们主要采用熵值法、超效率 DEA、遗传算法—支持向量机等多元化测算方法构建了强调创新内容、强调创新过程以及强调创新合力和城市文化三大类评价指标体系。例如周晶晶等利用超效率 DEA 方法，通过投入指标和产出指标构建了侧重城市文化和创新能力的测度模型。

（3）围绕创新型城市的发展模式与路径，国内外学者从不同视角对此展开了探讨。国外学者主要从政府科技创新政策力度、创新文化与创新环境、文化再生等角度对城市创新发展路径提出建设性意见。国内学者则以创新基础作为重要分类前提，在充分结合城市经济发展水平的基础上将创新型城市模式分为全面创新型、改进创新型和引导创新型三类。

综上所述，虽然自"创新型城市"概念提出以来，学界从理论和实践视角对创新型城市建设议题展开了一系列卓有成效的探索，研究的深度和广度也在不断加强，但仍然存在一些不足和缺憾。第一，国内学者在国家创新驱动发展战略引导下更多关注于国内创新型城市发展研究，而对国外典型创新型城市发展路径与模式的研究较少；第二，现有国内研究缺乏将融合创新等理论与创新型城市的建设实践相结合，进而探索融合创新各要素的实施机理。基于此，本节从融合创新的视角出发，以国外四大典型创新型城市为案例，深度探讨国外融合创新的成熟经验以及融合创新对创新型城市高质量发展的助推作用，这一研究将对国内创新型城市的建设发展具有重要的理论和现实意义。

4.3　研究设计

4.3.1　案例来源与城市基本概况

本章的分析样本主要来自 2007 年起澳大利亚智库 2 think now 每年对全球创新城市指数的排名。2 think now 一直致力于创新型城市评价研究，并在文化资产（cultural assets）、基础设施（human infrastructure）和网络市场（networked markets）三个维度下构建了四层极其详细的评价框架，包括 1 200 个数据点，因此在世界范围内具有较高的认可度。根据智库多年位于创新指数排名前 10 位及排名上升速度较快的国家为切入城市，依据检索的相关城市区域官网获得进一步研究信息。佩蒂格鲁（Pettigrew）等学者指出，案例研究应该选取具有典型意义且代表性强的案例进行切入，并且多案例研究的案例数量应该至少为 4 个，因此这里选取了在创新型城市建设领域具有典型性和代表性的新加坡、荷兰埃因霍温、日本川崎和美国波士顿作为本章的主要案例。通过对以上四个城市所在地区的政府数据开放平台、科技年鉴及相关研究文献获得的二手数据进行整理，形成表 4-1 的基本信息内容。

4.3.2 研究方法

本章采取多案例分析的研究方法，主要依托现有研究对象和研究问题展开分析。学界通常通过对多个典型案例进行相互比较提取其中共性，并利用可靠的理论或技术对一个或多个现象进行探索、描述和分析，从而总结出普适性结论来解决现实难题。从本章研究对象来看，基于全球化语境下，融合创新驱动城市高质量发展的过程会受多个变量的影响，我们无法预知和控制具体的影响过程，因此选取多案例研究有助于体现研究过程的动态性、完整性和辩证性。从本章研究问题来看，本章主要从"是什么"和"怎么样"的角度试图揭示国外四城融合创新推动城市高质量发展的特色创新模式以及影响过程的微观机理，是基于现实实践对新的理论框架进行探索与构建的过程，而多案例研究方法适用于过程与机理类问题的探究。与此同时，探索性研究需要对多种来源的案例数据进行三角互证，在其中选取多个具备较高信效度的典型案例进行支持。因此本章遵循多案例研究的范式，首先进行案例信息的收集和整理，其次通过案例内分析和案例间分析两个关键步骤提炼出融合创新助推城市高质量发展的影响机理模型，最后总结出推动创新型城市高质量发展的实践启示。

表 4 - 1　四个城市的基本概况

国家	城市	经济水平		人口数量(万人)	规模	大学与研发机构	区位特色
		城市 GDP(美元)	人均 GDP(美元)				
新加坡	新加坡	3 641.6 亿	64 581	564	719.1 平方公里，独立城邦国家	包括新加坡国立大学、南洋理工学院等 8 所大学，并设立新加坡基因组研究所、新加坡材料研究所等专业研究所	气候宜人，植被丰富，地处"东方十字路口"，海运便捷；处于经济活跃的新马泰地区，是全球制造业与服务业发达、知名金融和航空中心，原油炼油能力排名世界第三
荷兰	埃因霍温	151.2 亿	53 048	28.52	88 平方公里，荷兰第 5 大城市	拥有埃因霍温理工大学、方提斯大学和埃因霍温设计学院 3 所大学。同时英特尔、IBM 等多所世界顶尖企业的研究机构至此入驻	环境优美，依托飞利浦建立园区，是荷兰第 4 大工业城市，全球最佳智慧社区，园区内部汇聚 140 余家企业，高新技术产业发达
日本	川崎	530.1 亿	36 552	145	143 平方公里，日本第 11 大城市	拥有圣玛莉安娜医科大学、昭和音乐大学，田园调布音乐园大学 4 所大学入驻。同时还有 8 所大学研究室至此入驻	地处京滨工业带核心，与东京、横滨相邻，交通便利，是日本著名制造业和信息服务产业基地，石油化工、钢铁制造、矿产机械、精密仪器等产业发达
美国	波士顿	4 029.6 亿	97 612	412.8	100 平方公里，马萨诸塞州的首府和最大城市	教育资源雄厚，拥有包括哈佛大学和麻省理工学院在内的 35 所世界知名的大学，是世界知名的大学城	众多高校及知名企业在此集聚，拥有丰富的科教资源和创新人才资源。同时具备完善的知识产权法律保障体系，促使高新技术企业及人才在此集聚

4.4 案例内分析：四城融合创新驱动城市建设的模式概况

4.4.1 新加坡："制造+服务双引擎"的融合创新模式

新加坡地处马六甲海峡咽喉要道处，是世界交通要塞，航运发达，地理优势明显。在独立之初，新加坡便准确识别国内现有资源并进行有效利用，通过建立高效廉洁的政府整合市内外交通资源和人才资源，以其独有的优势吸引大批跨国企业在新加坡投资设厂，促使新加坡向高素质劳动密集型产业基地转型，为之后其制造业和服务业发展奠定基础。在城市经济发展和对外贸易的双向驱动下，新加坡技术水平和知识经济体系逐渐完善，向技术密集型产业转型的步伐逐渐加快。但广阔的外贸发展对新加坡是把"双刃剑"。在快速为城市发展积累资源的同时新加坡也产生了对海外市场的高度依赖，狭小的国内市场使新加坡无法推动内部经济生长，因此 1997 年突然爆发的亚洲金融危机对新加坡带来毁灭性影响，同时因为人力资源成本和城市管理等运营成本较高、有限的土地资源导致市内土地成本过高等问题导致新加坡逐渐丧失其在东南亚国家中的成本优势。为解决这一问题，推动国家经济可持续增长，当地政府构建了以高端制造业与服务业为发展重心的"双引擎"模式。

新加坡高端制造业与服务业"双引擎"融合创新模式的主要特点在于，一方面通过技术升级和流程创新推动新加坡当地产业结构向知识与科技为依托的创新驱动性制造业转型，另一方面通过发展知识密集型产业对国内创新系统进行完善，推动新加坡城市进行升级。在制造业方面，新加坡首先发展电子、生物医药科学、化工和工程四大关键基础产业，通过共享基础设施和加大研发投入逐步完善微机电系统、光电技术、纳米技术、信息技术等新兴产业在国内的发展水平，此外新加坡通过规划引导产业集聚、加大 R&D 投入和立法完善知识产权保护制度三者合一，从多维度推进新加坡向全产业链先进制造业发展。在服务业方面，新加坡成立经济战略委员会和经济审查委员会，依据当下社会经济发展需求强调信息通信系统、金融服务、商业服务等不同领域的知识密集型服务业发展（见图 4 – 1）。通过"双引擎"产业融合创新模式，新加坡在复杂的创新活动中逐渐探索出适合自身的城市创新发展模式，为城市高质量发展制定了可操作性强且具有代表性的创新思路。

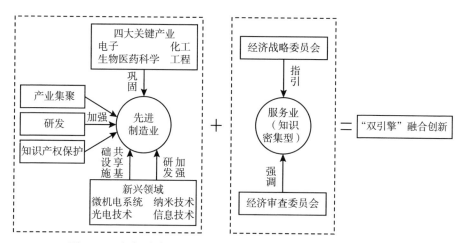

图 4 – 1　新加坡先进制造业与服务业"双引擎"融合创新模式

4.4.2　埃因霍温：四维一体推进产城融合的创新模式

在建设创新型城市过程中，埃因霍温以城市为基础，以坚实的高新技术产业为保障，在发展产业经济的同时注重城市创新制度、创新组织结构、创新生态系统和创新基础设施建设之间的融合，通过四个维度全面提升高新技术产业水平，驱动城市升级发展，促使埃因霍温成为"产城融合"创新的最佳范例。埃因霍温具有世界之最的人均专利数，获评"全世界最具有创新能力的城市"的称号,土地价值与城市创新活力也在产城融合的过程中不断提升。

在制度建设方面,埃因霍温以"2013'智慧港'领航者"联合战略和"智慧港"2020规划领跑整个园区发展与转型。前者是在转型过程中集中培养创新人才、经济、技术和基础设施(包括独创性景观、空间结构等)四个方面提升埃因霍温的创新氛围及投资环境,通过拉动区域内整体经济水平提升其在创新领域的国际实力。后者期望埃因霍温能够发挥自身优势,带动荷兰东部地区的技术创新和专业水平进入欧洲前三、世界前十。在组织结构方面,"智慧港"计划基金会董事会由三名市长,三位校长(TU/e,Fontys & DAE)和商业代表组成,呈现出独有的三位一体螺旋结构,这也被称为是埃因霍温的最大财富。在此背景下,稳定的组织结构和健全的创新机制相融合,不断驱动埃因霍温向世界级的创新城市发展。

除此之外,埃因霍温还通过营造独具特色的商务生态系统为产城融合提供良好的创新环境。埃因霍温围绕园区评估模型,从软件、硬件和斡件三大方面打造了极具吸引力并且适合埃因霍温园区发展的商务生态系统,围绕高科技材料、食品与技术、汽车、生命科学与健康、设计五大重点产业领域引进研究机构、创业和公司、大型国际巨头、中小型企业等聚集办公,极大地降低了供应成本,提升了研发协作能力,形成了协同增长效应,帮助企业拥有更多的商机与发展空间。和谐的商务生态系统和独具特色的创新基础设施建设也为埃因霍温营造了良好的开放式创新环境,园区内部人员可以通过开放相邻的建筑风格和公共服务设施随时随地进行思想碰撞。此外,园区每周都举行科技创新研讨会,通过共享和探讨彼此的创新观点激发各企业创新灵感,提升区域内企业自主创新能力。埃因霍温的产城融合创新模式如图4-2所示。

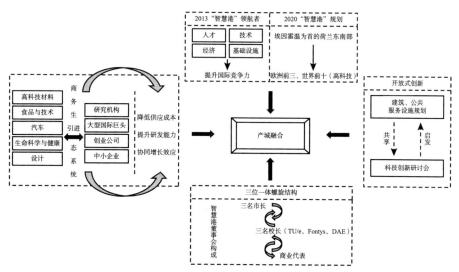

图 4 – 2　埃因霍温四维一体推进产城融合的创新模式

4.4.3　川崎：三维多元产业融合创新模式

作为曾经的日本重化工业中心，川崎结合自身特色产业优势和发展需求，通过促进传统重化工产业、潮流产业和环保绿色产业深度交叉融合形成多业态发展态势，从而扭转国内市场收缩、国际市场挤压和环境严重污染给川崎城市发展带来的被动局面，促使川崎向环保型产业城市转型，逐步迈向高质量发展道路。川崎的三维多元产业融合创新模式如图 4 – 3 所示。

在转型过程中，川崎与其他重化工业城市转型最大的不同就是并未彻底推翻原有重工业基础，而是在保证技术总部和研发中心在川崎市的情况下将部分易转移的传统工业工厂转移至海外，通过构建健全的专业化产业体系推动传统产业进行技术革新。一方面，川崎市政府鼓励大中型企业优化流程、集中设立研发中心，通过研发中心集群实现企业的高质量、高附加值生产，例如日本钢管（JFE Steel）将普通钢管生产与精密加速冷却技术相结合，逐渐向高质量、高附加值钢材生产转换；另一方面，川崎市通过政府与产业研究所和大学合作构建自主创新体系，同时引入部分科技企业帮助原有企业通过软件设计和定制推动企业提升内部软实力，从而提升城市的综合创新发展能级。

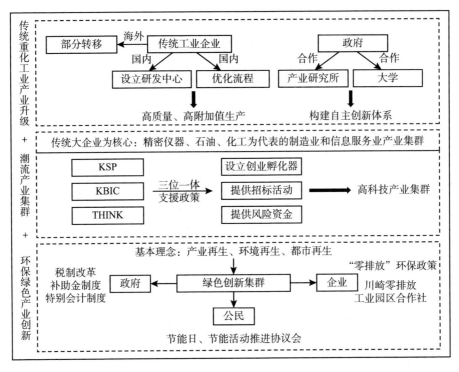

图 4 – 3　川崎三维多元融合创新模式

在传统重化工业产业特色升级的基础上，川崎市利用京滨工业带核心区位优势和完善的城市基础设施建设吸引其他各类上下游科技企业和研发机构进驻，并通过构建完善的创业扶持体系支持高科技企业创业，逐渐培育符合世界发展潮流的"传统大企业 + 高新技术中小企业"产业集群，通过推广 JFE、佳能等成熟企业在产品品质上的规范准则，对初创企业形成一定的引导和约束作用，从而提升整个产业链的稳健性，促使集群产业高效运转。与此同时，川崎还成立了神奈川科技园（KSP）、新产业创造中心（KBIC）和川崎技术革新中心（THINK）三大科技创新中心，共吸引 197 家公司和 8 所大学研究室入驻，通过为初创企业搭建全流程的创业孵化基地、举办招标活动和创业竞赛、提供风险资金"三位一体"的支援政策，逐步构建了以创新为导向的高科技企业集聚地。

为解决重工业产业集群和以往城市发展带来的环境污染问题,川崎在创新型城市建设中引入了"产业再生、环境再生、都市再生"的绿色发展理念,携手政府、企业和公民共创绿色创新集群。此外,政府还通过构建包含税收优惠、生态补助等创新政策与机制大力支援企业引进节能设备以及运用高新技术减少污染物排放;企业在政府"零排放"环保政策的引导下成立"川崎零排放工业园区合作社",旨在促进产业园内部进行产品及其排放物二次利用,全方位提升产业能级。此外,市民还积极参与"节能日"和"节能活动推进协议会"等活动提升自身节约环保意识。

4.4.4　波士顿:"三区联动"融合创新模式

波士顿位于美国东北部,被 128 和 495 两条公路带由内至外围绕两圈,中心位置是学校和科研机构,上千家高新技术企业围绕中心点向技术带两边扩散。作为闻名世界的大学城,波士顿以城市社区为依托、哈佛大学和麻省理工学院等世界一流大学为圆心、"波士顿 128 公路产业园"为基地,构建了产学研一体化的"三区联动"融合创新模式,推动区域创新发展及城市经济转型。波士顿三区联动的融合创新模式如图 4 – 4 所示。

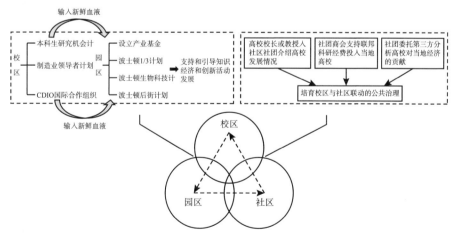

图 4 – 4　波士顿"三区联动"融合创新模式

在大学内部，MIT 创新中心向在校学生提供 35 门创业相关课程及针对性培训的创业组织，同时鼓励学生创新创业，支持学生将科研学术成果转化为可供商用的新理念和新技术。在园区内部，良好的产学研融合机制有效把智力优势转化为产业优势。一方面，麻省理工学院通过设立本科生研究机会计划、制造业领导者计划、CDIO 国际合作组织等为 128 公路园区的高技术公司输入大量新鲜血液；另一方面，联邦政府积极发挥高校教师资源优势，通过专项产业基金激励教师进行高新技术研究，推动高新科技成果快速落地。同时还提出波士顿 1/3 计划、波士顿后街计划和波士顿生物科技计划三大战略措施，通过税收调整、导向型投资和建立创新孵化器等策略引导和支持波士顿开展丰富多样的创新活动，搭建企业和高校在内的各创新主体交流平台，优化区域经济发展环境。目前波士顿围绕 MIT 的优势学科成功打造了计算机信息技术、金融经济、医疗健康与生物科学等在内的多个产业集群。

除此之外，波士顿当局和当地社团同高校保持紧密交流，从校领导进社区、社团商会经费进高校和社团携手第三方机构对高校进行评估等方式培育校区与社区联动的公共治理模式。通过"三区联动"融合创新模式，波士顿已逐渐形成以大学城为中央智力区推动园区创新从而带动整个城区创新发展的驱动模式，创新城市建设在当地产业结构升级过程中起到了重要的驱动作用，城市社会构造也依托大学城进行全面转变。

4.5 案例间分析：四城融合创新过程中的要素影响机理

在前文介绍四城融合创新驱动城市高质量发展的融合创新模式基础上，本部分内容将进行案例间的分析，旨在识别四城融合创新过程中的创新要素影响城市高质量发展的路径和机理。对于创新要素和效果的提取，本章一方面采用了文本编码方式，在明确具体编码原则和标准的前提下，由两名研究生共同对四城融合创新的案例文本进行语句编码，以形成创新要素的一级和二级编码。另一方面，本章借鉴了已有文献中对国外城市实施创新驱动发展战略的研究观点，基于创新过程视角，从创新资源、创新主体与网络关系、创新政策与机制等多个维度对国外城市进行多案例比较。结合以上两方面的考量，通过对四城文本的分析比较，本章最终发现融合创新驱动城市高质量发展过程中主要包括创新环境、创新投入、创新政策与机制等八个体现创新要素的二级编码，而创新环境等三个编码相关信息在文本中提到的频次最多，最能代表共性的创新要素。此外，反映城市高质量发展的文本信息最终形成的二级编码包括经济发展、科技创新和生态建设三个方面。在此，本章总结新加坡、埃因霍温、川崎和波士顿如何通过创新要素内部间的融合实现城市高质量发展的路径，拟形成三个理论命题，具体如表 4 - 2 所示。

表 4 - 2　　　　　　　　　　基于案例间分析的理论命题

理论构念		案例间分析	案例发现
影响路径		事实依据来源	理论命题
自变量：创新要素	因变量：城市高质量发展		
创新环境 创新投入 创新政策 与机制 ➡ 经济发展 科技创新 生态建设		新加坡、埃因霍温、川崎、波士顿	Ⅰ
		新加坡、埃因霍温、川崎、波士顿	Ⅱ
		新加坡、埃因霍温、川崎、波士顿	Ⅲ

4.5.1　创新环境对城市高质量发展的影响

通过对四城案例的内容分析可以发现，创新环境对创新型城市高质量发展的影响主要体现在交通环境和文化环境二者的融合。

第一，交通环境。便捷的交通环境能够为信息传播和人才交流、产业集聚等提供良好的硬件支撑，这些能促进区域经济发展、科技创新水平的提升，以及生态环境的建设。新加坡凭借其独特的公共交通基础设施优势吸引了全球大批企业投资设厂并发展对外贸易，为推动企业研发创新营造了良好的市场环境，也推动了新加坡自身成为世界著名经济金融中心。与之相似，川崎利用其京滨工业带和临海面积大的核心区位优势，通过构建现代化交通环境吸引大量世界级环保与节能技术企业进驻，快速形成以清洁能源带动区域发展的绿色产业集群，推动川崎由"污染之城"变身为世界闻名的"环境之都"。波士顿地区则在地理上构成以两条主要公路带由内至外形成高科技产业集群，位于圆心的高校和科研机构通过创新创业孵化器将科学研究成果商业化，为园区内部企业不断输送新鲜血液，保证知识创新的流动性，驱动波士顿强大的智力优势转化为产业优势，促使其成为世界著名的创新城市。因此，发达便利的交通基础设施能够在城市高质量发展过程中起到基础保障作用。

第二，文化环境。文化环境对埃因霍温的创新驱动作用最为明显。埃因霍温通过构建三位一体螺旋结构打造了以知识经济为依托的创新环境。同时埃因霍温通过三大高校以及飞利浦 NatLab 的高科技园区、嵌入式系统研究院（ESI）等众多研究院集聚营造了良好的文化氛围，将高校的科研成果与企业需求、高校需求与企业的开发能力相结合，这直接推动埃因霍温成为国际专利的摇篮，也直接带动了当地经济的持续增长。此外，川崎政府通过创设"亚洲创业家村"吸引和支援来自中国及亚洲的优秀技术人员及创业者，推动环境领域创新创业的国际化，实现传统产业向新兴产业的转型，这一转型不仅促进了川崎的科技创新产出，拉动当地经济发展，更重要的是对生态保护也发挥了重要作用。依据以上分析，本章得到下述命题：

理论命题Ⅰ：交通环境对城市高质量发展起到基础性作用，与此同时，活跃的创新文化环境对城市高质量发展起到重要驱动作用。

4.5.2　创新投入对城市高质量建设的影响

充足高效的创新投入能够为城市发展提供广阔的平台，从物质和人才两方面合力对城市经济发展和科技创新起到引导作用，同时也推动城市在生态方面实现可持续发展。创新投入对四城高质量发展的影响主要体现在资金投入和人力投入二者间的融合。

第一，资金投入。在四城案例中，各地通过资金投入影响城市高质量发展主要包括两大途径：（1）政府主导投资。新加坡和埃因霍温政府常年对城市基础研究和应用研究提供大规模直接性资金投入，同时通过企业发展署间接对企业自主创新提供资金支持，这直接促使新加坡和埃因霍温经济长期稳定提升，科技成果快速落地，为试图从资本驱动向着创新驱动进行转变的区域做出了良好示范作用。此外，川崎政府通过设立补助金引导重工企业对外引进清洁能源设备，对内推动流程和技术革新，全方位助推企业实现"零排放"环保政策，实现生态可持续发展。（2）企业及个体辅助投资。在波士顿地区除了政府对企业进行专项 R&D 投资外，大量风投公司和成熟的天使投资人也在波士顿地区组建专业性天使投资联盟，对极具潜力的初创团队进行资金投入，这有效推动了波士顿的科技创新成果快速转化为社会服务产品，也对当地经济发展和初创企业成长起到重要作用。因此，充足的资金投入能够为城市高质量发展提供高效的经济支撑。

第二，人力投入（人才培育）。人才是城市高质量发展的重要组成部分，只有源源不断的创新人才加入才能使城市保持生机与活力。一方面，埃因霍温、川崎和波士顿通过设立专业性高校培养了大量的高素质应用人才（尤其是自然科学类学生），直接导致科研相关人员和专利数量远高于其他地区，拉动了当地创新经济和创新活动的发展，创新产出也得到了显著提升。另一方面，埃因霍温将人才培养与城市建设紧密结合，通过设立埃因霍温设计学院将绿色可持续发展理念与人才培养目标相融合，大批设计人才为埃因霍温的城市建设提供了有益的智力支持，从而促使埃因霍温营造了通透、绿色的生态环境。依据以上分析，本章得到下述命题：

理论命题Ⅱ：多主体的资金投入为城市高质量发展提供经济支撑，专业性人才培育为城市高质量发展提供持续的智力支持。

4.5.3 创新政策与机制对城市高质量发展的影响

通过对四城案例的分析还可以发现，四城完善和推进法律法规、财税政策和孵化体系等各项政策机制，这为城市高质量发展提供了重要的制度保障。这三个方面的结合也有效推动了当地经济发展、科技创新以及生态环境的持续发展。

第一，法律法规。法律法规对城市高质量发展的影响主要体现在两个方面：（1）知识产权保护。只有在维护好知识产权的前提下创新成果才能物尽其用，为科技成果转化撑起"保护伞"。新加坡政府专门出台《专利法》并成立知识产权局对区域内知识产权进行保护，促使其年度专利总数增长百分比超过 30%，新生高新技术企业大规模增加，科技创新能力与经济发展水平显著提升；埃因霍温也通过出台一系列法律法规为其独具特色的开放化研究模式和科研成果市场化机制提供法律保障，带动埃因霍温每一平方米知识专利数位居世界首位，同时园区内大部分研发成果可在 3～5 年进行批量产出，在此过程中激活的相关产业收益达到 7 倍以上，促使埃因霍温成为欧洲举足轻重的科技园区。（2）生态环境立法。为解决传统重工业发展带来的污染问题，川崎专门制定《大气污染防治法》等相关法令，要求企业积极引进先进资源回收利用设备并减少污染物排放。这一举措直接导致空气中二氧化硫浓度从 1965 年的日均 0.08ppm 下降到 1979 年的 0.04ppm 以下（0.04ppm 为川崎环境目标值），加速推动川崎营造优美的自然环境和绿色的生态发展模式。

第二，财税政策。在融合创新驱动城市高质量发展的过程中，四城主要借助财税政策的引导和杠杆作用与市场力量形成合力，驱动各创新主体有意识开展创新活动，通过直接补助与间接引导相融合的方式促进城市发展。（1）直接补助。案例中川崎、埃因霍温和波士顿都设立了直接财税补助政策。川崎政府通过补助金制度和特别会计制度支援企业引进节能设备，从而有效减少污染物排放，提升企业污染物处理水平，最终推动川崎快速实现"环保城"的建设目标，实现城市生态发展。埃因霍温通过降低特定高科技企业所得税税率和对特定研发公司施行大幅度减税优惠，吸引了大批创新企业和研究机构入驻，在园区内部建立了一大批高水平共建新型研发机构，同时初创企业也得到快速发展，为当地科技创新动力提供了财税支持，激发城市发展的创新经济活力。（2）间接引导。新加坡通过大力推广专业化 PPP 模式为部分规模存在限制的企业提供了市政建设等相关研发设计的技术采购服务，这在很大程度上增强了新加坡全方位解决复杂问题的能力，间接提升了新加坡在世界范围内高端及中高端技术生产的影响力，拉动新加坡经济发展水平。

　　第三，创业孵化体系。企业作为城市创新发展的重要主体，也是城市高质量发展的重要基石，企业的创新产出能够直接撬动区域经济、科技和生态发展建设。案例分析表明，川崎和埃因霍温均通过打造完善且独具特色的创业孵化体系成为世界创新型城市的标杆。其中，川崎的 KSP 通过"川崎创业家竞赛"和"创业讲座"两个平台发掘优秀潜在创业者并采取从创业到成长的"阶段性支援"措施；埃因霍温也通过创业孵化机构 SBC 邀请海内外有潜力的企业代表参加"创业训练营"，通过孵化项目挑选出最优的项目进行投资与专门服务（如拓展业务、拓宽融资渠道、本土化商业模式培训等）。在上述创业孵化体系的影响下，川崎和埃因霍温潜在人才被大量发掘，近些年科技创新产品和创新企业数量快速增长，经济得到飞速发展。此外川崎还在"创业讲座"中专门设立"生态专区"，对企业可持续发展和城市生态建设也起到了有益影响。通过川崎和埃因霍温的做法，我们不难发现完整的创业孵化流程能够有效提升企业的自主创新意愿，推动区域内各创新主体共同打造以知识经济为依托的创新氛围，从而带动区域内部经济增长、科技创新和生态发展。依据以上分析，本章得到下述命题：

理论命题Ⅲ：法律法规为城市高质量发展提供立法保障，财税政策对城市高质量发展发挥重要支持作用，创业孵化体系为区域企业自主创新提供重要依托。

4.5.4 小结：影响机理模型构建

本章通过四城案例间分析发现了创新环境、创新投入和创新政策与机制之间的创新要素内部融合对城市高质量发展的影响作用，为了更清晰地描述以上三个维度对城市高质量发展的影响机理，在前文探索性案例分析的基础上构建了融合创新影响创新型城市高质量发展的三棱锥模型并试图探究其影响路径（如图4-5所示）。

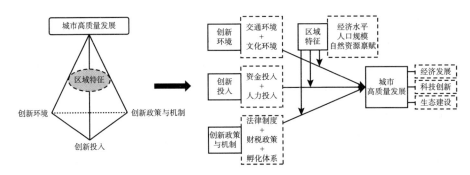

图4-5 融合创新驱动城市高质量发展的三棱锥模型及实现路径

图4-5表明，在促进创新型城市高质量发展进程中，需要实现各类创新要素内部间的有机融合，充分发挥出"1+1>2"的叠加效应，以促进城市经济、科技、生态等各方面的持久发展。结合上文分析，本章认为：首先，创新环境为城市高质量发展提供了重要的条件支撑，尤其是需要关注区域交通环境发挥的基础性作用，以及区域文化环境在培养和壮大创新主体以及吸引创新人才方面发挥的支撑作用，充分实现二者间的高度融合。其次，创新投入为城市高质量发展提供了必要的物资支持，一方面

多主体的资金投入可为创新型城市的高质量发展积累重要的经济基础，另一方面专业性的人才培育为城市高质量发展提供了源源不断的智力支持，简言之，创新投入方面充分体现了"人财两全"。再次，创新政策与机制为城市高质量发展提供了有效的制度保障，结合四城案例分析可以看出，创新政策与机制间的融合体现在，一方面法律法规是作为城市高质量发展的重要法制基础，另一方面财税政策为城市高质量发展发挥了引导和杠杆作用，此外，创业孵化体系能够有效促进企业创新意愿，撬动城市高质量发展。最后，本章需要特别指出的是，由于四城在经济发展、人口规模、自然资源禀赋等区域特征方面存在明显差异，因此各地形成了独具特色的融合创新实践模式，这也进一步反映出，融合创新驱动城市高质量发展的过程会受到区域特征因素的影响和调节。

4.6　小　结

基于前文案例内分析和案例间分析，在此将本章的研究启示归结为以下四个方面。第一，要充分利用融合创新思想，提升城市高质量发展效果。融合创新是解决创新活动中复杂性问题的有效手段，在建设创新型城市过程中，应对交通环境、文化环境、资金投入、人力投入、法律制度、财税政策和创业孵化体系等各方面创新要素进行有机结合，形成优良匹配模式，充分发挥要素的基础支撑、物资保障和平台依托作用，助推城市的高质量发展。第二，要打造活跃开放的创新生态环境，厚植城市创新土壤。一方面要树立基础设施先行的意识，通过打造全覆盖的便捷交通网络、污染物 100% 无害化处理等硬件措施补齐城市发展的基础短板，为城市高质量发展提供基础支撑；另一方面要培植创新文化理念，鼓励企业与高校研发机构加大创新交流力度、构建创新合作关系，一同打造以知识经济为依托的人人创新氛围。第三，优化完善现有创新投入，提升创新资源的适配性。一方面政府要制定专项行动方案，例如通过建立研发导向机制鼓励企业加大自主创新投入，通过设置研发补助和天使投资帮助企业分担创新风险，从而构建创新长效激励机制。另一方面要立足区域发展特色，针对现实需求制定周期性创新型人才培养规划，提升人才培养质量，从源头上提升城市创新能力。第四，完善创新型城市高质量发展的政策机制，为全方位助推城市高质量发展提供制度保障。一方面细化完善法律发挥，构建包括资金、人才、科技产出和生态环境在内全方位创新法律体系。另一方面要强化创新财税政策的系统性，实现税收直接补助和专业化 PPP 项目间接引导的"双轮"驱动，达到吸引优秀人才、提升企业市场竞争力的目的。此外，要构建完整的创业孵化体系，通过"创业基地—创业孵化—成果应用—产业集群"的流程打造全生命周期创业孵化链，提升企业创新能力，助推城市高质量发展。

第5章

国内创新型城市建设现状及动因分析

——以国内九市为例

5.1 研究背景

　　党的第十八大报告明确提出实施创新驱动发展战略，党的十九大报告继续提出创新是引领发展的第一动力，要瞄准世界科技前沿，强化基础研究实现前瞻性基础研究、引领性原创成果重大突破。2021 年 3 月召开的全国"两会"通过了《中华人民共和国国民经济和社会发展第十四个五年规划和 2035 年远景目标纲要》，对未来 5 年中国城市化的发展做出新的部署，提出"坚持走中国特色新型城镇化道路，深入推进以人为核心的新型城镇化战略，以城市群、都市圈为依托促进大中小城市和小城镇协调联动、特色化发展，使更多人民群众享有更高品质的城市生活"。进一步明确了城市是一个区域内集聚众多创新资源的发展极，更是区域内实现创新引领城市转型升级的"领头羊"的观点。科技创新作为经济社会循环的根本动力，对于推动形成国内国际双循环相互促进的新发展格局具有举足轻重的作用。充分发挥科技创新在我国高质量发展中的支撑引领作用，推动经济社会结构性调整的重大战略部署，是应对百年未有之大变局、推动经济高质量发展的必由之路。而城市作为区域发展的中心，在经济发展中发挥着举足轻重的引领作用。因此，发挥好城市的引领作用，可以进一步带动区域发展，尤其是在科技革新的大背景下，激发城市的科技创新活力和创造力是促进区域空间发展全面、协调、可持续的重要方向。

创新型城市是指主要依靠科技、知识、人力、文化、体制等创新要素驱动发展的城市，对其他区域具有高端辐射与引领作用。随着世界新一轮科技革命与产业变革的兴起和中国创新驱动发展战略的深入实施，党的十八大也提出科技创新是提高社会生产力和综合国力的战略支撑，必须摆在国家发展全局的核心位置，决定把创新驱动发展作为面向未来的重大战略，这为中国城市创新发展提供了机遇。目前，中国城市化进程已进入以质量提升为主的阶段，城市作为全球创新网络的重要节点，对于创新型国家建设意义重大。创新型城市建设内容丰富，涉及思想观念创新、发展模式创新、机制体制创新、企业管理创新和城市管理创新等诸多方面，是一个系统工程。因此，建设创新型城市，不仅仅是建设以创新为主要思想的城市，更是顺应时代发展潮流的重要目标，增强中国国际竞争力的重要因素。

基于当前实践背景，本章的研究问题是：在全国各地深入推进创新型城市建设的背景下，各地的具体实施做法到底是共性多，还是个性多？导致这一结果的可能解释逻辑是什么？鉴于此，本书主要采用目标—手段链分析法（means-ends chain）和文本分析法，对国内推进创新型城市建设的九个代表城市进行多案例研究，提炼共性举措，并借鉴相关理论去揭示存在的原因。对于上述问题的解决，有助于为城市发展探索新路径提供新思路，为塑造创新驱动城市发展新格局提供理论支撑。

5.2 案例分析

5.2.1 创新型城市建设的基本情况

加快推进创新型城市建设，对于增强自主创新能力、探索城市发展新模式，加快转变经济发展方式、推动国家创新体系建设，促进区域经济社会又好又快发展意义重大。自 2008 年以来，科技部、国家发改委先后支持 78 个城市（区）开展创新型城市建设。报告发现，38 个城市固定资产投资与地区生产总值之比低于同期全国平均水平。其中，深圳、广州、杭州、南京、武汉、苏州、厦门、无锡、宁波等城市低于 60%，意味着这些城市已摆脱投资依赖，走上科技创新驱动高质量发展之路。报告显示，此次排名前 15 位的城市依次为：深圳、广州、杭州、南京、武汉、西安、苏州、长沙、成都、青岛、厦门、无锡、合肥、济南和宁波。

在对国家创新型城市的创新能力分类评价时，报告依据主体创新功能（创新能级）的不同，将 72 个创新型城市划分为创新策源地、创新增长极和创新集聚区三大类：（1）以深圳、广州、南京、杭州、武汉为代表的 15 个创新策源地城市。这类城市中央级高校和科研院所多，高端科研人才集聚，原始创新能力强。如，广州、南京等城市基础研究经费占研发经费比重超过 10%，是全国平均水平（5.5%）的 2 倍多。（2）以苏州、无锡、常州、大连、宁波为代表的 25 个创新增长极城市。这类城市拥有一定的科教资源，市场化程度较高，技术创新能力强。比如，大连和无锡等城市规上工业企业 R&D 经费支出占主营业务收入比达到 1.8% 以上，是全国平均水平（1.27%）的 1.4 倍。（3）以佛山、嘉兴、泰州、石家庄、连云港为代表的 32 个创新集聚区城市。这类城市科教资源较匮乏，目前城市创新发展以科技成果转化应用为主，需进一步营造良好的环境，集聚各类创新资源。

5.2.2　案例选取与研究方法

本研究通过检索全国 57 个城市提出的创新型城市建设的相关文件，结果发现部分城市建设方案只有相关网络报道，而未能检索到方案具体内容。因此，以当前能够成功检索到的，以市委市政府名义颁布的政府正式文件为依据，本章选取了东、中、西部 9 个城市（自治区）的建设文件为分析对象，具体样本和书卷来源见表 5 - 1。

表 5 - 1 样本选取和数据来源

地区	区市	文件
东部	北京	《中共北京市委、北京市人民政府关于增强自主创新能力建设创新型城市的意见》
	上海	《中共上海市委 上海市人民政府《关于加快建设具有全球影响力的科技创新中心的意见》
	佛山	《佛山市全面建设国家创新型城市促进科技创新推动高质量发展若干政策措施》
中部	合肥	《合肥市人民政府关于促进全市开发区改革和创新发展的实施意见》
	武汉	《中共武汉市委 武汉市人民政府 关于加快推进全面创新改革建设国家创新型城市的意见》
	长沙	《中共长沙市委、长沙市人民政府关于加快科技创新大力推进创新型城市建设的意见》
西部	西安	《西安市关于深化统筹科技资源改革加快创新驱动发展的实施意见》
	新疆	《新疆维吾尔自治区党委 自治区人民政府关于实施创新驱动发展战略加快创新型新疆建设的意见》*
	成都	《成都市关于实施创新驱动发展战略加快创新型城市建设的意见》

注：乌鲁木齐是新疆维吾尔自治区的首府，因乌鲁木齐市没有明确出台相关文件，此处考虑用新疆维吾尔自治区的文件代替。

北京是全国乃至全球科技创新资源最为聚集的城市之一：连续 3 年蝉联全球科研城市首位；新经济增加值占地区生产总值的比重超过三分之一；世界营商环境排名稳步提升，创新生态充满活力。据《全球科技创新中心指数 2020》显示，北京的综合创新能力和水平在全球主要科技创新中心城市中位列第五，成为全球创新网络中崛起的新高地。北京拥有全国一半的两院院士，一半的顶尖学科，以及三分之一的国家重大科技基础设施，拥有近 100 万在校师生，每万名就业人员中有研发人员 185 人；有

183 家跨国企业、近 4 000 家总部企业设立在北京。全市 R&D 经费投入强度保持在 6% 左右，超过纽约、柏林等国际知名创新城市，其中基础研究投入占比从 2015 年的 13.8% 提升至 2019 年的 15.9%。北京累计获得的国家科技奖奖项占全国的 30% 左右；每万人发明专利拥有量是全国平均水平的 10 倍。当前，北京正在坚持科技创新与制度创新双轮驱动，全力推进国际科技创新中心建设，为城市高质量发展注入新动能。

上海作为我国建设中的国际经济、金融、贸易和航运中心，必须服从服务国家发展战略，牢牢把握世界科技进步大方向、全球产业变革大趋势、集聚人才大举措，努力在推进科技创新、实施创新驱动发展战略方面走在全国前头、走到世界前列，加快建设具有全球影响力的科技创新中心。上海建设创新型城市是符合国际趋势、立足我国发展全局的战略部署，也是上海实施创新驱动发展战略、重构发展动力的必然选择。站在改革开放再出发的新起点，上海必须紧扣全面建设创新型城市的战略思维，抓住实施"上海 2035"城市总体规划的历史机遇，设经济、金融、贸易、航运"四个中心"基础上，拓展科技创新中心，推动"创新之城"子目标的成功实现。同时，上海也在清除各种障碍，让创新主体、创新要素、创新人才充分活跃起来，形成推进科技创新的强大合力，其核心是解决体制机制问题，突破创新链阻断瓶颈。

佛山作为我国改革开放的先行区和重要的工业中心城市，在全国经济社会发展和改革开放大局中具有重要的战略地位和示范作用，区位优势明显。佛山毗邻广州，是珠江三角洲地区中心城市之一，地缘优势明显，经济实力较强。佛山的经济规模居全省第三，工业规模全省第二，是以工业为主导的制造业名城和产业强市，创新能力不断提高。它还是"创新型国家十强市""全国科技进步先进市""国家知识产权工作示范城市"，创新环境日趋完善。佛山市先后出台了《中共佛山市委佛山市人民政府关于提高自主创新能力促进高新技术产业发展的若干意见》《佛山市人民政府关于转变经济发展方式加快推进产业强市战略的若干意见》，力争建设国家创新型城市，系统构建区域创新体系，全面提升自主创新能力，构建区域和产业的核心竞争力。这对于加快转型升级，建设幸福佛山意义重大。

合肥获批建设综合性国家科学中心，聚焦能源、信息、生命、环境四大领域，勇攀科技创新领域的"珠峰"。在奋力迈向"科创名城"的征程中，合肥目前拥有高校 61 所，在校学生 70 余万人，拥有中央驻肥科研机构 8 家，各类新型研发机构 40 家，建有国家级（重点）实验室 10 个，省级重点实验室 115 个，省"一室一中心" 21 个，院士工作站 68 个、博士后工作站 135 个。近些年，合肥在量子、核聚变等多个领域处于全球领跑地位，涌现出了量子计算机原型机"九章""祖冲之号"、量子操作系统"本源司南"、新冠肺炎"托珠单抗"治疗方案等一系列标志性、引领性的重大原创成果。力争到 2025 年合肥全市研发投入强度达到 3.8% 以上，国家高新技术企业突破 8 000 户，建成千亿级科技大市场，建成 5 个左右国家级产业集群，力争实现百万大学生在肥就业创业。

武汉市建设国家创新型城市的核心目标，加快建设国家科技创新中心。武汉现有 89 所高校，其中"985"和"211"高校 7 所，科研院所 121 家，院士 68 名，无论科研实力和科教资源，均位居全国前列。到 2030 年，武汉将形成具有全球影响力的国家创新型城市的核心功能，成为全国高端创新要素集聚中心，成为知识创新的策源地、技术创新的枢纽地、创新创业的圆梦地。培育 5 家以上世界 500 强的知名高技术企业，培育和集聚跨国企业研发机构 500 家，产生一批国内市场占有率超过 50% 、全球市场占有率超过 20% 的高技术产品，战略性新兴产业总量规模进入全国副省级城市前三名，东湖国家自主创新示范区企业总收入达到 15 万亿元。培育发展一批世界一流学科，国家级科技基础设施数量居于全国城市前列，全社会研究与试验发展（R&D）经费支出占地区生产总值（GDP）的比重达到 45% 。全社会科技创新创业投资基金规模进入全国城市前三名。

长沙在科技部创新型城市创新能力测评中连续三年位列第八，稳居全国第一方阵。近些年来，长沙坚持企业创新主体地位，激发企业创新活力。据长沙市科技局数据，2021 年预计长沙高新技术产业增加值达 4 000

亿元，增速 15%，占 GDP 比重 28.8%。高新技术企业数量从 2016 年的 1 110 家增长至 2020 年的 4 142 家，高新技术产业高速发展的背后，是长沙对于高新技术产业的有力支撑。长沙市 2021 年获批国家新一代人工智能创新发展试验区、国家耐盐碱稻技术创新中心等 7 家国家级创新平台。部署 10 项"揭榜挂帅"重大科技项目，推进一批重大技术攻关项目，实现了大型掘进机主轴承等国产化替代，攻克了分布式智能液压阀控系统、量子点激光器、碳化硅芯片等 20 多项制约产业发展的"卡脖子"技术。长沙作为国家自主创新示范区，把创新作为发展基点和核心战略，在创新驱动发展上干在实处、走在前列。

西安作为我国科研教育的重要基地，高等院校林立，科研院所密集，人力资本富足，985 高校有 3 所，211 大学以及高校总量，在全国排名靠前。西安普通高校 63 所，在校大学生 120 余万人，各类科研机构 460 多个，具有明显的科教资源优势。西安作为中国南北、东西经济大通道交汇点上最大的城市，也是新欧亚大陆桥经济带中国段最大的中心城市和国际装备制造业转移的主要承接地，位居关中城市群之首，具有无可替代的区位优势。西安又是中国历史文化名城之一，位居中国七大古都之首，具有文化资源优势。此外，雄厚的军工科技资源和产业资源山是西安经济跨越式发展巨大的潜在动力，西安有 100 多家军工单位，航空、航天、电子、兵器、雷达等领域具有国内一流甚至世界领先的生产研制水平。西安作为我国主要的创新型城市之一，从 2010 年开始拉开了创新型城市建设的序幕。

乌鲁木齐是建设丝绸之路经济带核心区"五大中心"和新疆创新驱动发展试验区，旨在打造新丝路创业创新活力之城。2016 年，乌鲁木齐小微企业营业收入为 8 131 228 万元，2017 年小微企业营业收入为 8 319 592 万元。此外，乌鲁木齐以"双创示范"城市建设为契机，充分发挥中央财政投入的作用，保障创新创业资金确确实实支持小微企业成长。2016 年，中央财政"中小企业发展"专项资金支持乌鲁木齐市"双创示范"城市建设的奖补资金 2 亿元已拨付 1.9 亿元，资金到位率 95%。重点支持的 10 大类重点任务和 120 个重点项目进展顺利。在创新型城市建设过程中，乌鲁木齐将围绕"双创示范"城市建设为主线，构建专业型政府服务体系，继续实施创新驱动发展战略，多维度在出台制定双创政策、搭建双创载体、打造人才高地、培育新产业新业态等方面下大力气，创业活力得到有效激发，探索打造双创升级版，努力成为丝路经济带上一颗璀璨明珠。

成都市是国务院确定的西南地区科技、商贸、金融中心和交通、通信枢纽，2007 年获批全国统筹城乡综合配套改革试验区，自主创新作为城市发展核心战略进一步强化，已成为西部大开发的引擎城市、新型城市化道路的重要引领城市。2009 年，全市地区生产总值占四川省和西部 12 省份的比重分别达到 31.8% 和 6.7%，在我国区域经济发展中的战略地位日益突出，已成为我国内陆地区的重要经济增长极之一。近年来，成都将率先建成领先西部、全国一流、国际知名的创新型城市。全市科技进步贡献率达 62%，全社会研发支出占国内生产总值的比重 3% 以上，高新技术产业增加值占规模以上工业增加值 55% 以上，万人发明专利拥有量 9 件以上，引进高层次创新创业人才 500 名以上，建成国家级研发机构 100 家以上、国际研发机构 50 家以上、各类科技企业孵化载体面积 500 万平方米以上。到 2020 年，成为全国一流的创新之城、创业之都，初步建成中西部创新驱动发展引领城市、国际知名的区域科技创新中心。

5.2.3 九市总体建设目标的分析

对创新型城市建设总体目标的深入分析见表 5 - 2。此外，少数城市也根据自身资源存储状况设置了个性目标，如北京提出要增强自主创新能力，利用雄厚的科教资源，到 2010 年，全社会研发经费支出占 GDP 比重达到 6%，每万人专利申请数达到 18 件，科技进步贡献率达到 60%；上海市提出要建成国际化创新经济贸易发展大都市，发挥枢纽作用等。各城市也制定了不同的发展计划，如武汉市提出到 2020 年，形成具有全球影响力的国家创新型城市的基本框架；乌鲁木齐市作为首府深入贯彻落实党中央治疆方略，把维护社会稳定和长治久安作为科技创新的第一要务，全面融入国家"一带一路"倡议，主动适应经济新常态。整体上，创新型城市建设的共性目标多于个性目标，且具体化、定量化和同质化的特征明显，过多强调增加研发投入占地区 GDP 的比重、增加研发人员的数量、增加专利申请量和拥有量、提高科技进步贡献率，而对社会可持续发展的指标（如环境污染、就业率和公共教育支出额等）、投入和产出的比重等关注较少。

表 5 – 2　　　　　　　　　　创新型城市建设的总体目标

类别	共性目标
创新投入	研发投入占地区生产总值比重在 2.5% 以上
科技进步贡献率	科技进步贡献率 60% 以上
自主创新能力	对外技术依存度在 30% 以下
创新产出	创新产出高、发明专利多

5.2.4　九市总体建设举措的分析

经过分析发现，创新型城市建设的共性举措具体包括 6 大类 12 个举措（见表 5 – 3），部分城市也提出了极具地方特色的个性举措。佛山市强调要发展一批高水平产业创新平台，依托地理位置，全方位建设中国"南方智谷"；西安市提出要加强文化创新，发展特色产业；北京市提出将创新中心的资源配置纳入京津冀一体化协调机制中，鼓励创新中心积极拓展面向京津冀产业发展的服务；成都市提出大力发展现代农业。整体上，创新型城市建设的共性举措居多。通过对每项举措的分析，发现除"深化科技体制改革"举措外，其他建设举措均需要政府的财政投入，如"建设企业研发平台、高新区建设、科技惠民工程"等都需要政府的财政投入，呈现出明显的"政府干预和财政投入"的导向。

表 5 − 3　　　　　　　　　　　创新型城市建设的举措

类别	共性举措
加快经济发展方式转变	大力支持战略性新兴产业的发展
	突破重大技术研发和重大攻关项目、攻关产业关键共性技术
促进经济社会协调可持续发展	强化科技支撑生态文明建设
	推进科技惠民工程、科技金融融合
大力增强企业自主创新能力	培育高新技术企业
	实施大中型企业研发机构全覆盖行动
加强创新人才培养	培养创新创业人才，优化高端创新人才集聚培养方式
	健全人才激励与评价机制
营造良好的创新环境	建设高新区——国家级和省级高新区
	构建地方特色区域创新体系
推进体制改革和管理创新	健全省部院产学研合作机制
	健全科技创新成果转化机制

1. 加快经济发展方式转变

加快转变经济发展方式，推动产业结构的优化升级，是党的十七大提出的战略任务，也是实现创新城市建设的必然要求。随着科技的发展和技术的进步，传统经济的发展方式已不能适应时代发展的要求，提高自主创新能力，提高节能环保水平，提高经济整体素质才能与时俱进，从而提高国际的整体竞争力。坚持把加快经济发展方式作为深入贯彻落实科学发展的重要目标和战略举措，以"三促进一保持"作为经济工作主线，大力实施"双提升"战略（提升产业竞争力，提升自主竞争力），着力构建以现代服务业为主导，现代服务业、高新技术产业、先进制造业有机融合、互动发展的现代产业体系，不断在发展方式转变上取得实质性的突破和进展，促进经济社会的全面协调可持续发展，才能更好地建设创新城市。例如九个城市在建设过程中，大力支持战略性新兴城市的建设，集中资金和资源在突破重大技术上的进步，不断提升自主创新能力，在创新基础竞争力上形成自我优势。

2. 促进经济社会协调可持续发展

全面协调可持续基本要求具有丰富的内涵。全面，是指发展要有全面性、整体性，不仅经济发展，而且各个方面都要发展；协调，是指发展要有协调性、均衡性，各个方面、各个环节的发展要相互适应、相互促进；可持续，是指发展要有持久性、连续性，不仅当前要发展，而且要保证长远发展。坚持全面协调可持续发展，就要正确处理经济与社会发展、城市与农村发展、东中西部发展、人与自然界发展、国内发展和对外开放、改革发展稳定等现代化建设中的重大关系；就要统筹安排和处理好消费与投资、供给与需求，发展的速度和结构、质量、效益，科技进步与人力资源优势的充分发挥，市场机制与宏观调控等经济发展的重大问题；就要坚持社会主义物质文明、政治文明、精神文明、和谐社会建设以及生态文明建设和人的全面发展，这为创新城市的建设提供了强有力的支撑。因此，在建设创新城市的过程中，坚持全面协调可持续发展，就要强化科技支撑生态文建设，推进科技惠民工程，这是系统化方法论的体现，也是彼此相互联系、相互促进、不可分割的过程。

3. 大力增强企业的自主创新能力

企业自主创新能力是指企业能够灵敏嗅出和创造市场需求，全面综合运用企业内外部资源，并通过原始创新、集成创新和在引进消化基础上的再创新，以及通过生产、营销等一系列的企业创新行为获取市场利益，实现企业创新价值的各种能力的综合反映。近些年来，我国一些企业创新能力有了显著提高，但从总体上看，企业仍处于创新的中低层次阶段。而企业，作为国家经济发展的一大主体，税收的主要来源，在创新城市建设过程中发挥着极其重要的作用，要想在创新竞争力方面有所突破，迫切要求提升企业自主创新能力。通过降低中小型企业的市场准入门槛，利用财政政策和税收政策减免相关费用；鼓励自主创业，深入贯彻落实"大众创业，万众创新"的国家政策；积极发展创新型企业，深入实施中小企业成长工程，加快其培育速度，使其真正成为研发投入为主体的具有国际竞争力的实体，更好地适应社会发展的需求。一方面，要加快培育高新技术企业。不断给传统企业注入新鲜活力和创新因素，引进先进技术，研发先进产品，学习国内外先进的管理模式和研究经验，不断吸收消化，转化为适合自我发展的基础，带领企业成为高新技术的受益者；另一方面，实施大中型企业研发机构全覆盖行动。研发机构是企业开展技术创新、实现科技进步的基础条件，企业研发机构建设的管理不仅仅属于科技局一个部门，还涉及发改委、经贸局、统计局等相关部门，为切实保障企业研发机构建设的质量和水平，西安市及长沙市科技局多次联合其他部门对大中型企业进行现场调研，与企业老总、研发机构负责人进行沟通和交流，倾听企业遇到的困难，帮助企业出谋划策，指导企业建立创新体系，以及在研发活动中对知识产权进行申请和保护，有力地推动了企业研发机构建设的全面开展。这是提高企业自主创新能力的要求，也是建设创新型城市的重要措施。

4. 加强创新人才培养

创新型城市的建设的核心在于提高自主创新能力，自主创新能力的关键在于培养具有创新意识和创新能力的创新人才，因此培养创新型人才成为建设创新城市的重中之重。而高校作为创新人才培育的基地，有着举足轻重的作用。高校具有较齐全的学科门类、人才聚集、教学与科研密切结合、国际间的交流合作也极其广泛等优势，是知识传播、应用和创新的重要基地，也是培育创新人才的和尖端人才的摇篮。必须进一步解放思想，创新人才机制，增强学生的主体力量，不断培养创新型人才。一方面，培养创新创业人才，优化高端创新人才集聚培养方式。树立科学的创新人才培养观，加大对学校的政策及资金扶持力度，不断完善基础设施与科研训练室建设，实现企业与学校零距离沟通，为广大学生提供更多的实习机会，为企业注入更多的新鲜活力；校内培养，需要更注重创新人才的培养方式，激发学生的创新潜能，引进先进的授课模式及课堂管理方式，实现以学生为主导的教学范式，调动起学习的主动性和积极性，因材施教。另一方面，健全人才激励与评价机制。以成都市为例：促进人才向艰苦边远地区和基层一线流动，研究制定鼓励和引导人才向艰苦边远地区和基层一线流动的意见，提高艰苦边远地区和基层一线人才保障水平，使他们在政治上受重视、社会上受尊重、经济上得实惠。重大人才工程项目适当向艰苦边远地区倾斜。边远贫困和民族地区县以下单位招录人才，可适当放宽条件、降低门槛。鼓励西部地区、东北地区、边远地区、民族地区、革命老区设立人才开发基金。完善东、中部地区对口支持西部地区人才开发机制；改进人才评价考核方式。发挥政府、市场、专业组织、用人单位等多元评价主体作用，加快建立科学化、社会化、市场化的人才评价制度。基础研究人才以同行学术评价为主，应用研究和技术开发人才突出市场评价，哲学社会科学人才强调社会评价。注重引入国际同行评价。应用型人才评价应根据职业特点突出能力和业绩导向。加强评审专家数据库建设，建立评价责任和信誉制度。适当延长基础研究人才评价考核周期。

5. 营造良好的创新环境

科技创新是深入实施创新驱动发展战略的重要组成部分，有效推动我国科技创新关键在于营造良好的科技创新环境。实践证明，政府在加大科技创新的资金投入、完善科技创新的综合服务体系、创造有利于科技创新的体制环境和文化氛围等方面，对于建设创新型城市有着潜移默化的影响。一方面，建设高新区——国家级和省级高新区。以西安市为例，高新技术产业开发区和西咸新区，都是响应国家建设创新型城市的号召，依靠地区的教育资源，发挥大学、科研院所在立异源头上的效果，深化产学研协作；依靠地区的企业，发挥其立异优势，招引立异要素集聚，推进军民立异深度交融，提高区域立异开展才能，这些高新区的建设都是创新元素的体现，在很大程度上打造了立异要素集聚的空间载体，聚力了培养立异型产业集群，营造了杰出的立异创业生态环境。另一方面，构建地方特色区域创新体系。以乌鲁木齐为例，五年来，其深入贯彻落实党中央治疆方略，把维护社会稳定和长治久安作为科技创新的第一要务，全面融入国家"一带一路"倡议，主动适应经济新常态，依靠科技创新维护社会稳定、培育经济发展新动能，支撑民生改善和现代化国际城市建设，因此乌鲁木齐将高新技术产业开发区（新市区）、经济技术开发区（头屯河区）、甘泉堡经济技术开发区三个国家级开发区作为建设创新型城市的核心载体和重要平台，先后制定出台了一系列优惠扶持政策，打造区域创新示范引领高地，形成以乌鲁木齐经济技术开发区（头屯河区）先进制造业基地、乌鲁木齐高新技术产业开发区（新市区）高新技术产业基地、乌鲁木齐甘泉堡经济技术开发区战略性新兴产业基地、会展片区现代服务业基地、南山旅游基地、城南经贸合作基地等"六大产业基地"发展格局，充分发挥了地方的特色区域优势。随着乌鲁木齐加快创新型城市建设，科技创新和体制机制创新双向进发，不仅为社会稳定和长治久安激发出强大的动力，也为全国构建地方特色区域创新体系提供了宝贵的借鉴经验。

6. 推进体制改革和管理创新

创新型城市建设的基础性、关键性的工作是实现制度创新。制度创新是指在人们现有的生产和生活环境条件下，通过创设新的更能有效激励人们行为的制度、规范体系来实现社会的持续发展和变革。所有创新活动都有赖于制度创新的积淀和持续激励，通过制度创新得以固化，并以制度化的方式持续发挥着自己的作用，这是制度创新的积极意义所在。管理创新则是指需要通过改变以往落后的管理模式，引进先进的管理模式，实现创新型城市的最大效益化。一方面，健全省部院产学研合作机制。加强产学研合作机制，即加强企业、高等学校和科研院所之间的合作，以企业为技术需求方，与以高等学校或科研院所为技术供给方之间的合作，更快的促进科技的快速发展和加快科技向社会生产力的转化，成为推动创新城市建设的劲敌。另一方面，健全科技创新成果转化机制。纵深推进全面创新改革试验，深化以科技创新为核心的全面创新。完善国家财政资金资助的科技成果信息共享机制，畅通科技成果与市场对接渠道。加速高校科技成果转化和技术转移，促进科技、产业、投资融合对接。

5.3　制度同构：创新型城市建设的理论逻辑

　　制度同构理论（institution isomorphism theory）是由马乔和波维尔（Paul J. Maggio & Walter W. Powell）两位学者共同提出的。该理论最初要解决的核心问题是回答为何组织的结构和实践越来越趋同，推动组织同质化、促使组织结构和行为趋同的内在动因是什么。该理论认为，同构强调了一种"约束性过程"，这一过程促使集群内部某一（些）个体在面临同样环境下与其他个体变得相似。同构主要包括制度性同构和竞争性同构，前者主要依赖强制性机制（mandatory）、模仿性机制（imitation）、规范性机制（normative）的交互作用，促进不同组织间的同质化伴随时间推移而不断增加，而后者强调的是同质化与市场竞争之间存在的因果关系。由于中国是中央集权的单一制国家，各地省委省政府是具备集体理性并且能够做出理性选择行为的组织，其决策行为是对中央战略部署的理性回应。整合制度同构理论，本章认为九市在创新型城市建设过程中，行为趋同的内在动因主要包括服从性机制、竞争性机制、学习性机制、惯性机制和共谋机制，这些机制之间的互动交替促使各市级政府做出理性选择行为，进而导致在创新型城市建设过程中呈现行为趋同的现象（具体如图 5 - 1 所示）。

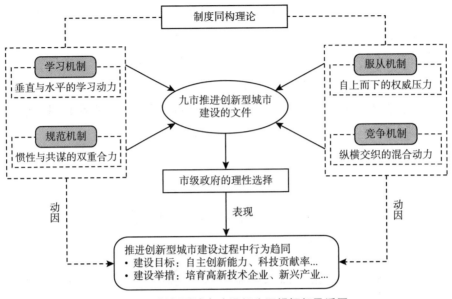

图 5 – 1   创新型城市建设行为逻辑框架及诱因

5.3.1   服从性机制——源于自上而下的权威压力

服从性机制源于上级中央政府的权威压力的作用。贝里和贝里（Berry & Berry, 1999）认为上级的垂直控制和政治规范是推动政策和创新实践扩散的重要因素。由于中央政府权威的压力，创新型城市建设的战略也要遵从中央要求，要与中央文件和国家政策保持一致，政治上不能僭越。国家先后颁布的《纲要》和《关于深化科技体制改革　加快国家创新体系建设的意见》等中央文件，在一定程度上推进了创新型城市建设的进程。一方面，这些中央文件使各市区在建设创新型城市时有法可依；另一方面，国家层面的文件具有很强的号召性，即使部分城市制定了少量的个性化举措，也是对中央文件的直接或间接的反应，是一种自上而下的结构性调适，并无明显的本质差异。

5.3.2   竞争性机制——源自纵横交织的混合动力

从竞争层次上可以把政府竞争划分为纵向竞争和横向竞争。纵向竞争强调处于垂直关系上的央地政府之间围绕立法、行政、司法等各种政治权力与经济利益的划分和调整而展开的竞争；横向竞争是水平关系上同级地方政府之间围绕各种经济、政治资源等展开的竞争，纵向和横向竞争之间是高度相关、相互兼容的关系。本研究认为，纵横交织的混合驱动力促进各市之间在推动创新型城市建设的过程中相互赶超。

一方面，在纵向竞争中，市级政府为了获取更多优惠政策和经济特权等，会与中央之间围绕政策执行进行不断的利益博弈，以帮助其在同级政府的横向竞争中占有优势地位，增加地方政府官员晋升的机会。如在推动创新型城市建设的实施文件中，多个城市都提出了要进行试点改革，并且强调要大胆探索、总结推广改革经验。另一方面，在横向竞争中，地方政府首先会从自身利益考虑，根据上级的制度供给意愿程度进行"修正"和"调解"，并且会在利益博弈的过程中与其他层级的政府进行竞争；地方政府间职位晋升必然会激化不同区域官员之间的攀比和竞争。为了避免在争夺投资者青睐和选民支持的竞争中失败，政府通常会快速采用竞争对手的创新，即更倾向于向同级政府学习，从而降低风险和学习成本，同时配以少数的个性化举措"超越"竞争对手。在市级政府官员晋升机制中与相邻地区官员的绩效比较也是非常重要的参考标准。在这种政绩考核和人事管理体制下，市级政府官员出于政治晋升的目的，会有选择地寻找"标杆"作为学习榜样或竞争对手，降低在竞争中失利的可能性。

5.3.3　学习性机制——源自垂直与水平的学习动力

克里斯和保罗（Chris & Paul，2005）的观点指出，学习机制是一种能够帮助行为主体在高度不确定环境下作出决策和采取适当行动的风险缓解措施。几市创新型城市建设过程中的举措之所以会出现趋同，除了服从性机制以外，也会受到学习性机制的影响，这种学习来自向中央政府部门和其他同级政府部门"优秀"的做法进行学习，是一种潜在的垂直与水平交互的动力机制。模仿性机制包括表现为垂直方向的模仿和水平方向的模仿两个方面。

具体而言，一方面前期在推进创新型城市发展的过程中，由于面临环境不确定和推进路径较模糊的背景下，率先制定建设创新型城市方案的部分省份会更多趋同于中央政府文件。此外，通过九市实施方案的文本对比后发现，各市的建设目标、建设举措等方面大多是仿效中央发布的《建设国家创新型城市促进经济转型升级的若干意见》的框架，在此基础上对其进行适当调整，然后出台各市的建设意见以降低操作风险。另一方面，根据沃克尔（Walker）等学者（2011）的研究发现，为了降低创新成本和风险，地方政府之间通常会相互学习并模仿其他地方政府的成功案例以减少额外的创新成本和创新风险。在创新型城市建设的大潮中，未采取任何行动城市的政府官员可能出于政绩、竞争晋升等利益的驱使，在建设目标不明确、建设路径模糊的情况下，到邻近条件相似的进行创新型省份建设的区域参观、学习。这样，各城市既顺应了创新型城市建设的趋势，迎合了中央政府的要求做出了成绩，又降低了建设过程中可能存在的风险，使得许多地方政府乐于效仿，最终出现了各城市之间行为趋同的现象。

5.3.4 规范性机制——源自惯性与共谋的双重合力

1. 惯性机制

保罗和瓦尔特（Paul & Walter，1983）指出，惯性同构主要源于专业化（specialization），包括了组织内部接受过专业化教育的成员、合法化的共同认知基础，以及能够快速传播新模式的跨组织的专业化网络的存在。经过专业化训练的组织工作人员会形成一种共同的思维和观念，用于指导组织和员工沿袭相同或相似的路径发展，我们把这种现象称为"惯性的路径依赖"。此外，在规范化形成过程中，也会出现不同地方政府之间的"共谋"，这种共谋现象是中国特有的行政体制背景下的制度环境产物，是一种制度化了的非正式行为，有着深厚坚实的合法性基础。

改革开放的成功已经形成了新的体制惯性，并产生了各种依附于这些体制惯性的既得利益集团，这给创新型城市建设也带来了巨大的挑战。在实践中，创新型城市建设的"惯性路径依赖"主要表现在，诸多创新型城市建设的举措实质是"新瓶装旧酒"的做法，沿袭了历届政府职能转变综合改革的一些做法，而使得现有推进举措形成了"自我强化"机制，同时在特定发展阶段产生了正向积极效果。此外，创新型城市建设过程中的诸多建设举措，是科技管理部门借鉴传统管理方式的一些经验做法，形成了"自我强化"的机制，在一定时期产生了"正反馈"的效果，使得其为了增强部门的权威性和利益最大化，更愿意采纳传统的举措，致使创新型城市建设所采用的举措较为相似。

2. 共谋机制

市级政府各部门之间在制定推动创新型城市建设的过程中也会存在"共谋"行为。创新型城市建设的执行的过程是一个跨部门之间的合作治理网络形成的过程，会涉及不同执行部门的利益。实际上，不同部门实施主体之间的状态并非零和博弈的均衡状态，而是存在明显的报酬递增的"路径依赖"现象，如九市建设方案中都明确提出了要大力支持战略性新兴产业的发展，这就意味着会不断强化政策供给投入，使得不同部门之间会乐于此状而进行"共谋"，这也导致后来者会积极效仿和采纳先前城市建设举措的"最优"状态，而出现目标和手段趋同。

创新型城市建设涉及诸多部门的利益相关者，而这些分散的利益相关者无法形成强有力的政策联盟，从而未能对政府的决策过程产生一定的影响。利益相关者之间并不是处于一种均衡状态，而是存在由于报酬递增带来的"路径依赖"现象，投入越多，利益相关者所获取的收益就会更多，导致中小微型企业和普通公众的利益受损和话语权的减少。地方政府工作人员受到社会主流文化和共同传统观念的影响，加上政府内部"智囊"的政策传播作用，共同导致了创新型城市建设理念的趋同。地方政府的理性选择行为在长期与各级地方政府的互动中不断地发生改变，这使得科技管理部门认为创新型城市建设的总体目标和建设举措与创新型国家建设的总体目标和举措保持一致是很自然的政策选择，与其他城市的步调保持一致，是一种较为符合社会主义核心价值观的行为选择，在一定程度上能够降低城市建设的风险，增加其实现收益的机会。

5.4 小 结

当前在国家实施创新驱动发展战略的背景下，各级地方政府都在积极推进创新型城市建设。本章以国内东、中、西部地区九市出台的推荐创新型城市建设的文本作为研究对象，采用文本分析法对创新型城市建设过程中的建设目标、建设举措等维度进行了深入比较，结果发现，尽管各市在资源禀赋和发展阶段存在较大的差异，但是在推进创新型城市建设过程中的建设目标、建设举措等方面却存在较大的"趋同性"。这种趋同性是地方政府"理性选择行为"的结果，而理性选择行为的产生主要源于制度同构中的强制性机制、模仿性机制、规范性机制和竞争性机制的共同作用，前两种机制是促使中央战略向地方政府"自上而下"迁移的重要动力，而后两种机制促成了各市推动创新型城市建设方案和政策文本的不断完善。总之，以上六种机制形成了一个推进创新型城市稳固发展的政策执行系统，这也是对当前九市在创新型城市建设过程中行为趋同的较好解释。

第6章

基于生态创新视角的创新型
城市建设评价研究

6.1 研究背景

　　自从 20 世纪 60 年代以来，生态化就扮演着重要角色，随后生态创新及其相关研究也引起了学界的高度重视。当前全球气候变化等环境问题的不断升级，促使生态环境保护日益成为世界各国关注的焦点，现实中部分发达国家和地区包括日本、欧盟、美国等，以及一些发展中国家。它们都不约而同地选择了发展高新技术来减少能源消耗，提高其在国际竞争中的能力和地位。由此，生态创新为世界各国提供了实现可持续循环发展（环境—社会—经济）的可能性。聚焦国内形势，党的十八大报告强调创新和环境发展的重要地位，并且明确指出要坚持走中国特色自主创新道路，实施创新驱动发展战略；随后，党的十八届五中全会也明确提出了"创新、协调、绿色、开放、共享"的五大发展理念。党的十九大和十九届四中全会也进一步强调了要深入实施创新驱动发展战略，以及保护生态环境、完善生态文明制度体系。总之，在当前国际社会高度关注生态环保的背景下，党中央和国家领导人也深刻意识到实施创新驱动发展战略与保护生态环境二者同等重要、缺一不可。

　　创新驱动发展战略作为一项国家中长期重大发展战略，其本身是一项系统工程，是技术创新、产业创新、制度创新、知识创新、生态创新等各项创新活动的综合协同，其目标是为了加快经济发展方式转变，实现经济社会长期协调可持续发展。因此，着力实施生态创新、积极践行生态环境保护可谓是实施创新驱动发展战略的重要组成部分。城市作为创新驱动发展战略的主体实施区域，是推动区域创新和生态环境建设的重要载体，尤其是创新型城市作为一省政治、经济、科教文卫的地域中心，更具有较强的代表性和研究价值。实践中，为了推动创新型城市的高质量发展，各地方政府在大力推动科技创新的同时，也愈发重视生态创新的重要作用，采取了一系列积极的干预措施，如：通过行政手段对造成的环境污染收取污染税费，加强高新技术企业实现生态创新发展；鼓励企业进行绿色技术的研发，生产绿色产品，减少环境污染和能源消耗；同时在高新技术项目和环境处理方面加大经费投入等。概而言之，当前各创新型城市积极探寻节约资源，减少环境污染，向以"低消耗""低污染""高效率"为特征的绿色生态发展模式转变，从而实现城市科技、经济与生态间的协调发展。

　　现有理论研究中，尽管学界从政策、规制、技术、市场以及其他一些特定的方面，对生态创新相关问题展开了一系列有益探索，然而针对城市生态创新议题，尤其是创新型城市生态创新的系统研究却少之又少。自党的十八大胜利召开以来，中央和各级地方政府积极贯彻落实创新驱动发展战略和生态环境保护战略，在此背景下，国内各创新型城市当前生态创新绩效现状如何？各区域间是否存在明显差异？这一问题亟须得到深入论证和解答。基于此，本章基于创新驱动战略实施的背景下，以国内29个创新型城市作为研究对象，在系统构建城市生态创新绩效评价指标体系的基础上，采用 DEA – SBM 模型对中国创新型城市 2013～2018 年的面板数据进行测度，并对城市生态创新效率和效益的时空演变特征等进行深入分析，旨在客观把握创新型城市生态创新的发展现状、时空演化规律及绩效水平，为进一步推进城市高质量发展提供理论参鉴。

6.2　已有研究回顾

6.2.1　生态创新的内涵界定

关于生态创新，1996 年，弗斯勒和詹姆斯（Fussler & James）首次提出了"生态创新"的概念，他们把"生态创新"定义为是"为消费者和商业提供价值但是也会显著地减少环境冲击的新产品和新过程"。当前，这一术语与"绿色创新""可持续创新""环境创新"的意义大致相同。整体而言，国内外学者对生态创新的定义展开了广泛的研究，虽然界定角度不同，但本质上差别不大。基于环境保护和可持续发展视角，伦宁斯（Rennings）等认为对公司或对用户来说，是对全新的产品、服务、生产工艺、组织或管理结构或商业方法的生产、应用或探索；克莱默（Klemmer）等认为一些相关主体（企业、政府部门、非营利组织、家庭等），以减轻环境负担或实现生态化可持续发展为目标，采取一系列措施，引进新理念、创造新产品及工艺；拜斯（Beise）和伦宁斯将其定义为用于避免或降低关于环境破坏的新的或改进的流程、技术和操作等；唐善茂将其定义为通过生态技术创新、绿色制度创新，以及生态观念的改变，以可再生资源替代不可再生资源、以低级能源替代高级能源，提高资源的利用效率，增加除污设备的研制与开发，进而减少环境污染，提高生态系统的运转资本；彭雪蓉认为生态创新涵盖内容非常丰富，是具有高生态效能的创新，明确强调经济和环境的二元目标。在结合城市功能特征的基础上，邵安菊认为城市创新生态具有系统性，是激发城市创新的特定土壤和外部环境，即城市创新要素集聚与扩散效应的集合，会随着城市人才、信息、资金等创新要素的不断聚集，创新资源与政策创新、制度创新、机制创新等要素一起，构成城市创新生态系统。徐君等认为城市生态创新需要强调的是，企业和产业的创新活动必须以区域为载体，生态创新系统无形地真实存在于某一创新区域（如硅谷和中关村），实现创新要素与外部环境之间的物质、信息和能量的相互作用。尽管当前研究并未明确指出城市生态创新的内涵，但是在结合现有观点的基础上，可以认为城市生态创新作为生态创新的重要组成部分，它是指城市创新主体基于技术、人才、资金等创新要素，以城市可持续发展为目标，努力实现城市经济系统和生态系统之间动态平衡的一种创新过程。

6.2.2 生态创新绩效评价指标

关于生态创新绩效评价的研究，国内外学者当前主要聚焦于企业层面，而围绕城市的相关研究成果相对较少。当前围绕生态创新绩效评价的指标体系主要包括"三要素论"（投入—产出为三要素）和"四要素论"（投入—产出为四要素）。基于指标设置的三要素，安东尼（Anthony）认为投入包括科技活动人员、生产技术创新、企业污染治理完成投资额，产出包括专利申请及授权数、新产品开放项目数、环保产业产值；程（Cheng）等认为投入包括企业 R&D 经费支出占主营业务收入的比重、生态环境治理投资费用、高新技术产业营业总额，产出包括环保产业每年产值、城镇生活污水达标天数、GDP 综合能耗；付帼等认为投入包括 R&D 人员全时当量、科技财政支出、企业 R&D 经费支出，产出包括专利申请授权数、技术市场成交额、代表新产品销售收入的高新技术产业营业总额；加西亚 - 格拉内罗（García - Granero）认为投入包括 R&D 人员投入数量、高新产业总产值占工业总产值比重、生态环境治理投资费用，产出包括有效发明专利数、GDP 能耗、技术市场成交额等；基于指标设置的四要素，周雪娇和杨琳等认为投入包括 R&D 人员的全时当量，R&D 经费内部支出、高新产业新产品开发经费支出、高等院校数，产出包括新产品销售收入、技术市场成交额、有效发明专利数、GDP 综合能耗；彭文斌认为投入包括地方财政科技投入、从业人口中的科技人员数、环境污染治理费用、高新技术总产值，产出包括期望产出（专利授权量）、非期望产出（工业二氧化硫）、工业废水排放量、工业烟（粉）尘排放量。总之，尽管现有研究对生态创新绩效的评价指标体系构建奠定了重要的理论基础，但是现有研究更多是从单一视角考虑生态创新绩效的评价维度，而且缺乏对城市生态创新绩效评价的系统研究，并且对生态创新绩效时空演进规律的梳理也相对较少。因此，本章将从生态创新的内涵出发，在结合城市功能特征基础上，构建城市生态创新的评价指标体系并对其展开实证检验。

6.3　研究设计

6.3.1　评价维度及评价指标体系

本章在梳理国内外相关文献的基础上，从生态创新的内涵出发，遵循指标选取的全面性、可行性和代表性等原则，对城市生态创新绩效评价指标体系进行构建。本章重点参考中国创新生态发展报告、中国创新城市评价报告、欧洲创新报告等权威机构遴选的经典指标，以及程和萧（Cheng & Shiu，2012）、王彩明等（2019）、段新等（2020）、周亮等（2019）学者构建的评价指标体系及要素，最终从生态创新投入和生态创新产出两个方面构建科学可行的城市生态创新绩效评价指标体系（如表 6 - 1 所示）。其中，生态创新投入主要从人员投入、能源和资本投入三个层面筛选了六个二级指标，生态创新产出则分为期望产出和非期望产出，从科技产出、经济产出和环境产出三个方面筛选了八个二级指标。具体地，期望产出包括百万人口发明专利申请授权数（件）、每万名 R&D 人员国际科技论文数（篇）和高技术产业当年价总产值占工业总产值的比重（%）等，非期望产出指标包括万元 GDP 综合能耗（吨标准煤/万元）等。本章对于最终形成的指标体系特别咨询了科技、环保等政府部门的工作人员，进行反复多轮次商讨之后最终进行确定。

表 6-1 生态创新绩效评价指标体系

评价对象	一级指标	指标分类	二级指标
城市生态创新绩效 = 生态创新转化效率 + 生态创新产出效益	生态创新投入	人员投入 + 能源投入 + 资本投入	每万名就业人员中 R&D 人员数（人）
			环境污染治理费用占总费用的比重（%）
			节能环保支出占财政支出的比重（%）
			技术引进及改造经费占总费用比重（%）
			全社会 R&D 经费支出占地区生产总值的比重（%）
			企业 R&D 经费支出占主营业务收入的比重（%）
	生态创新产出	科技产出 + 经济产出 + 环境产出	百万人口发明专利申请授权数（件）
			每万名 R&D 人员国际科技论文数（篇）
			高技术产业当年价总产值占工业总产值的比重（%）
			技术市场成交合同金额占 GDP 的比重（%）
			空气质量达到二级以上的天数占全年的比重（百分比）
			城镇生活污水处理率（百分比）
			生活垃圾无害化处理率（百分比）
			万元 GDP 综合能耗（吨标准煤/万元）

6.3.2 各指标的含义

1. 一级指标解释

生态创新投入是指城市在生态创新发展过程中所投入的实质性资源，主要包括 R&D 人员数量、R&D 经费支出、技术引进及改造经费、环境污染治理费用、节能环保支出等。生态创新产出是指城市在开展生态创新相关活动过程中所取得的科技产出、经济产出和环境产出效益，其中科技产出效益主要包括发明专利申请授权数和国际科技论文数；经济产出效益体现在高技术产业当年价总产值和技术市场成交合同金额等方面；环境产出效益主要包括空气质量、城镇生活污水处理率、生活垃圾无害化处理率、万元 GDP 综合能耗等指标。

2. 二级指标解释

（1）每万名就业人员中 R&D 人员数、企业 R&D 经费支出占主营业务收入的比重。反映企业在研发过程中对人力资源和资本资源创新的投入力度，也反映其创新能力的高低。

（2）环境污染治理费用占总费用的比重、节能环保支出占财政支出的比重。它们反映了在生态创新活动中为了减少环境污染，加强生态环境保护所采取的行政手段或经济手段。具体地，节能环保支出占财政支出的比重可以看作供给侧管理的经济政策，比如通过专项资金支持资源综合利用、能源管理和污染治理，或是对企业的绿色生产进行补贴，反映了政府依靠节能环保支出去促进总量意义上的节能减排，促进能源节约和环境保护。

（3）全社会 R&D 经费支出占地区生产总值的比重。直接反映一个国家或地区科技发展水平及其与经济发展之间的关系，是评价一个国家或地区经济增长方式的重要指标。

（4）技术引进及改造经费占总费用的比重。反映了技术对促进生态创新水平提升的程度。

（5）百万人口发明专利申请授权数、每万名 R&D 人员国际科技论文数。较为全面地反映区域科技创新产出，在城市创新产出评价的研究中被普遍应用。

（6）高新技术产业当年价总产值占工业总产值的比重、技术市场成交合同金额占 GDP 的比重。这两个指标用于衡量经济产出收益，其中高新技术产业占工业总产值的比重可直接反映技术突破程度和产品创新成果的产出量，从而衡量城市经济发展水平。

（7）空气质量达到二级以上的天数占全年的比重、城镇生活污水处理率、生活垃圾无害化处理率。直接反映了城市在发展过程中对大气资源、水资源以及固体废弃物治理的效果，能够用于衡量城市生态创新中的环境效益。此外，万元 GDP 综合能耗反映了对能源的利用程度，可以间接衡量本年度城市各项节能政策措施的实施效果。

（8）万元 GDP 综合能耗。创新不仅带来专利申请授权数等期望产出，还会产生 GDP 综合能耗等非期望产出，而非期望产出的数量越少，越有利于创新效率的提高。因该指标与创新效率呈负向关系，所以处理方式较期望产出有所不同，研究中大多取其倒数作为产出来处理。万元 GDP 能耗说明了经济活动中对能源的利用程度，可以间接反映本年度各项节能政策措施的效果，表示每消耗一吨标准煤的经济产值，作为一项表征单位能源消耗的常用指标。本章中万元 GDP 综合能耗对应的投入指标是节能环保支出占财政支出的比重。

6.3.3　研究模型

本章主要采用的是 DEA - SBM 模型。DEA 模型是线性规划模型的应用之一，常被用来衡量拥有相同目标的运营单位的相同效率，是一种加权意义之下的投入产出数据的相对有效性评价方法，利用观察到的样本数据，评价具有多个输入、特别是多个输出的"部门"或单位（称为"决策单元"，简记 DMU）间的相对有效性，即其本身具有评价多投入多产出同类型决策单元间相对有效性的显著优势。为了完善传统 DEA 模型的不足，Tone 提出处理非期望产出的 DEA - SBM 模型，将松弛变量考虑到目标函数中去，一方面解决了 CRR 模型不能解决的投入产出的松弛性问题，另一方面也考虑了非期望产出对效率测度的影响，这一模型当前广泛应用于生态、环境、工业等领域。具体模型表述如下：

假定有 n 个决策单元，m 种投入，元素 $x \in R^m$，定义 $X \in (x_1, x_2, \cdots, x_n) \in R^{m*n}$ 且 $x_i > 0$；s 种产出，其中 s_1 种期望产出（元素 $y^g \in R^{s_1}$）和 s_2 种非期望产出（元素 $y^b \in R^{s_2}$）定义：

$$Y^g = (y_1^g,\ y_2^g,\ \cdots,\ y_x^g) \in R^{s_1 * x}$$

$$Y^b = (y_1^b,\ y_2^b,\ \cdots,\ y_n^b) \in R^{s_2 * x}$$

且有 $y_i^g > 0$，$y_i^b > 0$，则 DEA – SBM 模型可表述为：

$$\rho^* = \min\rho = \min \frac{1 - \dfrac{1}{m}\sum_{i=1}^{m}\dfrac{s_i^-}{x_{i0}}}{1 + \dfrac{1}{s_1 + s_2}\left\{\sum_{i=1}^{s_1}\dfrac{s_i^g}{y_{i0}^g} + \sum_{i=1}^{s_2}\dfrac{s_i^b}{y_{i0}^b}\right\}}$$

$$s.\,t.\ x_0 = X\lambda + s^-$$

$$y_0^g = Y^g\lambda - s^g$$

$$y_0^b = Y^g\lambda - s^b$$

$$\lambda \geqslant 0,\ s^- \geqslant 0,\ s^g \geqslant 0,\ s^b \geqslant 0$$

在公式中，s^-，s^g，s^b 分别为投入、期望产出、非期望产出的松弛变量，目标函数对变量 s^-，s^g，s^b 严格递减，且目标函数值 $\rho* \in [0, 1]$。当 $\rho* = 1$ 时，s^-，s^g，s^b 皆为 0，表明 DMU 有效；当 $\rho* < 1$ 时，表明 DMU 无效，这时就需要通过增加期望产出、减少投入或非期望产出来改进效率。

6.3.4　数据来源及处理

国际上对"生态创新"的研究起步较早，而中国真正意义上将生态创新与创新驱动发展战略进行融合，大力建设发展城市生态创新是近年来才开始的一项创新活动。正如前文所述，本章旨在考察在创新驱动发展战略实施的背景下，中国各创新型城市近年来生态创新的发展状况。因此，本章借鉴已有学者的相关研究，以国内 29 个创新型城市（剔除了未查询到数据的拉萨市，以及数据缺失较多的西宁市）为研究对象，时间跨度为 2013 ~ 2018 年，选择的样本数据均来源于《中国统计年鉴》《中国科技统计年鉴》《中国城市统计年鉴》《中国火炬统计年鉴》《中国环境统计年鉴》、地方统计年鉴以及统计公报等档案数据，兼顾样本数据的可得性和可比性，对于部分缺失数据则按照插值法进行估算，尽可能保证数据的真实、准确。

6.4 创新型城市生态创新效果的时空差异分析

6.4.1 测算结果

本章采用 MAX‒DEA 软件测算中国创新型城市生态创新投入与生态创新产出效益，结果见表 6‒2。与此同时，借鉴学者阿雷格里（Alegre）和姜滨滨、匡海波等的观点，他们在构建"效率—产出"的企业创新绩效评价概念框架的基础上，认为企业创新绩效应由创新效率和创新产出两方面构成，鉴于此本节认为城市生态创新绩效亦包括过程与结果两个方面，其实质是转化效率和产出效益的合成，具体表现为：在特定的时间段中，随着创新资源约束程度的升高和创新环境的不断发展变化，这一结果会影响生态创新投入的产出效益以及投入产出间的转化效率状况。因此，本章根据生态创新转化效率与产出效益的高低组合，将生态创新绩效划分成四种水平，如图 6‒1 所示。并且以样本数据中，生态创新转化效率与产出效益的全国均值作为基准，高于全国均值的，将其定义为"高水平"，低于全国均值的，定义为"低水平"，并据此对中国 29 个创新型城市生态创新绩效水平进行归类整理，结果见表 6‒3。

表 6‒2 　　　　　　　创新型城市生态创新效果评价结果

（2013～2018 年）（部分截取）

城市	2013 年		2014 年		2015 年	
	产出	效率	产出	效率	产出	效率
北京	0.139	1.000	0.226	1.000	0.221	1.000
福州	0.013	1.000	0.034	1.000	0.077	1.000

续表

城市	2013 年		2014 年		2015 年	
	产出	效率	产出	效率	产出	效率
广州	0.120	1.000	0.150	1.000	0.163	1.000
海口	0.091	0.680	0.088	0.720	0.032	0.753
杭州	0.159	1.000	0.116	1.000	0.128	1.000
太原	0.020	1.000	0.058	1.000	0.026	0.526
长沙	0.021	0.340	0.068	0.420	0.124	0.450
…	…	…	…	…	…	…
西安	0.026	0.381	0.011	0.509	0.009	0.378
银川	0.006	0.257	0.094	0.320	0.073	0.430
重庆	0.063	1.000	0.122	1.000	0.076	1.000
全国均值	0.050	0.642	0.072	0.735	0.060	0.708
东部均值	0.089	0.911	0.098	0.906	0.094	0.909
中部均值	0.036	0.618	0.071	0.656	0.050	0.686
西部均值	0.025	0.398	0.046	0.468	0.036	0.529

城市	2016 年		2017 年		2018 年		均值	
	产出	效率	产出	效率	产出	效率	产出	效率
北京	0.659	1.000	0.354	1.000	0.319	1.000	0.320	1.000
福州	0.047	1.000	0.053	1.000	0.016	1.000	0.040	1.000
广州	0.036	1.000	0.113	1.000	0.042	1.000	0.104	1.000
海口	0.041	1.000	0.063	1.000	0.100	1.000	0.069	0.859
杭州	0.023	1.000	0.120	1.000	0.033	1.000	0.096	1.000
合肥	0.090	1.000	0.061	1.000	0.086	1.000	0.079	1.000
南昌	0.018	0.560	0.080	1.000	0.064	1.000	0.044	0.688
…	…	…	…	…	…	…	…	…
南宁	0.025	0.057	0.026	0.161	0.031	0.225	0.026	0.177
乌鲁木齐	0.046	0.365	0.026	0.503	0.056	1.000	0.041	0.471
西安	0.019	0.369	0.011	0.236	0.017	0.279	0.015	0.359
银川	0.120	0.230	0.024	1.000	0.056	1.000	0.062	0.539
重庆	0.043	1.000	0.127	0.804	0.012	0.533	0.074	0.889
全国均值	0.067	0.715	0.079	0.772	0.083	0.805	0.068	0.730
东部均值	0.098	0.954	0.106	0.976	0.114	0.982	0.100	0.940
中部均值	0.062	0.701	0.075	0.763	0.074	0.799	0.061	0.704
西部均值	0.042	0.492	0.056	0.576	0.061	0.635	0.044	0.516

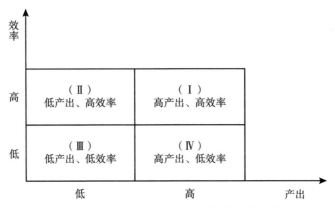

图 6 - 1　创新型城市生态创新绩效水平分类

表 6 - 3　　　创新型城市生态创新效果水平分布（2013～2018 年）

年份	高产出、高效率	高产出、低效率	低产出、高效率	低产出、低效率
2013	北京、广州、海口、杭州、济南、天津、合肥、重庆（8 个）	兰州（1 个）	福州、南京、上海、沈阳、石家庄、太原、郑州、成都（8 个）	哈尔滨、南昌、武汉、长春、长沙、贵阳、呼和浩特、昆明、南宁、乌鲁木齐、西安、银川（12 个）
2014	北京、广州、杭州、济南、南京、沈阳、合肥、重庆（8 个）	海口、武汉、银川（3 个）	福州、上海、天津、太原、郑州、成都（6 个）	石家庄、哈尔滨、南昌、长春、长沙、贵阳、呼和浩特、昆明、兰州、南宁、乌鲁木齐、西安（12 个）
2015	北京、福州、广州、杭州、南京、上海、天津、济南、重庆（9 个）	南昌、长沙、银川（3 个）	海口、沈阳、合肥、武汉、郑州、成都、兰州（7 个）	石家庄、哈尔滨、太原、长春、贵阳、呼和浩特、昆明、南宁、乌鲁木齐、西安（10 个）
2016	北京、上海、沈阳、合肥、南京、天津、广州、杭州、济南（9 个）	长春、长沙、贵阳（3 个）	福州、海口、武汉、郑州、成都、重庆（6 个）	石家庄、哈尔滨、南昌、太原、呼和浩特、昆明、乌鲁木齐、西安、银川、兰州、南宁（11 个）

续表

年份	高产出、高效率	高产出、低效率	低产出、高效率	低产出、低效率
2017	北京、广州、杭州、南京、上海、天津、南昌、武汉、重庆（9个）	长沙、昆明（2个）	福州、海口、济南、沈阳、合肥、郑州、成都、兰州、银川（9个）	石家庄、哈尔滨、太原、长春、贵阳、呼和浩特、南宁、乌鲁木齐、西安（9个）
2018	北京、上海、天津、南京、海口、沈阳、合肥、郑州、杭州（9个）	长沙、昆明（2个）	福州、广州、济南、南昌、武汉、成都、兰州、乌鲁木齐（8个）	石家庄、哈尔滨、太原、长春、贵阳、呼和浩特、南宁、西安、重庆、银川（10个）

6.4.2　基于时间维度的生态创新效果演化规律分析

根据 2013 ~ 2018 年创新型城市生态创新绩效评价结果（见表 6 - 2），以及创新型城市生态创新绩效水平分布（见表 6 - 3），在参考相关研究基础上，分别绘制出了全国及划分的三大地区（包括东部 11 个城市、中部 8 个城市、西部 10 个城市）生态创新转化效率与产出效益的时间演化趋势（见图 6 - 2）与创新型城市生态创新绩效水平时间演化（见图 6 - 3）。

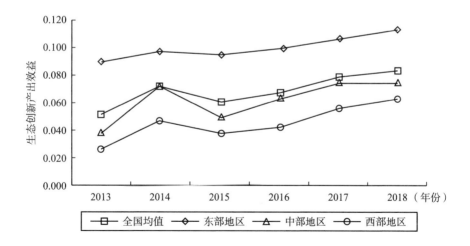

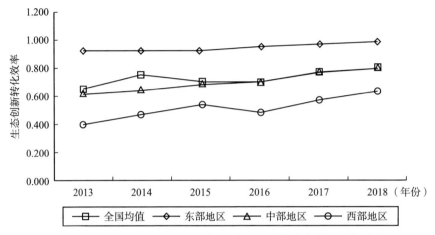

图6-2　全国及三大地区生态创新转化效率与产出效益时间演化

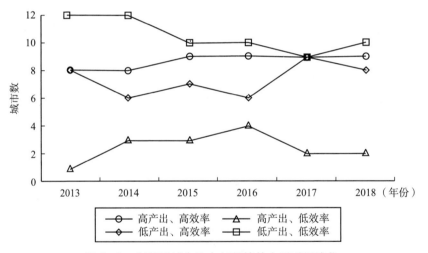

图6-3　创新型城市生态创新绩效水平时间演化

　　2013～2018年，全国及三大地区创新型城市生态创新转化效率与产出效益走势基本一致，但呈现周期性的波动，均处于较低水平层次。具体而言，东部地区城市生态创新转化效率与创新产出效益均逐年高于全国均值，持续呈现出"高产出、高效率"的发展状态；反之，中西部地区城市逐年低于全国均值，始终处于"低产出、低效率"水平。因此本章发现，全国各地区间，城市生态创新绩效水平呈现"两极分化"的发展态势。选取首末年份 2013 年、2018 年和具有代表性年份 2015 年（党的十八届五中全会首次提出了创新、协调、绿色、开放和共享的五大发展理念），得出 2013 年效率均值东部地区相对于中部地区变化幅度为 47.4%，中部地区相对于西部地区变化幅度为 55.3%，产出效益均值东部地区相对于中部地区变化幅度为 147.2%，中部地区相对于西部地区变化幅度为 44%；相应的，2015 年对应的变化幅度分别为 36.1%、42.5% 和 58.1%、47.6%；2018 年对应的变化幅度分别为 18.6%、25.8% 和 54.1%、21.3%。究其原因：党的十八大胜利召开以来，国家明确提出实施创新驱动发展战略，坚持走中国特色自主创新之路，东部地区创新型城市大多沿海分布，地理位置优越，历史财富积累较多，拥有雄厚的经济基础，引进了先进的科学技术，吸引着众多创新人才，这些都有利于营造良好的创新环境，为生态创新的发展创造优越的条件。但由于资源短缺和不合理的开发，导致资源、技术和生态环境之间的协同关系愈发紧张且极度不平衡；而中西部地区创新型城市，多位于内陆，长期以来主要发展老工业基地或产业，现代新兴工业产业发展较迟缓，在科技、资金、先进技术、高精尖的生产设备和人才等方面，明显落后于东部地区，其经济发展基本依靠对现有资源的消耗，生态创新发展活力明显不足，但拥有丰厚的资源条件和近年来国家政策的大力扶持。

进一步地，在图 6-3 中，我们可以看出，不同生态创新绩效水平的创新型城市数量，呈现着小幅波动的状态，其中，"低产出、低效率"的城市数量保持在 10～12 个，相较其他三类绩效水平而言，占全国创新型城市的 41%，这表明中国大多数创新型城市生态创新发展不成熟，还未摆脱粗放的经济发展方式，发展过程中以环境污染为代价的特征较明显，地区间生态创新绩效水平的提升却伴随着环境遭到严重破坏及能源资源的过度消耗。"高产出、高效率"的城市数量保持在 8～9 个，相较其他三类绩效水平而言，占全国创新型城市的 27%，这就表明中国创新型城市在创新发展过程中，有部分城市秉承可持续发展目标，基本实现了经济发展与生态环境之间的相互协调，逐渐向以"低消耗""低污染""高效率"为特征的集约型绿色发展模式转变。究其原因，得益于近年来国家实施的相关政策，极力推动了中国创新型城市生态创新发展的进程，如2012年党的十八大明确提出实施"创新驱动发展战略"和生态环保战略、2013年国务院颁布《全国资源型城市可持续发展规划（2013～2020年)》、"十三五"规划（2016～2020年）首次将创新摆在国家发展全局的核心位置，提出要牢固树立和贯彻落实"创新、协调、绿色、开放、共享"的五大发展理念，同时"五位一体"的总体布局明确提出"生态文明建设"的重大战略部署等。除此之外，"低产出、高效率"和"高产出、低效率"水平的城市数量相较于以上两类城市而言占比较低，其中"高产出、低效率"的城市样本数量最少，这就说明随着国家相关政策的扶持和创新生态环境的不断改善，中国创新型城市生态创新发展呈现正向发展态势，已经开始从传统的城市发展模式向效率导向型模式进行转变。

6.4.3 基于空间维度的生态创新效果地区差异分析

根据创新型城市生态创新转化效率和产出效益测算出的评价均值，并将全国均值作为基准（见表6-2），进而绘制创新型城市生态创新绩效的空间分布图（如图6-4所示）。图6-4的结果表明，创新型城市生态创新的绩效水平在空间上呈现较显著的差异，且具有明显的空间集聚性特征。具体而言，"高产出、高效率"水平的城市数为12个，占全国创新型城市的41%，且其中大多数城市位于东部沿海地区，少数位于中西部地区；"低产出、低效率"水平的城市数为10个，占全国创新型城市的35%，主要集中在西部地区；"低产出、高效率"水平的城市数为5个，占全国创新型城市的17.24%；"高产出、低效率"水平的城市数为2个，占全国创新型城市的6.76%。

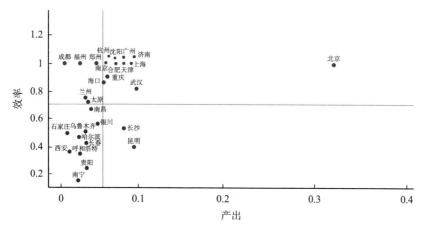

图 6 - 4　创新型城市生态创新绩效的空间分布

　　从三大地区生态创新绩效水平的分布状况来看，东部地区生态创新绩效水平明显高于中西部地区，而中西部地区之间的差异较小。究其原因：东部地区城市大多毗邻沿海，发展历史悠久，城市经济圈相互间协同发展，形成了城市聚集型经济发展模式，拥有雄厚的经济基础，在城市发展过程中，基础设施建设、产业体系、管理制度理念及科技研发水平等在全国处于领先地位，对国内经济发展有着强大的牵引作用。与此同时，近年来东部地区市场开放程度不断提高，生态文明建设全面展开，这些因素都促使东部地区创新型城市生态创新发展优势较为突出，城市生态创新的转化效率和产出效益会随着科技水平的提升而逐步升高，由此可以看出，其生态创新绩效水平多处于"高产出、高效率"的状态。反之，相较于东部地区创新型城市，长期以来中西部地区城市（尤其是西部地区城市）发展相对落后且缓慢，主要以高能耗、高污染和高成本的产业发展模式为主，加之一些西部地区城市地理位置较偏，生态创新基础设施落后，生态创新环境较为脆弱，创新人力资本稀缺。这些城市依靠传统型资源投入的发展模式，并且创新资源优化配置能力较弱，从而导致生态创新资源投入无法获取相应的生态创新绩效产出，因此其处于"低产出、低效率"的水平。

　　从个别特殊的创新型城市来看，重庆市的生态创新绩效水平处于"高效率、高产出"状态，究其原因：重庆作为西部地区唯一的直辖市，近年来深入推进创新驱动发展战略，一方面在创新突破、创新培育、基地建设、人才改革、投融资等领域大胆突破，为企业、高校科研院所等营造良好的创新氛围，推进科技平台建设，努力提升城市科技综合实力；另一方面，重庆市以绿色发展为主线，全面推进生态优先绿色发展战略行动计划，加大生态环境领域的投资力度，创新生态环境保护机制，着力发展绿色产业，从而促使其在生态创新绩效方面在西部城市中位居领先水平。石家庄市的生态创新绩效水平处于"低产出、低效率"状态，究其原因：石家庄虽然位于东部地区，作为京津冀都市圈内的核心城市，但在科技、人才等方面尚未与北京天津实现充分的资源共享，有待进一步融入京津冀都市圈。此外，石家庄市作为一个传统农业型和资源型城市长期以来经济增长方式粗放，资源消耗量和污染物排量较大，生态环境较为脆弱，加之城市自身的科技创新能力较弱，企业创新动力不足，科研成果转化效率较低，高新技术产业发展相对滞后等，这些因素导致了其生态创新转化效率和产出效益处于较低发展水平。长沙和昆明的生态创新绩效水平处于"高产出、低效率"状态，长沙作为中部地区的代表性城市，昆明位于西部地区的重要枢纽，近年来享受到的国家创新政策扶持力度和创新资源投入力度较大，城市的智慧化发展程度较高，发展效果较为明显，但是城市在发展过程中仍然存在粗放外延式的发展特点，生态创新资源配置效率不高，仍需在绿色技术工艺和绿色产品，以及生态创新环境营造等方面进行不断优化。太原市的生态创新绩效水平处于"低产出、高效率"状态，太原位于中部地区，矿产资源丰富，在近年来国家创新驱动发展战略的引导下，大力依靠科技创新驱动资源型经济转型发展，生态创新资源转化效率呈良好发展状态，但长期的过分依赖资源开发和畸形的工业发展模式，使得太原的自然生态环境遭到严重破坏，环境承载力逐渐降低，导致生态创新产出效益受到较大影响。

6.5　小　结

　　基于时间维度视角：①全国及三大地区创新型城市生态创新绩效整体呈现较低水平，且不规律波动性较强；②东部地区大多数城市生态创新绩效始终处于"高产出、高效率"水平，中西部地区大多数城市持续处于"低产出、低效率"水平；③处于不同生态创新绩效水平的城市数量呈现小幅度波动，即"低产出、低效率"城市数量保持在 9 ~ 12 个，占全国创新型城市的 41%，"高产出、高效率"城市数量为 8 ~ 9 个（占全国创新型城市的 28% ~ 31%），"高产出、低效率"城市数量为 1 ~ 4 个（占全国创新型城市的 3% ~ 13%）。以上数据表明中国创新型城市生态创新发展具有区域不平衡性和迟缓性等特点。基于空间维度视角：①全国三大地区及各个创新型城市生态创新绩效水平呈现显著的差异性；②各区域之间生态创新绩效水平呈现两极分化的态势，东部地区 > 全国均值（效率：0.73，产出：0.068） > 中部地区 > 西部地区；③各创新型城市生态创新绩效水平空间集聚性显著，"低产出、低效率"城市 10 个，占全国 34%，且主要集中在中西部地区，"高产出、高效率"城市 12 个，占全国 41%，且主要聚集在东部地区，"低产出、高效率"城市 5 个，"高产出、低效率"城市 2 个，占全国 7%。这表明中国各创新型城市以及三大地区之间生态创新发展水平具有不平衡性。

　　本章的理论贡献主要体现在两个方面：其一是从生态创新投入和生态创新产出视角界定了创新型城市生态创新绩效并对其进行了测量，并依据转化效率和产出效益的高低程度组合，对城市生态创新绩效水平进行了划分和揭示，弥补了现有研究更多是从单一视角划分生态创新绩效评价维度的不足，同时也丰富了生态创新绩效评价在城市方面的应用成果。其二是揭示了创新型城市生态创新绩效在时间和空间维度上的演化规律及区域差异，丰富了当前生态创新绩效及城市创新领域的研究成果，也为相关地方政府部门制定差异化的城市生态创新发展战略提供了理论指导。

优化生态创新的空间格局，缩小区域间差距。本章的研究结果表明，中国创新型城市生态创新绩效水平为：东部 > 中部 > 西部，考虑到区域间经济基础及资源禀赋等存在较大差异，因此应因地制宜地制定适合各区域城市生态创新发展的相关政策。首先，东部地区城市经济发展较早，在生态创新发展方面具有资金、人才、技术等诸多优势，因此未来在生态创新发展过程中应秉持自主创新战略，兼顾经济增长与科技进步及环境改善等之间的关系，不断优化资源配置，加强统筹联动，探索建立高效率—高产出的协调推进机制，促进城市生态创新绩效水平的不断提升。其次，中部地区相较于西部地区，城市经济基础雄厚，邻近东部沿海地区且人才聚集，但是当前仍以老工业基地和传统发展模式为主，阻碍了城市生态创新的发展，未来中部地区应着重调整产业结构，为城市发展注入创新活力，充分利用自身的优势条件，实现自上而下的生态创新转型。最后，尽管目前西部地区城市的生态创新发展不太乐观，但其资源丰富，可进步空间较大，未来西部地区应不断完善城市基础设施建设，借助"一带一路"倡议，实现跳跃式追赶，更好地利用国家政策扶持，加大对生态创新资源的投入，不断营造良好的生态创新环境，凝聚生态创新发展动力。

深入贯彻落实创新驱动发展战略，积极打造具有中国特色的生态创新型城市。当前积极响应国家创新驱动发展战略，建设生态创新型创新型城市是城市治理现代化的目标诉求，而要实现这一目标则需要政府相关部门发挥重要作用。首先，在当前和未来一段时期内，各级政府部门在深入落实创新驱动发展战略，加大对各区域生态创新资源投入的同时，应该重视生态创新资源投入结构、投入方式及产出效率等方面的问题，重点发展高科技产业、绿色环保产业和具有国际竞争力的产业，促进产业结构转型升级，推动创新型城市的高质量发展。其次，要强化创新型城市绿色发展理念，优化城市生态创新发展路径。一方面要充分明确政府在城市生态创新建设中的责任与担当，主动成为生态创新理念的倡导者、制度的制定者和执行者，积极宣传生态创新发展理念，引导社会增强环保意识，营造支持生态创新城市建设的良好氛围；另一方面要优化和完善城市生态创新发展的各项制度，如建立差异化特色化的生态创新考核评价体系，建立城市内部政治、经济、科技、教育、社会等多领域与多层级之间的协作，建立优势资源流动共享机制，充分实现不同利益相关主体之间的协同联动等。

第7章

创新型城市建设规划中的部门联动网络

——以关中平原城市群为例

7.1 研究背景

党的十九大报告明确提出，要"实施区域协调发展战略"，"以创新型城市群为主体构建大中小城市和小城镇协调发展的城镇格局"。从创新型城市群的长期发展演进来看，大力推动创新型城市群的高质量发展对于破除区域之间协调发展困境，引领区域经济社会高速发展具有重要而又长远的现实意义。创新型城市群作为当前国内经济发展的重要增长极，也是最具创新活力的版块，是工业化、城市化进程中区域空间形态的高级表征。积极推动创新型城市群建设可以更好地实现空间资源的优化配置，提升辐射引领作用，同时也能促进创新型城市群内部的各级城市自身发展。因此，创新型城市群建设被视为衡量国民经济快速发展，以及现代化水平不断提高的重要标志之一。

近年来，国家深入推进创新型城市建设，有序实施创新型城市群发展规划，在近三届党代会（十七大～十九大）报告中连续十五年把创新型城市群发展视为新的经济增长极。"十三五"规划以来，党中央提出建设以长江三角洲城市群领衔，包括珠江三角洲城市群、京津冀城市群、长江中游城市群、成渝城市群、哈长城市群、关中平原城市群等在内的 19 个城市群，并且在 2016～2019 年间，各区域都纷纷出台了各具特色的创新型城市群发展规划并得到了国务院批示。创新型城市群的国家地位不断提升，这也助推了学界对创新型城市群发展建设研究的不断深入和革新。从理论层面进行分析，改革开放以来一大批国内地理研究方面的学者基于经济地理、区域经济等学科视角，对城市群的概念与内涵界定、发展演进过程、动力机制、实施路径等内容展开了深入探索，但是缺乏从公共治理研究视角剖析创新型城市群发展和实践过程中的部门间合作协同关系，揭示创新型城市群建设过程中的部门合作网络结构及关键部门的职能角色等。

近期的研究成果表明，创新型城市群建设过程中面临的最大障碍是政府部门的行政壁垒和利益分割，而推动跨部门之间的协同合作是打破行政壁垒，加速区域创新型城市群快速发展的关键之举。基于此，本章所关注的核心问题是：创新型城市群建设规划过程中部门联动网络的结构特征是怎样的？不同部门在联动网络中的地位和作用又是怎样的？本章拟以"2019 年关中平原城市群建设行动计划"为研究对象，采用社会网络分析方法，通过对部门联动的整体网络分析、中心度分析、凝聚子群分析及核心边缘分析等指标的测算，揭示当前关中平原城市群建设行动规划中的部门联动网络特征及不同政府部门的角色定位，以期为今后创新型城市群建设如何实现跨部门协作等提出有益的理论借鉴。

7.2　概念内涵与已有研究回顾

7.2.1　概念内涵

部门联动（sector linkage）强调部门与部门之间为了实现和达成共同目标，彼此间相互协作的一种联合行动。在公共管理研究领域，"联动"

与"合作"之间具有相近之意。奥利里（O'Leary，2006）等学者将公共管理中的合作界定为："促进和帮助多个组织解决安排那些不能解决或者不能被单一组织解决的问题的过程。[6]"李文钊（2017）指出整体性政府（whole-of-government）是实现这种合作的理论和机制。事实上，政府组织结构是复合而非单一化的，不同类型和不同层级的政府部门在面对一项系统的、复杂的公共项目时，任何一个单一政府部门都不能很好去解决和应对，必须借助不同政府部门间的共同行动（working together）来解决现实问题[7]。政府部门在合作过程中通常以网络形式展开跨部门之间的合作交流，这也使公共部门合作网络研究兴起和广泛发展。

7.2.2 文献回顾

自 20 世纪 90 年代以来，部门合作网络（collaborative networks）概念在公共管理领域中不断引起了学者们的热切关注，在医疗卫生、教育、社会福利、区域生态环境、灾害治理等诸多领域中得到了相关应用。部门合作网络融入了组织行为学和社会网络分析的传统理论和方法，在当前公共管理研究领域中的应用主要包括以下方面。

（1）政策网络中合作行为的制度逻辑研究。这一领域中当前最有影响力的理论是美国学者菲奥克（Richard Feiock，2013）和肖尔茨（John Scholz，2010）提出的制度集体行动框架（ICA）理论。该理论着重分析两个维度，即：合作关系的复杂性及合作关系的产生机制，它强调对政策网络中的合作行为分析，而对不同合作网络的探讨多基于界定和分析组织间关系。克里斯·安塞尔和艾莉森·加什提出的权变合作模型（contingency approach to collaboration）对政府部门间合作要素和机制等进行了精细化梳理，认为部门之间的联动本身是一个迭代反复、非线性的过程，在模型中表现为一个闭环状态。普罗文和肯尼斯（Provan & Kenis，2009）从信任、参与者、目标一致程度和网络能力等方面进一步分析了网络治理的三种主要形式，包括共享治理、领先组织和网络管理组织，并指出三者在治理效率上存在差异[13]。在中国实践背景下，叶林等指出我国城市间合作困境的主要原因在于协调机制未健全、经济利益难以统一、社会参与较为薄弱、协同创新网络未能形成、创新要素未充分流动等方面。

（2）合作网络结构特征及指标测度研究。阿格拉诺夫和麦克奎尔（Agranoff & Mcguire）等[16,17]学者指出，跨政府、跨组织间的合作网络根据其主要功能可以划分为四类：信息网、发展网、外联网和执行网。康伟等（2014）利用网络结构中的网络粘性、关联性、中心性、凝聚子群等指标对政府与非政府组织在应对公共危机中的合作网络关系进行了研究。锁利铭等（2017）分析了珠三角地区 13 年的环境治理协议，并构建了相应的合作网络，他们发现地理距离影响着合作关系的形成，合作有利于互惠行为，并能减小治理风向和成本。孙涛和温雪梅（2018）采用社会网络方法对京津冀及周边地区大气污染治理的府际合作网络结构属性和内部特征等进行了分析，识别了合作网络的特征趋势及不同层级政府部门的中心性。马捷和锁利铭（2019）分析了长三角 30 个城市的合作协议，发现上海和南京为网络中的双核，次中心城市也扮演着重要角色，但合作还是局限在省际边界内的小圈子内。

（3）合作网络中的管理行为研究。迈耶和奥图勒（Meier & O'Toole）较早地将管理行为概念与跨组织合作网络概念联系起来，分析公共组织内部的高层管理人员如何实现建立和维系网络关系中的时间配置。在近期的研究中，他们通过对公共教育学区主管网络管理行为的分析后发现，在政策执行和提供公共服务过程中的相关政府部门存在联产行为（co-production）和互动联系行为（bureaucratic coping）[23]。安德鲁（Andrew）则分析了地方政府如何管理契约网络，他发现，根据合同性质的不同，地方政府会采取桥接（bridging）或纽带（bonding）两种不同策略寻找合作伙伴[24]。郑烨等（2017）通过对 J 市改革网络的指标分析，发现决策—执行"双肩挑"的改革部门处于改革网的核心位置并充当着中间联系人的角色，可以支配更多权力和资源[25]。锁利铭等（2018）对珠三角地区 2013～2015 年的双边合作网络进行了分析，发现合作意愿和合作风向会影响合作的形成。

总体而言，当前国内外学者围绕公共部门合作研究已取得了一些丰硕的成果，但是更多研究是聚焦于上下层级以及不同地区同级政府部门之间的关系，或者强调政府组织与其他各类社会治理主体之间的协作关系，而基于整体性政府视角，揭示某一层级政府组织内部各部门间协同关系的研究还比较稀缺。此外，现有部门合作关系的研究成果更多是基于理论阐述层面，而相关理论则需要通过对组织网络结构特征的实证分析进一步得到检验。因此，本章拟采用社会网络分析方法，对关中平原城市群建设行动规划进行量化分析，揭示部门协同合作网络关系的结构特征。

7.3 研究设计

7.3.1 案例背景

关中平原城市群位于中国内陆中心，作为亚欧大陆桥的重要节点，是西部地区联系东中部地区的重要门户，在综合经济实力方面仅次于成渝城市群，是西部地区第二大城市群。2018 年 1 月 9 日，国务院正式批准了《关中平原城市群发展规划》（国务院《关于关中平原城市群发展规划的批复》国函〔2018〕6 号），并且于 2018 年 2 月 7 日，国家发改委、住房城乡建设部等联合印发了《关中平原城市群发展规划》（国家发展改革委住房城乡建设部关于印发关中平原城市群发展规划的通知发改规划〔2018〕220 号），要求陕西、山西、甘肃省人民政府切实加强对规划实施的组织领导，健全协作机制，明确责任分工，制定实施方案，做好与相关专项规划的衔接，确保各项目标任务落到实处。

关中平原城市群的建设目标主要体现在建设具有国际影响力的国家级

城市群和内陆改革开放新高地，推进核心城市西安建设国家中心城市，进一步提升宝鸡、庆阳等创新型城市的综合承载能力，适度扩大城市人口规模，提升综合服务功能。为了积极响应中央号召，加快关中平原城市群和西安创新型城市的高质量发展，经陕西省政府同意，省发改委专门印发了《2019 年推进关中平原城市群建设行动计划》（以下简称《计划》），并落实了各相关部门的职责和任务分工。该计划共涉及"国家中心城市建设计划"等 7 个部分，共计 31 项实施举措，具体包括国家中心城市建设计划、交通互联计划、产业互动计划、资源开放行动计划、服务共享行动计划、污染共治行动计划、协同发展行动计划等 7 项计划。

结合本案例，本团队认为各政府部门之间建立联动网络的初始条件（前提）主要取决于国家和区域发展战略规划的现实要求，以及不同政府部门之间的权力或资源不对等，以及部门与部门之间进行合作的各种激励与约束条件等，这些条件因素将直接导致各部门为了实现共同目标与利益主动构建起部门合作关系。具体来说，部门合作网络的动态演变从不同政府职能部门之间的座谈交流（座谈会）开始（face-to-face dialogue），通过部门之间的充分沟通协商，确定明确工作任务之后，随后建立起部门与部门之间的信任关系（trust building），进而要求不同职能部门之间恪尽职守、各司其职（commitment to the process），对创新型城市群建设任务达成共识，形成公认的解决方案，即共享理念（share understanding），最后得到中间产出（intermediate outcomes），即工作进展的阶段性成效，这也是维持部门间不断合作联动的刺激因素。除了初始条件之外，一些外部干预因素，如领导授权、上级指示、行政许可等要素对于各政府部门之间实现联动合作具有重要的中介和催化作用，这些外部干预要素能够为不同部门之间设定和维系基本规则，督促日常任务落实，强化部门间的合作互动关系，达成一致共识等起到重要作用。

图 7-1 和图 7-2 是利用 UCINET 软件中的 NETDRAW 功能绘制了行动计划中各责任部门与实施任务之间的二模关系网络。研究根据具体的计划举措执行安排构建网络，如果一个计划举措指定特别的政府部门进行，

则我们认为牵头部门、负责部门和参与部门之间彼此存在合作关系，赋予网络矩阵中相应的格值为1。图7-1反映了7大类行动计划与各责任部门之间的互动关系，从图中可以看出，国家中心城市建设计划、交通互联计划、产业互动计划三类建设计划联结的责任部门最多，这也反映出这几项建设计划属于核心计划，需要更多政府部门之间的合作推进。另外，污染共治行动计划、服务共享行动计划对应的责任部门节点相对较少，主要是由省人社厅、卫健委、医保局等提供更多公共服务职能的部门和环保厅等与环境保护密切相关的政府部门分别进行牵头。图7-2是将七大类行动计划进行任务分解之后形成的各责任部门与子任务之间的二模关系网络。从部门与任务之间的连线数量可以看出，国家中心城市建设计划、交通互联计划、产业互动计划是当前七类行动计划中的重点任务，对应的实施部门更多，而服务共享计划、协同发展行动计划中的各项子任务对应的政府部门较为单一，网络关系简单，不同政府部门之间也不需要更多合作去完成行动任务。

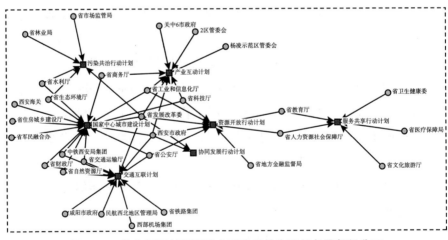

图7-1 关中平原创新型城市群建设的主要任务及部门分工

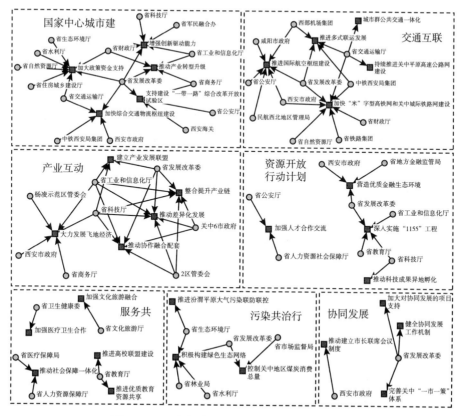

图 7 – 2 七大行动计划的主要任务及部门分工

7.3.2 研究方法

为了深入刻画不同政府部门在行动计划中的联动网络关系，本章主要采用社会网络分析（social network analysis，SNA）方法，该方法能够清晰地描述和测度政府部门之间的关系以及通过这种关系流动的信息和资源等。社会网络分析方法最早是由英国人类学家布朗提出，其分析对象是网络中多个节点（行动者）和各节点之间连线（行动者间的关系）组成的集合。近年来，国内学界应用社会网络分析方法展开了一些热点研究，主要集中在社会学、新闻传播学、图书情报学和组织行为学等领域，在行政管理领域则主要集中于研究府际关系、行政改革网络等主题的新方法。

本章借助 SNA 方法，将不同政府部门在创新型城市群建设行动计划中的联动关系作为切入点，重点考察关中平原城市群建设行动计划网络的整体结构与特征，不同政府部门的中心地位及权力配置状况等，通过对网络中节点（政府部门）的测度，重点聚焦以下指标：网络粘性和关联性、网络中心性、结构洞指标、凝聚子群和核心边缘结构。选取的分析指标之间的关系如图 7-3 所示，其中，网络粘性和关联性属于整体网络指标，能帮助我们分析各部门整体合作情况；网络中心性和结构洞属于个体网指标，能够帮助我们研究单一部门在联动网络中的重要性；凝聚子群和核心边缘结构属于网络小团体和分派（fraction）分析，能够帮助我们厘清部门之间的联合行动，找出网络中的主要合作群体。通过三类指标的分析，研究能够从宏观到微观各层面较为全面地把握部门联动网络的结构特征。

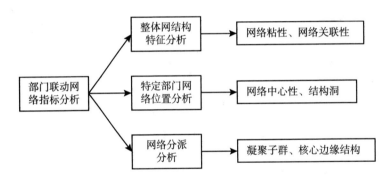

图 7-3 关中平原城市群建设的部门联动网络指标选取

7.3.3 数据来源与处理

本章的数据来源于《2019 年推进关中平原城市群建设行动计划》，该计划明确提出了七大类行动计划及每一大类行动计划包含的具体工作任务，而且每一项具体工作任务都明确给出了具体的责任部门。我们收集了相关计划的所有文本材料，首先整理出目前参与城市群建设行动的政府部门数为 30 个，七大类行动计划具体包含了 31 项工作任务，然后进一步梳理出每一个责任部门与工作任务及行动计划的对应的二模网矩阵，若某个

部门负责某项工作任务，则记为"1"，否则记为"0"，最终统计出 30 个
政府部门与七大类行动计划及行动计划中的 31 项工作任务之间的对应关
系，将数据导入 Ucinet 软件中，便于进行后续的数据分析。

7.4　数据测量及实证结果分析

利用 Ucinet 软件中的 Netdraw 功能，将 7 大类行动计划与各责任部门
之间的二模关系网络（见图 7 - 2）转化为责任部门之间联动关系的一模
网络，具体如图 7 - 4 所示。

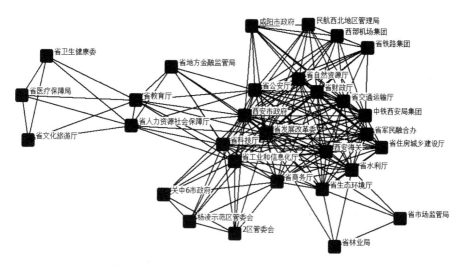

图 7 - 4　关中平原城市群建设的部门联动网络图谱

图 7 - 4 反映出各政府部门在关中平原城市群建设实施中的联动关系，
从图中可以看出省发改委、科技厅、工信厅、商务厅、财政厅等部门位于
网络比较核心的位置，联系比较紧密，负责多项任城市群建设任务的牵头
实施，而卫生健康委、医疗保障局、文化旅游厅等部门位于网络比较边缘

的位置，主要负责实施某项建设任务，如污染共治行动计划、服务共享行动计划等。与之类似，省林业局、生态环境厅、市场监管局、杨凌示范区管委会等部门也位于整个网络的边缘位置，与其他部门之间的连线关系较少。可以看出，这些部门涉及的相关计划较少，在整个城市群建设计划中不属于核心计划，负责和执行部门与其他计划所属部门间的互动较少。在对关中平原城市群建设的整体部门联动网络概貌进行初步分析的基础上，采用网络结构测度指标进行更加深入的量化剖析。

7.4.1　网络粘性测量

网络粘性（network stickness）可以通过网络的密度和捷径距离来加以描述，主要刻画网络内部所有行动者之间彼此行为的影响力及团队的凝聚力等状况。网络密度表示不同行动者之间关系的紧密程度，值越大表明行动者之间的关系越紧密，互动越频繁，其公式如下所示。其中 L 是网络中部门间连线的数量，N 为部门联动网络总规模：

$$Density = \frac{2L}{N(N-1)}$$

网络捷径距离是对网络中两个不同行动者之间最短途径的长度测量。通常认为，建立在捷径距离基础上的凝聚力指数越高，则说明网络的凝聚力越强。

如表 7-1 所示，对网络粘性指标进行测量后发现，关中平原城市群建设的部门联动网络整体密度为 0.439，说明不同政府部门之间的联动程度良好。在 30 个部门节点组成的联动网络中，有 248 对节点之间存在联系，说明节点整体的相互关联较多。此外，网络距离的测度指标结果表明，网络捷径距离是 1.692，意味着任何一个政府部门平均需要通过 1~2 个其他部门才能联系到其他节点成员，各政府部门之间的沟通比较顺畅，不存在过多限制。凝聚力指数结果为 0.698，表明部门之间联动网络的凝聚力较强。总之，通过对部门联动网络的密度和距离等指标的测算，从中可以看出，该网络的粘性和凝聚力较强。不同政府部门之间的联动频率较高，彼此间的合作沟通较为频繁，计划整体上建立了互动良好的部门协调机制，这样的合作应该会产生较为良好的产出。

表 7 - 1　　　　　　　　部门联动网络粘性测度结果

	测度指标	测度结果		测度指标	测度结果
网络密度	网络密度	0.439	网络距离	平均距离	1.692
	标准差	0.689		凝聚力指数	0.698
	联系数量	248		网络宽度	0.302
	平均点度	12.733		小世界指数	1.596

7.4.2　网络关联性测量

网络关联性（network connectedness）用以衡量网络内部所有行动者之间是否是相互关联的，各节点之间是否可达，对关联性的测量具体可以通过关联度和可达性指标来反映。关联度包含网络关联度以及网络内部某节点关联度两个方面，其中，网络关联度指的是可达矩阵的密度，而节点的关联度是指连接网络内部两个节点之间的路径条数，数量越多，表明两个节点之间的关联性越高。如果去掉一条关系，就会导致某节点与其他节点之间失去联系，则说明该节点与网络内部其他节点之间的关联性极为脆弱。

如表 7 - 2 所示，关中平原城市群建设的部门联动网络关联性测试结果表明，部门联动网络中各节点之间四通八达，且拥有最多路径的点对是"省发改委"与"省工信厅"之间的联系，联动网络的关联度为 0.563，表明网络的关联性较强。部门联动网络内部关联性排名前三的部门节点分别是"省发改委"与"省工信厅"、"省发改委"与"省科技厅"、"省发改委"与"省交通运输厅"，两两节点之间分别具有 18 条、14 条、12 条可以建立相互关联的路径，表明这三对部门之间共同参与的计划较多。这也体现出省发改委的充分组织协调作用，与其他政府部门之间的关系相对最为紧密。与之相反，"省文化旅游厅""省市场监管局""省林业局"等部门在联动网络中与其他部门之间连线数量最少，具有较强的相对独立性和脆弱性，与其他部门的合作计划较少。通过关联性测度，我们可以初步看出网络可能呈现出核心—边缘结构，我们将在下文对此进行测度。

表7-2　　　　　　　　　部门联动网络关联性测度结果

测度指标	测度结果	结果说明
可达性（前三条关系）	18	省发改委—省工信厅
	14	省发改委—省科技厅
	12	省发改委—省交通运输厅
网络关联度	0.563	

7.4.3　网络中心性测量

网络中心性（network centrality）可以用来测量网络中某个节点所处位置的中心程度，以及对网络内部资源的控制程度，属于部门层面的网络指标。弗里曼（Freeman，1979）教授认为，假如某个行动者居于诸多交互网络路径之上，则可以确定该行动者具有重要的地位，因为"居于这种位置的行动者可以通过掌控或者扭曲信息的传递而影响到整个群体。[29]"本章主要采用度数中心度（degree centrality）、中间中心度（betweenness centrality）和接近中心度（closeness centrality）三个指标来衡量部门联动网络的中心性情况（见表7-3）。度数中心度描绘了某个节点与其他节点之间直接发生关系的能力，值越大表明该点的直接交互能力越强，该点的社会权力越大，其地位越高。中间中心度是指经过某个节点的最短路径的数量，衡量的是单独节点的控制优势。接近中心度是指网络中某节点与其他所有节点之间的捷径距离之和，该值越高表明某节点会越少依赖网络内部其他节点。

表 7 – 3 部门联动网络节点中心性测度结果

度数中心度及结果（前 8）		中间中心度及结果（前 8）		接近中心度及结果（前 8）	
省发展改革委	248.000	省发展改革委	75.071	省文化旅游厅	73.000
省工业信息化厅	143.000	西安市政府	41.071	省卫生健康委	73.000
省科技厅	129.000	省教育厅	37.500	省医疗保障局	73.000
省交通运输厅	104.000	省人社厅	37.500	省市场监管局	57.000
西安市政府	91.000	省公安厅	24.571	省林业局	57.000
省财政厅	81.000	省工业信息化厅	22.500	关中 6 市政府	54.000
省商务厅	66.000	省科技厅	22.500	2 区管委会	54.000
关中 6 市政府	60.000	省生态环境厅	8.000	杨凌示范区管委会	54.000
度数中心度及结果（后 8）		中间中心度及结果（后 8）		接近中心度及结果（后 8）	
省教育厅	17.000	杨凌示范区管委会	0.000	省财政厅	43.000
省人社厅	14.000	关中 6 市政府	0.000	中铁西安局集团	43.000
省地方金融监管局	9.000	2 区管委会	0.000	省自然资源厅	43.000
省市场监管局	6.000	省市场监管局	0.000	省工业信息化厅	38.000
省林业局	6.000	省林业局	0.000	省科技厅	38.000
省文化旅游厅	5.000	省文化旅游厅	0.000	省公安厅	37.000
省卫生健康委	5.000	省卫生健康委	0.000	西安市政府	34.000
省医疗保障局	5.000	省医疗保障局	0.000	省发展改革委	32.000
网络中心性结果对比					
高网络中心性 高度数中心度、高中间中心度、高接近中心度			低网络中心性 低度数中心度、低中间中心度、 低接近中心度		
省发展改革委、西安市政府 省工业信息化厅、省科技厅			省文化旅游厅、省卫生健康委 省医疗保障局、省市场监管局		

中间中心度的具体公式如下，其中，p_{jk} 为部门 j 到部门 k 的捷径总数量，$p_{jk}(n_i)$ 是部门 j 到部门 k 且经过部门 i 的路径数量。

$$c(n_i) = \sum_{j<k} p_{jk}(n_i)/p_{jk}$$

接近中心度公式如下，其中 d_{ij} 为部门 i 到部门 j 的最短路径长度。

$$C_{AC(i)} = (\sum_{j=1}^{n} d_{ij})^{-1}$$

表 7-3 中关中平原城市群建设的部门联动网络节点的中心性测量结果表明，排在前八位的部门节点的网络中心性较强，它们的度数中心度、中间中心度和接近中心度的值都比较高。具体来看，"省发展改革委"的度数中心度值、中间中心度和接近中心度值都是最大，这说明了它的网络中心性是最强的，在整个部门联动网络中处于最重要的核心位置，与其他部门节点之间的直接联动关系也是最为密切的，具有非常强的资源控制能力，也是城市群建设的关键负责部门。从实践来看，在关中城市群建设规划规程中，省发改委的权力比较集中，作为综合管理部门，其承担着宏观调控、综合协调、方案制定和任务管理等职能，需要协调政府各部门之间的关系。除了省发展改革委之外，省工业和信息化厅、省科技厅、西安市政府等实施部门的度数中心度值、中间中心度和接近中心度的值也比较高，这也充分反映出这几个部门在整个网络中的重要地位，这些部门要同时负责国家中心城市建设计划、产业互动计划、资源开放计划等多项城市群建设任务，而且要与网络中的大多数政府部门之间进行协作交流，是推动城市群建设发展的主力军。

此外，综合三个网络中心性指标结果来看，省文化旅游厅、省卫生健康委、省医疗保障局和省市场监管局四个部门的度数中心度和中间中心度结果较低。这四个部门在联动网络中与其他部门联系较少，对资源的掌控能力也比较弱，职能作用比较单一。具体而言，省文化旅游厅、省卫生健康委、省医疗保障局仅负责服务共享行动计划，省市场监管局仅负责一类污染共治行动计划，它们与其他部门之间的联系互动都非常稀少，发挥的作用很有限。

7.4.4 结构洞测量

结构洞（structure hole）是指社会网络内部某个或者某些个体之间发

生了直接联系，但与其他个体不发生直接联系、无直接联系或关系间断
（disconnection）的现象。巴特（Burt）认为，结构洞描绘了介于两个节点
之间的非冗余关系，在网络内部，居于结构洞位置的枢纽节点（"桥"）
往往起到资源交换的作用，作为信息交流的通道，具有绝对的控制优势和
信息优势[30]。结构洞一般来说有四个测量指标，分别为有效规模、效率、
限制性和等级性，彼此相关，都以有效规模（effective size）为基础。有
效规模指个体网络中非冗余规模的数量，公式如下，其中，p_{iq} 代表网络中
的焦点部门投入其他部门联系所占比例，m_{jq} 是 j 到 q 的联系强度，若部门
j 到部门 q 存在联系，则值为 1，否则为 0。

$$\text{Effective size of i's network} = \sum_j \left[1 - \sum_q p_{iq} m_{jq} \right], \quad q \neq i, j,$$

表 7 - 4 是部门联动网络节点的结构洞测度结果，从该结果中可以看出，
省发展改革委的有效规模最大、效率最高，限制性和等级性都最低，这表明
它在关中平原城市群建设的部门联动网络中的非冗余因素最多，在网络中占
据的结构洞位置最多，处于桥接位置，充当其他职能部门之间的联系枢纽，
这也再一次体现出省发展改革委在部门联动网络中的重要地位，进一步支撑
了中心度结果的发现。此外，省工业信息化厅、省科技厅、省交通运输厅的
有效规模也非常大，效率比较高，限制性比较低，这也反映出这些政府部门
在整个部门联动网络中发挥出的重要桥梁作用，是推动关中平原城市群建设
发展的中坚力量。从实践来看，许多计划的执行都需要这些部门的支持和协
调。因此，在关中城市群建设计划中，较为重视各类信息的交流互通、创新
和技术要素的自由流动以及城市群间交通情况的建设。

表 7 - 4   部门联动网络节点的结构洞测度结果（前 10）

部门名称	EffSize（有效规模）	Efficiency（效率）	Constraint（限制性）	Hierarchy（等级性）
省发展改革委	20.418	0.785	0.209	0.270
省财政厅	10.975	0.610	0.340	0.341

续表

部门名称	EffSize （有效规模）	Efficiency （效率）	Constraint （限制性）	Hierarchy （等级性）
省自然资源厅	10.909	0.606	0.343	0.309
省交通运输厅	11.618	0.645	0.310	0.320
省住房城乡建设厅	8.202	0.586	0.391	0.263
省生态环境厅	9.501	0.594	0.379	0.3741
省水利厅	9.604	0.600	0.376	0.333
省工业和信息化厅	12.400	0.620	0.366	0.4243
省商务厅	10.050	0.591	0.363	0.326
省科技厅	12.277	0.614	0.389	0.444

7.4.5 凝聚子群测量

根据瓦瑟曼和福斯特（Wasserman & Faust，1994）的观点，凝聚子群（condensed subgroup）可以被理解为一个行动者子集合，在这个集合内部的所有行动者节点之间具有相对较强的、直接紧密的联系或者积极合作关系[31]，即所谓的"物以类聚人以群分"。本章主要采用 n 派系来分析部门联动网络的凝聚子群结构。考虑到部门联动网络中各节点的实际联系状况，将凝聚子群的最小规模设为 3，最终得到 6 个派系。具体结果如图 7-5 所示。

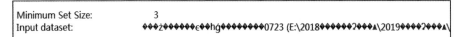

```
Minimum Set Size:              3
Input dataset:                 ◆◆◆ż◆◆◆◆ȼ◆◆hġ◆◆◆◆◆◆◆0723 (E:\2018◆◆◆◆◆2◆◆◆▲\2019◆◆◆◆2◆◆◆▲\

WARNING: Valued graph. All values > 0 treated as 1
6 cliques found.

1: SFGW SCZT SZRZYT SJTT SZJT SSTHJT SSLT SGXT SSWT SKJT SJMRHB SGAT XAHG ZTXAJT XASZF
2: SFGW SCZT SZRZYT SJTT SGAT ZTXAJT XASZF STLJT XBJCJT MHXBGLJ XYSZF
3: SFGW SGXT SKJT SGAT XASZF SJYT SDFJRJGJ SRST
4: SFGW SGXT SSWT SKJT XASZF GZLSZF LQGWH YLGWH
5: SFGW SSTHJT SSLT SSCJGJ SLYJ
6: SJYT SRST SWHLYT SWSJKW SYLBZJ
```

图 7-5　部门联动网络节点的 n 派测量结果

从凝聚子群包含的节点来分析，6 个派系中派系 1 和派系 2 包含的部门节点数量最多，而派系 5 和派系 6 所包含的部门节点数量最少。结合现实来看，派系 1 和派系 2 中包含一些共同职能部门，比如省发展改革委、省财政厅、省自然资源厅、省交通厅等，这些部门联系派系 1、2 中的其他部门，如省住建厅、省生态环境厅、省工业信息化厅、省公安厅等呈"Y 字形"来推动关中平原城市群建设行动计划中的国家中心城市建设计划和交通互联计划，这两项行动计划也是当前所有行动计划中的重中之重，是其他计划的基础和支撑。而派系 5 包含的职能部门"省发展改革委—省生态环境厅—省水利厅—省市场监管局—省林业厅"和派系 6 包含的职能部门"省教育厅—省人社厅—省文化旅游厅—省卫生健康委等"主要负责推动"污染共治行动计划"和"服务共享行动计划"。由此可见各类行动计划中的部门分工十分清晰，不同职能部门凝聚成多个小团体来推动不同类别的行动计划。

7.4.6　核心—边缘分析

依据社会网络理论，任何网络结构都是由不同性质的核心区域及边缘区域构成，各个节点之间相互关联，形成内紧外松的网络结构。核心—边缘（core-periphery）分析的目的是判断部门联动网络中所有职能部门是聚集在哪个模块，"核心"体现了城市群计划中的关键职能部门，而"边缘"则是由一系列其他职能部门所构成的区域，处于辅助地位。

关中平原城市群建设的部门联动网络核心—边缘分析结果表明，该网络中共有 3 个核心节点部门，分别是：省发展改革委、省工业信息化厅和省科技厅，其他部门节点，特别是地方政府部门和开发会管委会居于网络的边缘位置，这也与之前的中心度分析、结构洞分析的结果较为一致。这表明在关中平原城市群建设行动计划中，这三个部门占据着核心地位，掌握更多的资源，在部分行动计划中担当着行动主导者。具体来看，除了服务共享行动计划以外，省发改委要负责六大类行动计划，具体包含 26 项子任务，因此在部门联动网络中的核心地位极高。省工业和信息化厅、省科技厅尽管没有负责全部行动计划的建设任务，但是重点负责国家中心城市计划、产业互动计划、资源开放计划三大类工作任务，具体包含14项子任务，因此它们的核心网络地位也很突出。此外，联动网络内部其余的职能部门各自仅负责一类行动计划或者极少数量的子任务，因此位于部门联动网络的边缘位置。

在计划具体的落实过程中，省发改委为牵头单位，在联动网络中会居于中心地位。而负责具体计划的牵头单位承担各个子计划的具体执行和协调，处于次一级网络的中心地位。同一层级政府单位在行政级别上一致，部门人员有更多的可能性建立联络关系，因此部门之间的互动和合作较为频繁。各地方政府和各个开发区管委会作为计划具体的执行者，通过领导授权、上级指示和行政许可等方式，和牵头单位形成连接，但不同计划的执行单位相互之间则在职责方面有所分工，难以建立直接连接，因而处于政策合作网络的边缘地位。

7.5 结论与讨论

7.5.1 主要研究发现

深入贯彻和落实创新型城市建设是创新驱动发展战略的基本要求，促进关中平原城市群发展规划是当前国家推进"一带一路"倡议，加速形成全面开放新格局的重要举措，也是推动西部大开发的重大机遇。本章在创新型城市建设规划的过程中，以"关中平原城市群建设行动计划"为个案，借助社会网络分析方法，刻画并揭示了创新型城市建设的部门间联动关系网络，并且对部门联动网络的粘性、关联性、中心性、结构洞、凝聚子群、核心—边缘等指标进行了测度，在此基础上本章得出的主要发现如下。

第一，从整体网络层面看，在创新型城市群建设规划过程中，关中平原城市群建设的部门联动网络的粘性和凝聚力较强，不同政府部门之间的联动程度较好，各部门之间的沟通比较顺畅，不存在过多限制。而且，该网络的关联性较强，省发展改革委充分发挥出了组织协调作用，与其他政府部门之间的关系相对最为紧密。反之，省文化旅游厅、省市场监管局、省林业局等部门在联动网络中与其他部门之间连线数量最少，具有较强的相对独立性和脆弱性。

第二，从个体网位置来看，中心度分析结果表明，省发展改革委、省工业信息化厅、省科技厅、西安市政府等职能部门的度数中心度值、中间中心度和接近中心度值比较大，这充分反映出这几个部门在整个网络中的重要地位，这些部门要同时负责国家中心城市建设计划、产业互动计划、资源开放计划等多项城市群建设任务，而且要与网络中的大多数政府部门之间进行协作交流，是推动城市群建设发展的主力军。结构洞测度结果也进一步印证了省发展改革委、省工业信息化厅、省科技厅、省交通运输厅等部门节点的有效规模较大，效率较高，限制性较低，这也反映出这些政府部门在整个部门联动网络中发挥出的重要桥梁作用，是推动创新型城市群建设发展的中坚力量。

第三，从分派分析结果来看，凝聚子群分析结果表明，现有的 6 个派系中派系 1 和派系 2 包含的部门节点数量最多，而派系 5 和派系 6 所包含的部门节点数量最少。各类行动计划中的部门分工十分清晰，不同职能部门凝聚成多个小团体来推动不同类别的行动计划。网络核心—边缘分析结果表明，省发展改革委、省工业信息化厅和省科技厅三个部门居于整个部门联动网络的核心位置，其他职能部门节点居于网络的边缘位置。这表明在创新型城市群建设行动计划中，这三个部门占据着核心地位，掌握更多的资源，在部分行动计划中担当着行动主导者。

7.5.2 部门联动网络的政策启示

综合前文分析和探讨，本章进一步总结创新型城市群建设规划过程中加强部门间横向联动及完善联动机制的几点政策：首先，需要明确城市群建设规划的重点和非重点议程，明确各项城市群建设子任务的核心部门和边缘部门，在规则明确的前提下，各部门按部就班、循序渐进地执行建设任务，对相关部门进行较为充分的行政许可和授权，形成跨部门之间信息、资源等共享的联动关系，将具体责任落实到部门及个人；其次，建立和完善核心职能部门与边缘部门之间互动协作的信息共享平台，充分实现部门联动网络内部各部门之间的充分沟通，根据城市群建设规划类型及任务分工，构建不同部门小团体，发挥团体内部的"中心—辐射"型联动模式，确立部门与部门之间的线性联动关系；最后，充分激发部门联动网络内部"中间人（枢纽部门）"的作用，强化对不同部门工作落实状况的督查，适时建立针对城市群建设规划阶段过程的激励考核体制和机制，定期召开总结座谈会并进行绩效反馈，针对阶段性问题障碍等进行集体讨论、集思广益，快速高效解决现实难题，推动创新型城市群建设规划实现预期效果。

7.5.3 研究不足与未来展望

本章对创新型城市群建设规划进行了初步的探索和研究，也存在着以下几方面的局限：第一，囿于时间和精力有限，本章在进行前期数据收集时，重点是依托二手文本资料，缺乏更多的一手访谈和调研数据，导致数据资料来源稍显单一，这也使得本章将焦点聚集于网络结构特征，部门间的相关联动机制有待进一步发掘；第二，本章对关中平原城市群建设的部门联动网络分析更多是基于对社会网络指标的描述性分析，缺乏对变量的提取，以及揭示变量之间关系的预测性研究；第三，本章缺乏对其他创新型城市群建设规划资料的收集整理，未能对不同创新型城市群建设规划进行多案例比较分析，而且未能提炼创新型城市群建设规划的普适性行动框架，这也是本章的一个缺憾。因此，上述问题在今后研究中有待进一步完善和探讨。

7.6　小　　结

推动创新型城市群高质量发展对于促进区域经济社会快速发展具有重要意义。本章以关中平原城市群建设行动计划为考察对象，采用社会网络分析方法，通过对政府部门联动网络粘性等六个维度指标的测算，揭示了当前关中平原城市群建设行动计划中的部门联动网络特征及不同政府部门的角色定位。结果发现：部门联动网络的粘性、凝聚力和关联性较强；度数中心度、中间中心度和接近中心度较高的网络部门在合作中有着重要职能，掌控能力较强；部门联动网络内部包含六个派系，不同部门通过凝聚成多个小团体来推动不同类别的行动计划；位居网络核心位置的部门掌握更多资源，负责参与的行动计划任务更多，其也处于结构洞位置，在不同计划间起着枢纽的作用。最后，本章给出加强政府横向联动的政策建议并指出了研究不足和局限。

第8章

公众参与影响创新型城市建设
绩效的实证研究

8.1 研究背景

　　党的十九届五中全会提出，要坚持创新在我国现代化建设全局中的核心地位，深入持续推进创新型城市建设。自 2006 年"创新型城市"概念在党中央、国务院关于"建设创新型国家"的重大战略决策中提出以来，之后 2012 年国家创新驱动发展战略的正式提出加速了创新型国家和创新型城市建设的步伐。2016 年上半年，中央和国务院印发《国家创新驱动发展战略纲要》，明确要求建设创新型城市，增强创新型城市的辐射引领作用。在国家战略号召之下，近年来各级地方政府一直深入推进创新型省份和创新型城市建设工作，充分发挥创新型城市建设在加快经济结构优化升级，提升科技创新能力，以及增创区域发展新优势等方面的显著功效。创新型城市建设作为社会治理的重要载体，公众参与势必成为其不可或缺的组成部分，尤其是在当前深入推进创新驱动发展战略的背景下，创新型城市建设更需要公众广泛积极参与，这有利于加速城市建设进程和早日实现创新型城市的高质量发展。

　　综观现有理论研究可以发现，学界围绕公众参与城市建设的相关议题主要包括三个方面。其一，基于城市治理的视角，占世良认为在城市治理中推进公众参与，是党的群众路线在城市建设中的直接体现，是市民作为城市的主人应该享有的基本权力，也是提高政府治理能力和水平的重要途径；其二，基于智慧城市的视角，韩普等提出识别公众参与智慧城市管理众包的关键影响因素，认为众包模式对智慧城市管理有着较强的作用力，进一步地，布克里斯（Boukhris）等认为公众参与是智慧城市开发过程中的重要维度，因为在智慧城市的愿景中，公众将越来越多地参与到同城市发展相关问题的决策过程中；其三，基于生态文明城市的视角，刘珊等通过对鄱阳湖生态经济区生态文明建设进行问卷调查，对公众参与生态文明城市建设时参与机制进行了探讨，认为公众参与生态文明城市建设以"务实"和"人本"为前提。此外，覃玲玲认为公众是生态文明城市建设中的主体，应当尊重公众的历史主体地位，充分发挥群众的主体作用，以实现生态文明城市建设的目标。美国生态学家理查德·瑞杰斯特（Richard Register）提出的生态城市建设的十项计划中，第一项就是普及与提高人们的生态意识。公众是城市的生产者、建设者、消费者和保护者，因此，国外成功的城市建设都刻意鼓励广泛的公众参与，无论从规划方案的制定、实际的建设推进过程，还是后续的监督监控，都有具体的措施保障公众的广泛参与。

尽管当前围绕公众参与城市建设的相关研究取得了一些成果，但更多研究是在集中探索制度建设、实施路径、法律规制等理论问题，针对公众参与城市建设的实证研究相对较少，而且针对公众参与创新型城市建设的研究更是非常稀缺。鉴于此，本章立足当前创新驱动发展战略实施及创新型国家建设背景，以计划行为理论为研究基础，构建公众参与意愿、参与行为、制度建设和创新型城市建设绩效间关系的理论模型并进行实证检验，揭示公众参与影响创新型城市建设绩效的作用机理，为公众参与创新型城市建设实践提供相关理论借鉴。

8.2 理论基础与假设提出

8.2.1 计划行为理论及其应用概况

计划行为理论（theory of planned behavior，TPB）起源于理性行为理论，是美国学者阿耶兹（Ajzen）等于 1975 年提出的，用于解释个人决策过程的重要理论。计划行为理论主要包括态度、主观规范、知觉行为控制、行为意向和行为五个基本要素，它认为个体的行为意愿除了受个人态度与主观规范两个因素的共同作用影响，还受到感知行为控制的影响。TPB 理论之所以成为较好解释多种行为产生的普世性理论，是因为它综合了多方面影响因素，即态度体现了个体内在相关因素，主观规范更多地体现了外部环境氛围的影响，而知觉行为控制则是个体对行为任务特征方面的感知。

近年来，TPB 理论在公众参与环境/城市治理方面被频繁应用到，成为个体行为研究的较有影响力的理论之一。在现有相关研究成果中，首先，基于公众参与意愿的视角，白永亮等以计划行为理论为框架对水生态文明建设的公众参与意愿进行研究，利用问卷调查数据和结构方程模型检验研究假设；施建刚等以计划行为理论为支撑，构建公众使用城市交通共享产品行为的理论模型，通过实证研究检验公众的使用行为意愿及其对城市可持续发展的影响；其次，基于公众参与行为的视角，田慧荣等基于计划行为理论对员工绿色行为的影响因素进行研究，主要探讨绿色行为意图与员工绿色行为的关系并进行实证检验，最终得出相关结论；最后，基于公众参与意愿和参与行为之间关系的视角，董新宇等借鉴计划行为理论中实际行为由行为意向决定的观点，从制度供给和行为规范两个方面研究政府行为对环境决策中公众参与的影响，并得出启示；崔庆宏等基于计划行为理论对公众参与智慧城市的意愿、行为与绩效间的关系进行了研究，对所构建的理论模型进行实证检验，并基于研究结果提出智慧城市建设的政策建议。总之，近期研究成果关于 TPB 理论在公众参与环境/城市治理方面的应用，为本章提供了重要的理论参考。

8.2.2　研究假设提出

1. 公众参与意愿的影响因素

参与意愿通常表现为个人对事物所产生的看法或想法，并因此而产生的个人主观性思维。基于计划行为理论，已有一些研究对公众参与意愿的影响因素进行了实证探索。崔枫等选取上海浦东国际机场旅客为样本，在对计划行为理论进行拓展的基础上对公众低碳出行意愿的影响因素进行研究，并验证公众低碳出行的行为态度对其意愿具有显著的正向影响；贾鼎以计划行为理论为研究框架对公众参与环境公共决策意愿进行分析，通过实证检验证明了参与个体的主观规范会正向显著影响公众参与意愿；王昶等对公众参与"互联网＋回收"意愿的影响因素进行研究，利用问卷调查与结构方程模型验证了公众感知行为控制正向作用于其参与意愿。总之，尽管当前研究公众参与意愿影响因素的分类标准不同，但大多数研究都认为行为态度、主观规范和感知行为控制会对公众参与城市建设意愿产生显著的影响。因此，本章提出以下假设：

H1a：公众的行为态度对其参与意愿有显著的正向影响。

H1b：公众的主观规范对其参与意愿有显著的正向影响。

H1c：公众的感知行为控制对其参与意愿有显著的正向影响。

2. 公众参与意愿对参与行为的影响

参与行为是指公众在涉及自身利益的城市建设决策制定过程中，为了维护自身权益而发表自己的意见和建议所愿意付出的努力和积极程度。通常认为，个体行为是其行为意愿的具体表现，积极的行为意愿往往对个体行为的实施具有正向促进作用。马（Ma）等指出城市固体废物分离收集行为的执行特别依赖公众参与，并应用计划行为理论模型来分析公众参与意愿和执行固体废物分离收集行为的关系，最终通过实证研究证实了公众参与意愿与行为之间的正相关关系；梁莹以计划行为理论为基础，重点探索居民环境治理参与行为的影响路径，认为环境治理参与意愿对环境治理参与行为存在直接的正向作用；施建刚等基于可持续发展视角，对公众使用城市交通共享产品的行为意愿进行研究，也证实了参与意愿对参与行为有显著的正向影响。因此，本章提出以下假设：

H2：公众的参与意愿对其参与行为有显著的正向影响。

3. 公众参与行为对创新型城市建设绩效的影响

城市建设绩效强调创新型城市建设过程中所取得的一系列综合效果，具体包括城市经济发展、创新水平、基础设施建设、文化氛围等多个方面。现有研究表明，公众参与可以通过对城市公共产品与服务的体验，提出产品和服务的改进方向，从而提升城市的创新绩效。李（Lee）等强调公众参与的高度积极性有助于拉动城市发展水平，产生更高的公共经济和社会价值；王亚玲指出要建立数字化平台来增强公众的参与渠道，利用众包众筹模式，吸引公众参与智慧社会相关项目建设和产品生产过程，营造浓厚的创新文化氛围；贝诺阿里特（Benouaret）等同时强调通过众包可以充分收集公众的信息，从而利用所具备的知识、经验和协作能力以帮助政府获得城市近实时的运行状态，能更好地完善城市基础设施建设，有效地提高城市公共服务质量。因此，本章提出以下假设：

H3：公众的参与行为对创新型城市建设绩效有显著的正向影响。

4. 公众参与意愿和参与行为的中介作用

结合前文分析可知，首先，行为态度、主观规范和感知行为控制会正向影响公众参与意愿；其次，参与意愿能够通过影响公众的认知、情感，进而影响公众的参与行为；最后，参与行为会正向影响创新型城市建设绩效。进一步地，根据计划行为理论的因果关系链，同时根据郭永辉等学者的研究发现，参与意愿的三个维度，即行为态度、主观规范和感知行为控制会对建设绩效产生显著的正向影响，也就是说，行为态度、主观规范和感知行为控制是促进城市建设绩效的前因变量。公众对创新型城市建设的行为态度越积极、感知到的创新型城市建设环境越支持、对创新型城市建设的推动力越强烈，则内心参与意愿就越强，其参与行为的表现也越积极、频繁，从而会提升创新型城市建设绩效。因此，本章提出以下假设：

H4a：公众参与意愿和参与行为在公众行为态度与创新型城市建设绩效关系中起链式中介作用。

H4b：公众参与意愿和参与行为在公众主观规范与创新型城市建设绩效关系中起链式中介作用。

H4c：公众参与意愿和参与行为在公众感知行为控制与创新型城市建设绩效关系中起链式中介作用。

5. 政府制度建设的调节作用

目前创新型城市建设主要处于政府主导阶段，各级政府在不断地推进创新型城市制度建设，引导和规范居民的创新型城市建设的相关行为。根据计划行为理论，政府推动的一系列制度建设，实质上会对公众形成一种外界的社会压力，在创新型城市建设过程中迫使公众进行自我调节，不断规范自我行为，从而提高公众的参与意愿；同时，在创新型城市建设过程中，政府的一些决策行为是根据国家的相关法律、法规执行的，而公众参与行为的有效性和合法性也是在相关法律框架下实现的，因此当政府的制度建设越完善，营造公开透明的良好氛围，打造数字化平台，公众参与创新型城市建设的行为才会越积极，这有助于拉动城市发展水平，产生更高的公共经济和社会价值，从而增强城市建设的创新绩效。因此，本章提出以下假设：

H5a：政府制度建设会正向调节公众参与意愿对其参与行为的影响。

H5b：政府制度建设会正向调节公众参与行为对创新型城市建设绩效

的影响。

基于上述分析，本章构建公众参与意愿、参与行为、制度建设和创新型城市建设绩效间关系的理论模型，如图 8-1 所示。

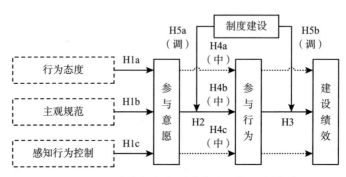

图 8-1 公众参与创新型城市建设的概念模型

8.3 研究设计

8.3.1 问卷设计概述

本章采用问卷调查的数据回收方法，该问卷主要包括四个部分：背景介绍、问卷说明、个人基本信息（性别、年龄、职业、教育水平、所在城市、创新型城市熟悉程度）、研究变量量表（行为态度、主观规范、感知行为控制、参与意愿、参与行为、建设绩效、制度建设），共包含 20 多个题项。为了尽可能确保调查问卷设计的科学严谨性，问卷设计过程遵循了以下流程："文献回顾和田野调查→与本领域的专家进行研讨→与政府/企业等管理实践者进行研讨→小样本试测→测量题项的完善→问卷定稿"，在进行大规模问卷发放之前，首先对本章中包含的核心变量进行了小样本试测，共计发放100 份问卷，通过对问卷中量表信度和效度的初步分析，以查找测量题项可能存在的不足，并进行完善。试测结果较理想之后，准备开始正式问卷的发放。

8.3.2　样本选取与数据收集

本章所采用的问卷调查方式主要包括网络问卷调查与电子邮件发放问卷相结合的方式。调查对象主要面向大学生、公务员、社区公众、企业工作人员和教育工作者等群体，调查地点主要面向苏州和西安两个创新型城市，共发放问卷 1 006 份，回收 1 006 份，剔除填写不完整、具有明显"z"字形及填写时间少于 5 分钟的无效问卷后，最终获得有效问卷 934 份，有效回收率为 92.8%。克莱恩（Kline）认为使用结构方程模型的最低样本量为 100 个，巴格兹（Bagozzi）等则认为样本数量应大于或等于被测参数数量的 5 倍。一般而言，使用结构方程模型做研究时，其样本数量需要在 200 个以上。本节共有 25 个测量题项，有效样本数量为 934 个，完全符合样本数量的基本要求。调研样本基本特征如表 8 - 1 所示。

表 8 - 1　　　　　　　　样本特征频数分析结果

样本特征	类别	频数	所占百分比（%）	类型	类别	人数	所占百分比（%）
性别	男	273	29.23	教育水平	小学	3	0.32
	女	661	70.77		中学	21	2.25
年龄	20~25 岁	141	15.10		高中	107	11.46
	26~35 岁	395	42.29		大专	275	29.44
	36~45 岁	253	27.09		本科	431	46.15
	46~55 岁	122	13.06		硕士及以上	97	10.39
	56 岁及以上	23	2.46	地区	苏州	407	43.58
职业	大学生	121	12.96		西安	508	54.39
	公务员	164	17.56		其他	19	2.03
	社区公众	281	30.09	熟悉程度	非常熟悉	351	37.58
	企业工作人员	206	22.06		熟悉	247	26.45
	教育工作者	101	10.81		一般熟悉	336	35.97
	其他	61	6.53				

由表 8 - 1 可知：从性别来看，女性 661 人（占 70.77%），男性 273 人（占 29.23%）；从年龄层面来看，26~35 岁有 395 人（占 42.29%），36~45 岁有 253 人（占 27.09%），20~25 岁有 141 人（占 15.10%），46~55 岁有 122 人（占 13.06%），56 岁及以上有 23 人（占 2.46%）；从职业层面来看，社区公众有 281 人（占 30.09%），企业工作人员有 206 人（占 22.06%），公务员有 164 人（占 17.56%），大学生有 121 人（占 12.96%），教育工作者有 101 人（占 10.81%），其他有 61 人（占 6.53%）；从教育水平来看，本科有 431 人（占 46.15%），大专有 275 人（占 29.44%），高中有 107 人（占 11.46%），硕士及以上有 97 人（占 10.39%），中学有 21 人（占 2.25%），小学有 3 人（占 0.32%）；从地区来看，所在城市主要集中在西安（占 54.39%）和苏州（占 43.58%）；从对创新型城市及其建设的熟悉程度上来看，非常熟悉有 351 人（占 37.58%），熟悉有 247 人（占 26.45%），一般熟悉有 336 人（占 35.97%），说明被调查对象中大部分人都熟知创新型城市建设。

8.3.3 变量定义与测量

为了保证量表和测量题项的信效度，研究尽量借鉴现有国内外文献中已开发使用的成熟量表。量表中的测量题项采用国际通用的李克特五级（Likert 5）量表，从 1~5 代表程度上从"非常不同意"到"非常同意"。研究变量及其测量题项具体如表 8 - 2 所示。

表 8 - 2　　　　　　　变量与测量题项设置

变量名称	代码：测量题项
行为态度（AB）	AB1：我认为参与创新型城市建设是明智的选择
	AB2：我认为参与创新型城市建设对公众有利
	AB3：我认为应该鼓励更多公众参与创新型城市的建设

续表

变量名称	代码：测量题项
主观规范 （SN）	SN1：我认为参与创新型城市建设比较符合我的道德观
	SN2：我认为参与创新型城市建设符合国家创新驱动发展战略需求
	SN3：假如周围大多数人都参与，我愿意参与创新型城市建设
感知行为控制 （BS）	BS1：我熟悉创新型城市建设的相关政策与制度法规
	BS2：我具备参与创新型城市建设所需要的基本素养
	BS3：我能够获取参与创新型城市建设的相关信息
	BS4：我积极参与创新型城市建设活动，若与个人学习、工作、生活不冲突
参与意愿 （PI）	PI1：我愿意参与创新型城市建设的各项活动
	PI2：我愿意收集和学习创新型城市建设的更多信息
	PI3：我愿意把参与创新型城市建设的活动推介给亲朋好友
参与行为 （PB）	PB1：我常常通过各种渠道了解创新型城市建设的情况
	PB2：我常常参与创新型城市建设各种相关活动
	PB3：我常常鼓励亲朋好友参与创新型城市建设
建设绩效 （CP）	CP1：我认为创新型城市建设增强了城市的创新绩效
	CP2：我认为创新型城市建设提升了城市的可持续性
	CP3：我认为创新型城市建设拉动了城市的经济发展水平
	CP4：我认为创新型城市建设营造了城市浓厚的创新文化氛围
	CP5：我认为创新型城市建设优化了城市基础设施
制度建设 （IB）	IB1：本地政府加大了创新型城市建设的宣传力度
	IB2：本地政府营造了创新型城市建设的创新环境
	IB3：本地政府提供了创新型城市建设的政策工具
	IB4：本地政府招揽了创新型城市建设的创新人才

首先，自变量——参与意愿（PI）主要借鉴了王昶（2017）、施建刚等（2018）、崔庆宏等（2019）学者的测量，从公众参与的行为态度、主观规范和感知行为控制等几方面展开；其次，因变量——建设绩效（CP）主要参考了李（Lee，2014）和王亚玲（2019）等学者的观点，从城市经济发展水平、文化建设和基础设施等方面入手，最终确定了5道题项；再次，中介变量——参与行为（PB）和参与意愿（PI）借鉴了施建刚（2018）、马等（Ma et al.，2017）和田慧荣等（2021）的量表，从公众参与创新型建设情况、参与相关活动的积极性两个方面进行测量；最后，调节变量——制度建设（IB）参考了赵斌（2013）和白永亮（2019）对政府制度建设的测量题项，最终形成"宣传力度、创新环境、政策工具和创新人才"等四个题项。

8.4　实证结果分析

8.4.1　模型选择

本章的实证分析主要采用结构方程模型（structural equation modelling，SEM），其实质上是多元线性回归模型的拓展模型，优势是将因子分析（factor analysis，FA）和路径分析（path analysis，PA）两种统计分析方法综合起来，可以实现对模型中的潜变量、观察变量及误差变量间的关系进行同时检验。SEM属于验证性的研究方法，通常对于样本数量要求是满足变量中题项数量的10倍以上即可。因此本章适合用结构方程模型进行分析。

结构方程模型由两套理论模型构成：结构模型和测量模型。结合本章来看，结构模型用来界定潜在自变量（行为态度、主观规范、感知行为控制）与潜在因变量（参与意愿、参与行为、建设绩效）之间的线性关系；测量模型则是用来分析潜在变量与观测变量之间的线性关系。各模型的方程式如下。

结构方程式：$\eta = \gamma\xi + \beta\eta + \xi$

内衍生变量（因变量）的测量方程式：$Y = \lambda\eta + \varepsilon$

外衍生变量（自变量）的测量方程式：$X = \lambda\xi + \delta$

结构方程式中 η 为向量类型；γ 为回归类型；ξ 为向量类型；β 为回归类型。内外衍生变量测量方程式中 λ 为回归类型；ε 和 δ 为方差和协方差类型。

8.4.2 信度与效度检验

本章采用当前学界使用较为广泛的 Cronbach's α 和 CITC 值作为信度检验的标准，用 KMO 值、因子载荷和累计解释方差百分比作为效度检验的指标。一般来说，CITC 大于 0.3，Cronbach's α 系数大于等于 0.7 即表明量表具有较高的信度；在效度检验临界值方面，对变量各维度因子的取舍采用依泰森与布莱克的建议，取特征值 >1，因子载荷 >0.5，KMO 值 >0.7 作为本章的参考标准。本章的信度与效度检验结果具体如表 8 - 3 所示。

表 8 - 3　　　　　　　　研究变量的探索性因子分析结果

变量	题项代码	均值	标准差	因子载荷	累计解释方差%	KMO 值	CITC	项已删除的 α 系数	Cronbach α 系数
行为态度	AB1	3.55	1.266	0.88	71.692	0.696	0.704	0.67	0.801
	AB2	3.34	1.074	0.838			0.638	0.738	
	AB3	3.31	1.064	0.821			0.612	0.764	

变量	题项代码	均值	标准差	因子载荷	累计解释方差%	KMO值	CITC	项已删除的 α 系数	Cronbach α 系数
主观规范	SN1	3.49	1.313	0.875	70.597	0.692	0.69	0.654	0.789
	SN2	3.24	1.087	0.821			0.608	0.739	
	SN3	3.21	1.079	0.824			0.612	0.735	
感知行为控制	BS1	3.48	1.3	0.883	67.622	0.803	0.765	0.755	0.84
	BS2	3.25	1.121	0.8			0.645	0.809	
	BS3	3.2	1.105	0.788			0.629	0.816	
	BS4	3.21	1.11	0.814			0.664	0.802	
参与意愿	PI1	3.49	1.279	0.886	71.825	0.69	0.716	0.66	0.802
	PI2	3.29	1.088	0.828			0.623	0.756	
	PI3	3.22	1.065	0.827			0.623	0.758	
参与行为	PB1	3.55	1.295	0.881	71.338	0.691	0.704	0.659	0.797
	PB2	3.28	1.095	0.819			0.608	0.758	
	PB3	3.28	1.068	0.833			0.629	0.739	
建设绩效	CP1	3.56	1.217	0.876	64.108	0.862	0.781	0.802	0.86
	CP2	3.26	1.034	0.759			0.626	0.843	
	CP3	3.24	1.103	0.805			0.683	0.829	
	CP4	3.25	1.058	0.766			0.634	0.841	
	CP5	3.25	1.047	0.791			0.665	0.834	
制度建设	IB1	3.46	1.339	0.869	68.159	0.814	0.744	0.773	0.843
	IB2	3.22	1.157	0.826			0.682	0.8	
	IB3	3.25	1.117	0.803			0.65	0.814	
	IB4	3.23	1.12	0.802			0.649	0.814	

从表 8 – 3 中可以看出，在量表信度方面，所有量表的 Cronbach's α 都在 0.7 以上，CITIC 值均保持在 0.6 以上，表明调查问卷中的量表具有较高的信度。采用探索性因子分析检验量表的内部结构效度，结果表明所有变量题项的因子载荷值均保持在 0.5 以上，各量表的 KMO 值均大于 0.7，每个量表中的公因子累计方差解释百分比都在 60% 以上，说明调查问卷的结构效度通过了检验。进一步地对整体观测模型进行验证性因子分析，来判断模型的整体效度及测量模型的内部一致性，具体结果见表 8 – 4。从表中可以看出，所有题项的标准化因子载荷（Std.）均在 0.60 以上，多元相关平方（SMC）值均在 0.40 以上，七个量表的组成信度（C. R.）均大于 0.50，聚敛效度（AVE）均大于 0.50，区分效度值也都在 0.70 以上。综上结果表明，模型整体具备较高的效度。

表 8 – 4　　研究变量的验证性因子分析结果

构面	题项	参数显著性估计			题项信度		组合信度	聚敛效度	区分效度
		Unstd	S. E	Z – value	Std	SMC	CR	AVE	AVE 平方根
行为态度	AB1	1.000			0.789	0.533	0.579	0.805	0.761
	AB2	0.829	0.038	22.076	0.772	0.589			
	AB3	0.767	0.037	20.798	0.72	0.662			
主观规范	SN1	1.000			0.797	0.555	0.565	0.795	0.751
	SN2	0.752	0.037	20.232	0.724	0.539			
	SN3	0.754	0.037	20.385	0.731	0.533			
感知行为控制	BS1	1.000			0.835	0.57	0.576	0.844	0.759
	BS2	0.751	0.032	23.344	0.727	0.502			
	BS3	0.726	0.032	22.794	0.713	0.549			
	BS4	0.772	0.032	24.387	0.754	0.656			

构面	题项	参数显著性估计			题项信度		组合信度	聚敛效度	区分效度
		Unstd	S. E	Z – value	Std	SMC	CR	AVE	AVE 平方根
参与意愿	PI1	1.000			0.78	0.608	0.573	0.801	0.757
	PI2	0.794	0.038	20.934	0.732	0.687			
	PI3	0.802	0.037	21.58	0.759	0.48			
参与行为	PB1	1.000			0.829	0.536	0.579	0.804	0.761
	PB2	0.71	0.031	22.71	0.693	0.575			
	PB3	0.825	0.032	25.415	0.755	0.697			
建设绩效	CP1	0.743	0.032	23.379	0.708	0.529	0.560	0.864	0.748
	CP2	0.77	0.031	24.797	0.741	0.508			
	CP3	1.000			0.81	0.569			
	CP4	0.782	0.036	21.513	0.745	0.635			
	CP5	0.755	0.036	21.261	0.734	0.524			
制度建设	IB1	1.333	0.059	22.589	0.814	0.518	0.579	0.846	0.761
	IB2	1.086	0.05	21.538	0.767	0.596			
	IB3	0.998	0.048	20.574	0.73	0.623			
	IB4	1.000			0.73	0.534			

8.4.3 模型拟合度检验

使用 AMOS 对本章所构建的模型概念进行拟合，结合模型系数值对模型进行修正，得到表 8 – 5。从表 8 – 5 中可以看出，模型的绝对拟合度指标、增量拟合度指标均符合评价标准，这表明模型的整体拟合度效果较好。

表8-5　模型拟合度检验结果

拟合度指标	CMIN	DF	CMIN/DF	绝对拟合度指标			增量拟合度指标			
				RMSEA	GFI	RMR	AGFI	NFI	TLI	CFI
判断标准			1—3	<0.08	>0.85	<0.1	>0.8	>0.9	>0.9	>0.9
模型结果	657.518	178	3.694	0.054	0.938	0.091	0.92	0.93	0.938	0.948
结论			良好	优秀	优秀	优秀	优秀	优秀	优秀	优秀

最后利用AMOS22.0结构方程模型分析软件，验证理论分析框架中相关变量之间的关系，由软件计算直接输出结果，得到本章的路径分析模型如图8-2所示。

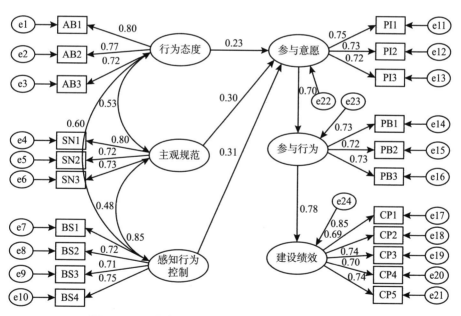

图8-2　公众参与创新型城市建设结构方程模型路径

8.4.4 模型主效应检验

将图8-2中公众参与创新型城市建设的影响因素结构方程模型结果进行梳理后得到表8-6中的结果，表8-6的结果是自变量：行为态度、主观规范和感知行为控制，对因变量：参与意愿的直接效应，即对应前面的假设H1a、H1b和H1c进行验证；模型结果显示，行为态度、主观规范和感知行为控制对参与意愿的影响路径均显著，且三者均会对参与意愿产生显著的正向影响，其中行为态度的显著性更强；此外，自变量：参与意愿，对因变量：参与行为的直接效应，即对应前面的假设H2进行验证；模型结果显示，参与意愿对参与行为的影响路径显著，且会产生显著的正向影响；最后，自变量：参与行为，对因变量：创新型城市建设绩效的直接效应，即对应前面的假设H3进行验证；模型结果显示，参与行为对创新型城市建设绩效的影响路径显著，且会产生显著的正向影响。

表8-6　　　　　　　　　　　模型主效应的检验结果

因变量	自变量	非标准化估计	标准差	Z-value	P	假设	标准化估计值	R^2	结果
参与意愿	行为态度	0.218	0.046	4.698	***	H1a	0.229	0.486	通过
	主观规范	0.272	0.04	6.725	***	H1b	0.297		通过
	感知行为控制	0.275	0.04	6.869	***	H1c	0.314		通过
参与行为	参与意愿	0.686	0.044	15.515	***	H2	0.696	0.484	通过
建设绩效	参与行为	0.85	0.045	18.779	***	H3	0.781	0.611	通过

注：*** 表示 $p < 0.001$，p值在 < 0.05 水平下假设通过验证。

8.4.5　中介效应检验

本节运用 Bootstrap 方法检验行为态度、主观规范和感知行为控制在参与意愿和参与行为间的链式中介作用，抽取 1 000 个样本估计 95% 的置信区间，其基本程序是：对数据样本（将数据样本视为总体）进行自抽样，进而产生了若干个子样本，用其估计模型的拟合状况并测算在子样本中的平均拟合状况，最终依据显著性水平来考察模型的整体拟合情况；该方法的最大优点是可以使得模型的参数估计变得更加稳健，结论也更加可信。结果如表 8 - 7 所示。

表 8 - 7　　　　　　　　　　　模型中介效应的检验结果

中介路径	效应值	标准误差	95% 的置信区间	
			下限	上限
行为态度⇒参与意愿⇒建设绩效	0.331	0.004	0.300	0.317
行为态度⇒参与行为⇒建设绩效	− 0.009	0.005	− 0.019	0.001
行为态度⇒参与意愿⇒参与行为⇒建设绩效	0.043	0.004	0.035	0.050
主观规范⇒参与意愿⇒建设绩效	0.131	0.006	0.135	0.160
主观规范⇒参与行为⇒建设绩效	− 0.000	0.004	− 0.009	0.009
主观规范⇒参与意愿⇒参与行为⇒建设绩效	0.024	0.002	0.022	0.032
感知行为控制⇒参与意愿⇒建设绩效	0.140	0.005	0.138	0.157
感知行为控制⇒参与行为⇒建设绩效	0.007	0.004	− 0.000	0.016
感知行为控制⇒参与意愿⇒参与行为⇒建设绩效	0.025	0.003	0.022	0.033

表 8 - 7 是 Bootstrap 执行 1 000 次之后，置信区间设置在 95% 显著水平的统计结果。采用 Bootstrap 方法的优势是不仅可以对简单中介进行有效检验，而且可以对如：多个中介变量、有调节的中介变量、有中介的调节

变量、自变量为多类别分类变量、因变量为二分类变量等复杂情况下的中介效应进行检验。Bootstrap 方法判断路径是否显著的标准是：查看置信区间 BootLLC（下限）、BootULCI（上限）之间是否包含 0，如果所分析的结果上下限之间不包含 0，则说明中介效应显著，反之，中介效应不显著。

由表 8-7 可知，参与意愿的三个维度影响创新型城市建设绩效的路径均为间接路径，其中包含两个中介变量的间接路径主要有三条。第一，行为态度影响创新型城市建设绩效的间接效应在 95% 置信区间的上下界中均不包含 0，因此行为态度⇒参与意愿⇒参与行为⇒建设绩效的中介效应显著，假设 H4a 成立；第二，主观规范影响创新型城市建设绩效的间接效应在 95% 置信区间的上下界中均不包含 0，因此主观规范⇒参与意愿⇒参与行为⇒建设绩效的中介效应显著，假设 H4b 成立；第三，感知行为控制影响创新型城市建设绩效的间接效应在 95% 置信区间的上下界中均不包含 0，因此感知行为控制⇒参与意愿⇒参与行为⇒建设绩效的中介效应显著，假设 H4c 成立。

8.4.6 调节效应检验

借助 Spss 层次回归法检验制度建设对参与意愿和参与行为、参与行为和建设绩效两组关系中的调节作用，以模型 3 的交互项是否显著来判断调节作用是否存在，结果如表 8-8 和表 8-9 所示。其中模型 1 表明参与意愿和参与行为成正相关关系（t = 12.790，p = 0.000 < 0.05），在模型 3 中加入了参与意愿和制度建设的乘积交互项后（t = 7.223，p = 0.000 < 0.05），制度建设与参与行为的相关关系仍显著，且交互项对参与行为的回归系数与预期一致，制度建设显著且正向调节参与意愿与参与行为的相关关系，表 8-8 结果说明制度建设在参与意愿和参与行为之间发挥显著且正向的调节作用，假设 H5a 得到验证；同理，表 8-9 结果说明制度建设在参与行为和建设绩效之间发挥显著且正向的调节作用，假设 H5b 亦得到验证。

表 8-8　模型调节效应的检验结果（1）

	模型 1			模型 2				模型 3			
	B	标准误差	t	p	B	标准误差	t	p	B	标准误差	t	p
参与意愿	0.388	0.030	12.790	0.000**	0.266	0.032	8.404	0.000**	0.303	0.031	9.700	0.000**
制度建设					0.301	0.031	9.598	0.000**	0.312	0.031	10.198	0.000**
参与意愿 * 制度建设									0.227	0.031	7.223	0.000**
R^2	0.149				0.226				0.267			
调整 R^2	0.148				0.224				0.265			
F 值	$F_{(1,932)}=163.595$, $p=0.000$				$F_{(2,931)}=135.859$, $p=0.000$				$F_{(3,930)}=112.944$, $p=0.000$			

注：* $p < 0.05$，** $p < 0.01$，*** $p < 0.001$。

表8-9

模型调节效应的检验结果（2）

	模型1				模型2				模型3			
	B	标准误差	t	p	B	标准误差	t	p	B	标准误差	t	p
参与行为	0.529	0.024	22.287	0.000**	0.439	0.025	17.549	0.000**	0.461	0.025	18.814	0.000**
制度建设					0.220	0.025	8.838	0.000**	0.233	0.024	9.592	0.000**
参与行为*制度建设									0.178	0.024	7.332	0.000**
R^2	0.348				0.398				0.431			
调整R^2	0.347				0.397				0.429			
F值	$F_{(1\,932)}=496.692$, $p=0.000$				$F_{(2\,931)}=307.950$, $p=0.000$				$F_{(3\,930)}=234.851$, $p=0.000$			

注：* p < 0.05，** p < 0.01，*** p < 0.001。

8.5　小　结

　　本章认为公众的行为态度、主观规范和感知行为控制对其参与创新型城市建设的意愿具有正向作用，进而公众参与意愿会正向影响其参与行为，且公众参与行为对建设绩效具有正向作用。已有研究主要关注参与意愿、参与行为和建设绩效间的单向作用，本章则运用计划行为理论，深层次研究参与意愿三个维度与参与行为、建设绩效之间的关系，证实了行为态度、主观规范和感知行为控制能够显著提高创新型城市建设绩效、提升公众的参与意愿、促进公众参与行为的实施，这一结论拓展了当前对影响创新型城市建设绩效因素的认知。公众的参与意愿和参与行为在公众的行为态度、主观规范和感知行为控制与建设绩效之间发挥了链式中介作用。现有研究主要关注参与行为在参与意愿与建设绩效间所发挥的部分中介作用，而本研究表明，公众参与意愿和参与行为在行为态度、主观规范和感知行为控制与创新型城市建设绩效间发挥了链式中介作用，且行为态度在参与意愿和参与行为与建设绩效间发挥的链式中介效应更强，这一结果不仅丰富了计划行为理论在公众参与城市建设实践中的应用，还明确揭示了行为态度在影响创新型城市建设绩效过程的重要性。政府制度建设会正向调节公众参与意愿对参与行为的影响，且会正向调节参与行为对创新型城市建设绩效的影响。已有研究验证了制度建设对公众参与意愿的调节作用，而本章深入挖掘公众参与意愿和参与行为、参与行为和建设绩效之间的关系，证实了制度建设在以上两组关系间所发挥的正向调节作用，这一研究结论为政府部门精准施策、大力推进创新型城市建设的实施效果提供了理论参考。

第9章

基于多中心视角下的创新型城市
建设的推进策略研究

9.1 理论基础：多中心治理理论

9.1.1 多中心治理理论概述

多中心治理理论作为在公共管理研究领域出现的一种新理论，是20世纪七八十年代以来"治理革命"的产物，同时它是以自主治理为基础，以多个权力中心或服务中心并存为特征的理论形态。多中心治理理论最早应用于解决美国城市社区跨管辖权问题，随后逐渐应用于公共资源管理领域，如社区管理、环境治理等。"多中心"的概念最早由迈克尔·博兰尼1915年在《自由的逻辑》一书中提出，迈克尔·博兰尼通过将计划经济和市场经济做比较，总结出"自发秩序"和"集中指导"两种自由安排方式。他认为，在利润的刺激下，人们可以主动地相互作用于"自发秩序"的商品经济活动中，于是就形成了自发秩序中的多中心任务。据此，博兰尼提出了自发秩序下"多中心性"选择的存在。而真正建立多中心治理理论的是埃莉诺·奥斯特罗姆（Elinor Ostrom）、文森特·奥斯特罗姆（Vincent Ostrom）夫妇，在《大城市地区的政府组织》一文中，奥斯特罗姆夫妇提出了地方政府的多中心治理模式。埃莉诺·奥斯特罗姆是美国印第安纳大学政治学教授，2009 年，在《公共事物的治理之道：集体行动制度的演进》一书中，她凭借对经济治理分析的成果获得了诺贝尔经济学奖，其理论成果对普通人经济治理活动的研究有着重要意义。同时埃莉诺在书中指出，在私有化和国有化两个极端之间，存在其他多种可能的治理方式，并且能有效地运行。

以奥斯特罗姆夫妇为代表的一些学者认为："多中心"是在治理公共事物，提供公共服务的过程中，借助多个组织体制而非单一的权力中心来进行，并以自发秩序或自主治理为基础，强调参与者在治理规则、治理形态等活动中的互动过程。多中心治理的基本要点是，在公共事物领域中充分发挥乡村内部的自主性力量，以此改变政府对于乡村社会的行政性管理和控制。这样一来，不但可以减少政府缺失所带来的管理失效问题，直接或间接降低政府直接控制乡村的成本，也使得乡村社会内部充满了活力，调动公众的参与积极性，这种新的治理范式是以乡村问题尽可能地内部化和社会化作为基本目标。此外，众多学者指出多中心治理是将具有一定独立性且相互制约的规则制订和执行权，分配给数量众多的管辖单位。并且无数个公共治理主体都是有限且独立的，任何团体或个人的权威都不能最终凌驾于法律之上。允许政府以外的组织和团体参与提供公共物品与公共事务治理，每个供给主体都是一个独立的中心，政府不再是唯一的决策者，从而实现每个参与者都能够从中获益。

9.1.2　多中心治理理论在城市治理中的应用

随着多中心治理理论的发展与演进，"多中心"已经成为一种解决问题的思维方式和理论框架，逐步应用于城市治理之中。如今城市公共事务日益复杂，公民权益日益彰显，单纯依靠政府组织提供公共服务、管理社会公共事务、开展城市治理工作有明显的局限性。因此多中心治理思想引入我国城市治理中是十分必要的，以此改变政府对于社会的行政性管理和控制，让城市的自主性力量在公共服务供给、社会秩序维系、冲突矛盾化解等多领域充分发挥基础性作用。多中心治理应用于城市治理中的核心思想如下。

（1）公共物品存在多个生产者，公共事务具有多个处理主体。多中心治理理论下，公共物品提供及公共事务治理的主体是多元的，包括企业、非营利组织、工会、国际组织和社会组织等在内。这些社会治理力量也作为公共治理主体共同参与进来，与政府一道进行合作治理，政府不再是唯一治理主体，因此也无法再垄断社会和公共事务。"多中心治理试图在保持公共事务公共性的同时，通过多种参与者提供性质相似、特征相近的物品，从而在传统的由单一部门垄断的公共事务上建立一种竞争或准竞争机制。"由此可以通过各个生产主体之间的竞争，实现各个生产者的自我约束、自我提升，促使公共物品及公共服务提供的成本降低，质量增强及回应性增强。

（2）多中心格局下的治理意味着政府、市场的共同参与和多种治理手段的应用。多中心治理是呈现网络型结构，即多元主体共同参与，相互联系和相互作用，构成治理关系网络，每个主体都是此关系网络上的一个节点，并与其他主体互动交流。多中心治理模式跳出了传统的非此即彼的思维局限，主张政府和市场既是公共事务处理的主体，又是公共物品配置的两种不同的手段和机制，主张在公共事务的处理中，既要充分保证政府公共性、集中性的优势，又要利用市场的回应性强、效率高的特点，综合两个主体、两种手段的优势，提供一种合作共治的公共事务治理新范式。

（3）多中心治理既反对政府的垄断，也反对所谓的私营化。多中心治理理论采用的是"合作—竞争—合作"的治理模式，改变政府垄断及传统权力的运行方式，强调公民参与、公开、公平、效率等多元价值和理念。这就要求多元主体之间进行互动合作，实现治理的初衷。但在合作的同时也要注重发挥各种组织力量的优势，尤其在社会公共产品和服务提供过程中，应使多元主体充分竞争以提高公共物品或服务的质量和回应性。

在竞争中通过谈判、协商、制定宪法式的合同达成一致意愿和策略，并最终形成一个复合体进行合作。此外，政府转变自身角色并不意味着政府从公共事务领域的退出和责任的让渡，而是政府、责任与管理方式的变化。多中心治理中的政府不再是单一主体，而只是其中一个主体，政府的管理方式从以往的直接管理变为间接管理。在多中心治理中，政府更多地扮演了一个中介者的角色，即制定多中心治理中的宏观框架和参与者的行为规则，同时运用经济、法律、政策等多种手段为公共物品的提供和公共事务的处理提供依据和便利。

根据多中心治理理论，政府并不是唯一的权力中心，各种社会的、私人的机构只要得到公众的认可，都可能成为各个不同层面上的社会权力中心。治理意味着一系列来自政府，但又不限于政府的社会公共机构和行为，在为社会和经济问题寻求解决方案的过程中，存在着界限和责任方面的模糊性，在涉及集体行为的各个社会公共机构之间存在着权力依赖，参与者最终将形成一个自主的网络。多中心治理理论有助于解答什么制度才能促进公共资源的有效共享、促进社会的可持续发展。

创新型城市的建设和管理在本质上与多中心治理理论具有共同之处，存在着多方面的契合，创新型城市治理就是要使城市治理从"单中心"走向"多中心"。在现代城市社会中，存在许多单纯的政府行为所不能干预的领域，如企业、社区以及俱乐部、职业社团等民间组织等，这些都不在政府限制的范围之内，要建设创新型城市，就要把这些团体和资源有效地利用和整合起来，使其在城市建设与管理中发挥作用并形成一个自主网络。与传统的单中心城市治理相比，多中心的城市治理优点如下。

（1）治理主体多元。城市治理主体既可以是公共机构也可以是私人机构，还可以是公共机构和私人机构的合作。城市治理并不只是政府一个公共权力中心，除政府以外，社会上还有一些志愿性的或属于第三部门的所谓非政府组织以及其他社会组织，他们共同负责维持秩序、参与政治、经济与城市事务的管理和调节。通过打破传统的单一组织体制和以政府权力为中心的城市治理模式，鼓励包括企业、非政府组织、代表行业利益的行业组织等多元主体协同发展，多种形式的非政府力量共同参与到公共事务的治理中来，形成政府与公民社会、私营部门及第三部门等多元主体，互相配合、协同互动、通力合作治理城市公共事务的新格局。

（2）治理权力非垄断。无论是政府官员、普通公众、企业家，还是政府以及其他组织，在决策上都只享有有限的且相对自主的决策权。每一个治理主体在法律的允许范围内拥有平等的决策权力，拥有在城市事务中自主作出决定的自由。改变传统公共治理中政府单一权威中心的模式，促进权力运行的多维性。使政府和其他非政府主体能够各自拥有的彼此相对独立的、多维的权利，从而更好地配合，合作治理。权威运行的方向不再是传统的自上而下的垂直命令的模式，而是在相互合作的主体之间构建多元的网络关系，形成交叉重叠、上下互动的多向度治理模式。

（3）治理方式民主。多中心强调决策中心下移，以制度化、协商、适度竞争为治理方式，以自主为治理基础，治理范围可大可小，事务多样。多元性的治理主体提供了表达不同组织与公众利益偏好的机会，在竞争与合作、冲突与协调过程中共同发挥管理城市公共事务的重要作用。

9.2 自上而下的政府主导

政府作为创新型城市建设的能动主体，在有效激发城市创新活动中发挥着核心作用。在推进创新型城市发展，政府不仅需承担城市转型升级的核心任务，同时也是协调城市中各项创新资源分配与调节的"调节器"，城市创新的顶层规划、服务供给、要素汇聚、文化培植等重要环节均需政府提供关键性保障。因此，从自上而下层面来看，需要发挥政府在以下几方面的主导作用。

第一，统筹全局，抓好创新顶层设计。"顶层设计"是源于系统科学的一个概念，指用系统、全面的视角，审视系统建设中涉及的各个方面、各个层次和要素之间的关系，达到统筹、协调发展的目的。政府作为创新型城市建设发展的规划师与工程师，在制定宏观发展战略与微观推进方案的过程中既要精准掌握创新型城市发展的客观规律，应不断强化自身在创新驱动城市发展中的引领作用，立足于稳步推进创新型城市建设的战略高位，对产业科技创新发展做出前瞻性规划布局与细化性配套政策，同时也需兼顾城市发展的特色定位，以城市的创新发展需求为第一导向，让创新成为城市发展的核心动力，全方位做好产业布局与任务安排，积极探索具有自身特色的城市创新发展路径，有效引导城市走出一条因地制宜、独具特色的创新发展之路，不断向建成体制机制完善、产业特色鲜明、创新氛围浓厚的国家级创新型城市目标稳步迈进。

第二，有的放矢，做好创新服务供给。政府部门宜在明确创新型城市整体建设目标的前提下，进一步完善城市创新发展的政策支持保障体系，并不断细化创新型城市建设的普惠性配套支持政策，聚焦于城市创新的各领域，为城市建设中的多元创新主体在科技创新基础设施建设、创新平台培育、创新成果转化、财政资金支持、税收减免优惠、产学研合作机制等方面提供良好的政策环境，有的放矢驱动各类创新主体显著增强创新积极性。此外，政府应组织搭建其集信息、技术、资源、人才、资金服务于一体的公共创新服务平台，通过服务平台的建设以及创新资源的有效统合为城市内部多元创新主体提供有针对性的创新服务，提高创新效率；与此同时，平台体系的建设将有效破解创新资源短缺以及碎片化分布的困境，为创新行为的可持续发展提供有力保障；此外，政府应秉持对内培育、对外引进相结合的准则，做好城市内部创新服务工作，并放眼全国乃至世界有效增强科技创新招商引资力度。

第三，扎实推进，大力培植创新企业。政府部门应增加创新行业深度开发应用的规模性投入，鼓励各企业增强对产业创新的基础性研究与前沿性探索，引导企业积极将产业创新研发与产品市场推广相结合，有序推动战略性优势产业向纵深方向发展，不断筑牢城市创新的支撑点，助力创新型城市发展实现新突破；此外，面对日益激烈的市场竞争，各级政府部门要基于城市创新高标准、严要求、高质量、高起点的基本准则进行优势产业布局，牵头建设集成生产要素、行业资源、协作条件的创新行业基础设施，诸如创新发展基地、核心技术研发中心等；政府也应进一步为创新行业的人才培训创新服务平台建设提供关键保障，进而为城市优质创新型人才资源的培养聚势赋能，逐步构建科技人才引领创新、创新驱动发展的良性循环。

第四，有序规划，积极引导绿色创新。要在建设资源节约和环境友好型社会上实现新突破，形成创新城市的切入点。2021年中共中央国务院相继印发了《关于完整准确全面贯彻新发展理念做好碳达峰碳中和工作的意见》《关于印发2030年前碳达峰行动方案的通知》，为地方城市发展绿色经济，加快产业低碳化转型指明了目标方案与行动路径。在中央文件的宏观指引下，绿色低碳、节能环保成为城市发展的必然方向，在建设创新型城市的过程中，各级政府部门应增强对国家"双碳战略"的深入学习领会，因地制宜逐步探索适合城市发展现状的创新型城市绿色发展路径，有规划地持续增加对绿色创新和产业升级的财政投入，进一步增强对城市绿色创新活动的支持力度，为节能环保类低碳新兴产业提供更多发展机遇，通过推动城市绿色创新型产出和产业高级化发展为城市实现长久性绿色发展奠定深厚基础。

第五，科学部署，有效培植创新文化。要在科技力量推动社会主义事业发展的新突破上，强化城市创新的着力点。政府部门应以优化城市创新生态与创新氛围作为工作推进的重要目标，营造有助于科技创新成果转化与传播的社会氛围，通过创新活动日、技术科普日等开展以创新为主题的宣传活动，大力弘扬创新精神与创新思维，在增强城市社会对创新精神、求索思维、尊重人才、尊重人才认可的同时不断促进科技创新知识与文化在社会层面的扩散，此外，政府部门应始终秉持可持续发展理念，积极鼓励城市内的高新企业、高等院校、科研院所、创新智库、城市居民等多元创新主体参与创新活动，形成创新驱动效应，以创新成果产出推动促进城市可持续发展，更好地发挥创新型城市建设"总工程师"的积极作用，使创新成为推进城市发展的结构性动力。

第六，整合资源，引领打造创新高地。建构产学研合作合作机制，走出独具特色的自主创新之路。政府部门要力主实现城市创新资源与城市合理规模的优化配置，积极推动构建独具城市创新发展特色的产学研一体化合作体系：一方面，政府部门宜充分发挥"桥梁"与"纽带"的作用，牵头组织并定期召开创新发展高端论坛、科技成果展示会、创新项目研讨会等系列活动充分调动企业、高校及科研院所的创新创造热情；另一方面，政府需积极引导创新多元主体组织建立产学研高效合作机制，大力支持高新技术企业加快内部创新技术研发机构的建设步伐，鼓励高校有序建立科技创新转化平台。与此同时，指导城市内部的高等院校和科研院所为企业创新研发与成果转化贡献智慧力量，推动企业与高校及科研院所共同承担重大创新课题项目以及重要创新成果产业化推广工作，整合多元创新力量，支持企业与高校、科研院所就创新技术发展建立战略合作联盟，构建双向互动机制，实现产学研一体化的同时形成建设创新型城市的强大合力；此外，要结合城市自身的发展特色，充分发挥资源优势，深入挖掘城市的文化特性，以城市所具备的独特的丰富历史资源、厚重文化传统以及当前的发展特色为文化基础，充分发挥城市的历史底蕴与文化优势，以文化创新为发展要件与重要抓手着力构建城市创新文化体系，搭建一体化、现代化、科学化的城市公共文化资源服务平台，营造良好的文化创新环境，走出一条适合城市发展的自主创新之路。

第七，双管齐下，着力激发创新动能。要强化创新投入体系建设，激发政府与市场的同频共振。要充分发挥政府"看得见的手"和市场"看不见的手"的作用，使财政资金的乘数效应得到最大限度体现，企业、大学、科研院所和社会各方面的积极性得到最大程度的激发。一方面，政府对科技创新的财政投入与城市的创新发展水平紧密关联，因而要充分发挥政府的导向作用，有效利用税收减免、金融杠杆工具等政策性手段引导优质社会资源流向创新型产业，同时根据创新型城市建设的发展阶段、产业的分布格局以及未来发展走向动态灵活地调整财政投入。此外，政府宜组织建立科技创新专项资金，在加大财政性科技创新资金投入力度的同时，进一步调整投入方向，通过科学建立创新效能选拔机制，遴选具有发展前景与推广意义的创新成果，将财政资金有针对性地投入重点发展领域，综合运用项目资助、成果奖励以及推广补贴等方案对重大创新项目予以大力支持；另一方面，要充分发挥市场配置创新资源投入的基础性作用，借鉴国际先进的投融资理念，加快建立高新技术风险投资机制，发挥政府资金对风险投资的引导作用，有效提升金融机构对新兴战略产业的支持力度，诸如通过建立科学合理、高效有序的风投基金、引导金融机构为支持企业创新降低贷款门槛、建立系统完善的科技信贷体系等策略性方案分散企业参与高新技术产业研发潜在的市场风险以有效减缓企业因资金问题而难以全身心投入创新研发的后顾之忧，为创新产业的蓬勃发展提供更加优良的金融条件；除此之外，政府也需要积极让公众参与并建立以创新为基础的公众支持框架，引导社会资本有序流入城市中亟待开发的创新领域，鼓励公民个人参与创新产业的投资活动以充分发挥市场对资源配置的决定性作用。

9.3 自下而上的公众参与

相关研究表明：公众参与对提升城市创新质量和数量均有重要作用。公众的参与度越高，越能体现一个国家和城市的社会民主化、法制化的进一步加强，这是社会主义现代化建设中不可缺少的部分，也是一个国家或一个城市现代化程度的衡量标志。因此应提升公众参与创新型城市建设的深度与广度。公众通过一定的方式、渠道、程序等参与到城市的建设与公共事务的治理，对城市的公共事务和决策进行参与或影响，不仅可以促进公众利益得以实现，也能够更好地开展创新型城市的建设。因此深入挖掘公众参与行为，并进一步提升公众参与的深度与广度，是更好地实现公共需要，增强创新型城市的建设绩效，使两者相辅相成、相互促进的必然要求。

第一，营造利于城市公民创新思维培养的文化软环境。进一步加大对创新型城市建设的宣传力度，在城市中营造有利于催生创新灵感的良好氛围，通过政策宣讲会、前沿科技讲座以及创新成果交流会等形式为公众提供更多接触产业创新成果与前沿创新理念的机会，与此同时在促进公众的创新理念"内化于心，外化于行"的过程中，合理应用数字化、网络化资源，通过多元化的信息发布渠道加大对创新型城市发展的宣传力度，充分利用官方微博、微信、抖音短视频等新媒体进一步拓宽创新文化宣传渠道，以公众喜闻乐见的方式对创新领域的热点话题进行关注追踪，同时增强对企业家精神以及创新型企业与创新类人才先进典型案例的宣传力度，在城市社会中积极弘扬勇于开拓、崇尚创新的良好精神底蕴与社会面貌，以便于让公众充分意识到加大创新型城市建设对城市发展的重要意义进而自发参与到创新型城市建设中。

第二，增强公众自主参与创新型城市建设的氛围。政府应在此过程中发挥着引导主流方向和营造良好氛围的重要作用。引导主流方向主要体现在加快建设聚合城市创新资源的科技公共服务平台，大力促进科技创新资源的共享与再开发，通过数字化、信息化手段有效地为社会公众的创新活动提供更加专业的创新服务；营造良好的氛围主要体现在通过制定相关创新政策、传播创新文化以及探讨建设创新容错机制三方面：创新政策层面力求相关政策文件能有更广阔的普惠范围、更强的可操作性以及更为细化全面的政策实施细则，帮助社会公众能够真正理解好、运用好城市发布的科技创新扶持政策，在政策引导下广泛参与城市创新活动；营造良好氛围层面，以官方新闻媒体为主要媒介开辟创新型城市建设的相关专题与讨论专栏，进一步使公众在创新型城市建设的宣传与舆论引导下，不断树立有利于创新型城市建设的道德观、价值观，在主观层面乐于参与创新活动并将崇尚创新的理念风尚贯彻于自身实践，自主参与到创新型城市的建设中；创新容错机制建设层面，要积极倡导城市内部对各主体的创新活动秉承理性、包容与开放的态度，以容错机制建设为积淀有效缓解公众因创新风险所引致的保守性心理，真正让公众对城市创新活动具有浓厚的兴趣、正确的认识以及理性的态度，让创新行为真正成为公众的自主选择。

第三，提高创新型城市政策规定的宣传效果。应针对重大创新政策的宣传工作应组织设立政策宣讲小组深入城市中的各社区为公众进行细节性解读；也可通过政府门户网站、微信公众号平台、便民 App 等拓展公众获取相关信息的渠道，从而不断丰富公众的参与方式；通过资金投入、政策鼓励与激励机制等多样化的方式引导公众热衷于并善于捕捉城市建设发展过程中潜在的创新元素，不断扩大创新型城市建设中的公众参与，激发公众参与科技创新创业大赛、创新项目开发研讨会、创新创业沙龙等多元形式的创新活动，使创新思维在社会中广泛充盈，助推各类创新要素在市场的主导作用下实现高效交流对接；此外，应畅通公众意见的反馈渠道，以公众意见为重要突破点不断完善现行创新机制与创新政策，大力支持各类创新主体自发主动地投入到创新型城市建设的实践大潮中，在城市范围内实现创新资源的优化配置，努力营造更加优质、高效的公共服务环境。

第四，鼓励公众参与创新型城市建设的决策制定。公众群体智慧有助于促进决策的科学性与正确性，这需要公众深度参与公共事务讨论、制定与决策，在此过程中充分与合理地表达诉求和意见。而鼓励公众参与城市建设的决策不仅需要调动公众的参与意识和积极性，还需要健全公众的决策参与机制，丰富公众参与渠道。如应改变传统听证监督制度，通过建立科学的听证监督制度，促进市民了解和深入参与到各项决策、政策的制定过程，使听证监督制度在治理现代化过程中发挥更大的作用。同时也要健全公众意愿表达和建议收集制度，充分倾听公众对于公共事务的看法和建议，促进各项决策制定的科学性、实用性，把公众参与引向有序发展。还应适当引导公众形成参与决策制定的意识，从而实现现代化创新型城市治理公众参与的有序进行，实现真正意义的民主决策。

　　第五，鼓励公众参与创新型城市建设的规划设计。"人民城市人民建"城市的主人是人民，城市建设的主人也应该是人民。随着科技进步和社会生产力水平的提高，城市发展更加迅速更加充满活力。与此同时，人民提高生活水平的需要也越来越迫切，人民对实现"城市让生活更美好"的愿景提出了更高的要求。为了使城市建设更好地符合人民的愿景和需要，应该促进广大民众广泛参与城市建设的规划设计，这种参与式规划也成为创新型城市规划设计的重要方法与内容。即需要公众与其他利益相关者共同界定问题，在决策制定过程中充分交互以制定出可实施的解决方案。此外，随着社会快速发展，新技术和新手段不断应用到城市规划建设中，公共事务日趋复杂和专业化，公众参与创新型城市的规划设计需要公众具有相当程度的专业知识和参与能力，要求公众具备持续学习能力，不断学习新知识和新技术。缺乏参与能力可能导致公众参与实践演变成为公众"起哄"，背离了公众参与的目的，也难以促进公众深度参与。因此需要政府提供专业化的参与技能培训，政府要为公众提供各种专业化的参与技能培训，提高公众表达诉求的能力、沟通协调能力、问题识别能力和建言献策能力，帮助公众更好地参与到城市的规划设计。

　　第六，鼓励公众参与创新型城市建设的服务设计。公众对城市公共服务与相关产品的参与式设计有助于其功能的精准定位以及产生更高的公共、经济和社会价值。这需要公众持续沉浸到服务设计之中，通过参与式设计与体验提高其需求满足的契合度。公众对城市建设中服务设计的建议可以通过共同利益诉求的形式集中表达，使公众拥有与行政权力平等对话的能力。因此，可以结合不同利益群体的特点形成合理的组织化表达机制，充分了解和考虑不同利益群体对服务建设的意愿要求，解决公众利益不同或冲突的问题。创新型的城市治理的服务设计提出不是简单地依赖政府承担治理责任，而是鼓励企业、非营利性组织、工会等其他社会治理力量参与城市服务设计，树立多元治理、共享共治的新思维，建立现代城市治理主体结构。

9.4　纵横交织的部门协同

在传统城市治理结构中，既有的政策和体制决定了政府职能部门在大多数情况下只能顾及自己职能领域内的工作内容，缺乏对创新型城市构建需求的整体思考。在规划建设创新型城市的过程中，除了创新技术上的更新整合以外，更具有挑战性的是政治、社会、文化等多方面问题的解决，这就要求在创新型城市的规划过程中对这些问题和方案进行整体考量。

第一，创新型城市的规划建设首先需要政府在价值观上对创新型城市理念的认同。政府的价值观，是政府价值观体系，即由政府官员及其各部门公务员对政府过程中常见的事务、现象所形成的评价和看法组成的相对完整的体系。这个价值观体系反映了政府及其相关人员的主要追求、信念、兴趣、目的等。中央、地方政府价值观所包括的内容繁多，其中在政府过程中最常见、最重要、最应该具备的价值观有以下十个方面：主权观、发展观、政绩观、权力观、人才观、道德观、公平观、群众观、民族观和宗教观。创新理念是一个发展创新城市的大前提，是创新战略的实施框架，它将直接从顶层设计方面保证一个城市的独特性和竞争优势，因此各部门在协同合作时应该把握当下中央所部署的发展动向，在规划城市群建时始终贯穿新理念，以此为抓手构建城市的创新价值体系和发展目标。创新理念的落实实际上是对城市创新战略的实施，既对创新设计、规划和各项资源的整合的过程。首先，要做到认同，政府的发展观、政绩观、人才观等应和创新城市中的人力、知识、科技等诸多元素契合。其次，要转变观念，舍弃急于求成的思维，长远规划发展，合理遵循可持续发展观。再次，需要树立正确的政绩观，不能一味追求数据层面的好看和自身部门的利益，应脚踏实地地前进。加强人才引进政策，人才驱动创新城市"造血功能"。最后，理念的认同要融入城市经济体系建设之中，优化经济结构、发展创新驱动、提高资源配置效率、完善市场机制、协调区域共享、建设生态文明，最终以创新带动经济成果，普惠民众，做到政府价值观与创新城市理念的协调统一，使城市中创新资源、主体、制度、环境得到有效完善和拓展。政府价值观对创新城市理念认同要落在实处，表现在对创新城市的基础条件的创建，首先要以习近平新时代中国特色社会主义思想为指引，贯彻落实《国家创新发展战略刚要》中的三步走战略目标。其次应由省发改委与省科技厅牵头，联合市政府与各部门共建城市创新体系，统一各部门的创新制度环境和文化氛围，明确建设创新型城市建设联动作用中的各部门的作用，明确部门分工，加强对边缘化部门的统筹。

　　第二，创新型城市的规划建设需要政府部门在政策之间进行协同。政府应加强政策之间的协同，促进各职能部门的协调，使政府各职能部门对构建创新型城市认识统一、实践同步，从个体到全局，形成各职能部门之间的协调联动机制。政策的协同应该体现在两个层面：中观层面和微观层面。就中观论，创新城市及城市群的建设涉及各方各面领域，政策的成果实际上是对跨部门间政策横向和纵向整合的检验，是科技创新、文化创新、教育创新、金融创新、环境创新、产业创新政策之间的协同，最终形成一体化的创新新政。而微观层面则需要各部门之间政策的结构一致性和程序一致性，对于政策的运行机制、政策落实后的评价机制进行协调统一，强调政策主体、政策目标、政策是工具的内在一致性。在政策协同过程中，还需注意以下问题：第一，由于科技、文化、环境等领域和部门之间拥有共同的创新政策和独立创新政策，对于共同的政策没有指定部门责任承担和管理机制，需设立跨组织、跨领导小组对政策流程、原则和指标进行决策和评估。第二，政策协同效果均有差异，前文社会网络分析结果表明：各个政策主体即各部门间的关系强弱会影响政策协同的效果，需要加强部门之间的适应、沟通、协调能力，为政策协同提供基础。第三，政策协调时存在动力不足、责权不一等问题，需由跨部门小组进行完善奖惩机制和绩效指标设定，用于政策协同效果的评估，形成反馈机制。第四，政策协同过程中涉及政策的模糊化问题，抽象、笼统、原则不清晰都将提升政策协同的难度，对于政策字眼中，各部门一同执行时需要避免对有对解释空间的政策进行放大，精细化政策，对于纵向协同时尤为关键。

第三，创新城市的规划建设中，各部门协同中要注重技术层面上的协同。协同理论框架需立足于现实匹配性，需在价值观和政策协同后对程序性机制和技术细节上进行统一，在部门纵向、横向联动中，需要针对在部门协同中会出现的部门人员间的文化环境所导致的障碍、技术能力不足、技术不兼容等程序化问题进行关注。首先，需要优化协同中的组织结构，提升综合协调部门的处理问题的弹性与活力，合理划分部门和层次间的人、财、事，避免因组织结构所导致的管理真空，实现各部门的"职责同构"，设立创新城市下科技、文化、环境等各领域的对口负责人，同时防止由于分段管理带来对创新政策、项目的割裂，去除各部门之间运作壁垒，降低协同过程中的协调成本和运作时间。其次，共识机制的建立能有效创造协同环境。其一需要合理配置各部门的资源分配权；其二需要对创新合作中的建议达成一致；其三对合作规则、范式达成一致。具体到实处，就是高效的协同平台搭建问题，以平台为载体，建立良好共识机制。最后，各部门需要减少沟通失灵的问题的存在。这需要各部门及时、精准的信息公开，整合信息使其对称化，在互动和互通过程中优势互补，形成协同中特有的有效分享信息的方式和渠道，最终使得各部门在学习、决策、理解、建立信任上取得建树，建立常态化的沟通机制，解决遇事沟通、遇困沟通、单线联系的问题，完善沟通机制，提升协同绩效。

综合前面三点建议，总结细化创新型城市建设规划过程中加强部门间横向联动及完善联动机制的几方面具体策略和措施：首先，需要在部门间树立合作精神和协同文化，在各部门相互信任、尊重和依赖的前提下建立共同愿景，部门内的公务人员有一致的价值取向，鼓励多元化的观点，在横向协同中构建信任环境和机制，在此构建过程中，各部门领导人和小组部门负责人应该发挥带头作用，逐步影响工作人员，增强政府各部门的责任意识、服务意识和大局意识。其次，需要明确创新型建城市建设规划的重点和非重点议程，明确各项创新型城市建设子任务的核心部门和边缘部门，在规则明确的前提下，各部门按部就班、循序渐进地执行建设任务，对相关部门进行较为充分的行政许可和授权，形成跨部门之间信息、资源等共享的联动关系，将具体责任落实到部门及个人，且部门划分不能过于细致，避免造成部门权、责、事上的交叉重叠；各部门针对创新协同事项推进工作中的突出矛盾和困难，创新思维方式、工作思路和工作方法，加强相关部门间的沟通衔接，进一步提升协同效果和行政效能。最后，建立和完善核心职能部门与边缘部门之间互动协作的信息共享平台，充分实现部门联动网络内部各部门之间的充分沟通，根据创新型城市建设规划类型及任务分工，构建不同部门小团体，发挥团体内部的"中心—辐射"型的联动模式，确立部门与部门之间的线性联动关系；充分激发部门联动内部"中间人（枢纽部门）"的作用，强化对不同部门工作落实状况的督查，适时建立针对创新型城市建设规划阶段过程的激励考核体制和机制，定期召开总结座谈会并进行绩效反馈，针对阶段性问题障碍等进行集体讨论、集思广益，快速高效解决现实难题，推动创新型城市建设规划实现预期效果。

9.5　小　结

多维视角下的创新型城市推进，需要从科学理论、政府引导、公众参与、部门协同等多角度切入，综合推进最适合、最高效的创新城市建设和规划路径。首先，需要以"多中心治理"理论为依据，将创新城市治理从单中心转向多中心，达到多元共治，形成高效、自主的治理网络。其次，需要明确的顶层设计规划进行指引，由政府主导进行统筹推进同时要强调公众参与的作用，以满足需求而设计、为满足需求而建设创新城市。最后，创新城市建设中需要各部门通过塑造各部门价值观与对创新理念的认同、政策的协同以及技术层面的协同来达到各部门的联合，加之具体策略和措施来推动创新型城市的规划与发展。

附录1 公众参与影响创新城市建设绩效的调查问卷

敬启者:

为深入贯彻落实创新驱动发展战略的重要举措,提升创新城市建设水平,增强区域发展的新优势,拟组织对公众参与创新城市建设的意愿情况进行问卷调查,旨在调动公众参与的积极性和进一步促进创新城市建设提出相关建议。您的回答将完全保密,仅用于学术研究和为政府决策提供参考,以便更好地促进创新城市的发展。完成整个问卷大约会花费您10分钟,请给出最符合自身实际情况的判断,并在最能代表您意见的一栏中画"√"。

非常感谢您在百忙之中抽出时间进行填写!

第一部分 基 本 信 息

一、个人基本信息

1. 性别:_____ A. 男 B. 女

2. 年龄:_____

A. 20～25 岁 B. 26～35 岁 C. 36～45 岁 D. 46～55 岁

E. 56 岁及以上

3. 职业:_____

A. 大学生 B. 公务员 C. 社区公众 D. 企业工作人员

E. 教育工作者　F. 其他

4. 教育水平：_____

A. 小学　　　　B. 初中　　　　C. 高中　　　　D. 大专

E. 本科　　　　F. 硕士及以上

5. 地区：_____

A. 杭州　　　　B. 广州　　　　C. 合肥　　　　D. 苏州

E. 西安　　　　F. 中部城市（太原、郑州）

6. 您对创新城市及其建设的熟悉程度：_____

A. 非常熟悉　B. 一般熟悉　C. 熟悉　　　　D. 不太熟悉

E. 非常不熟悉

7. 您是通过何种方式了解到创新城市的：_____（多选题）

A. 互联网、微信微博等　　　B. 广播、电视

C. 亲友、同事、同学　　　　D. 书籍、报刊、杂志

E. 其他_____

8. 您认为以下哪些是创新城市建设的重要举措：_____（多选题）

A. 城市经济的发展　　　　　B. 创新人才的培养

C. 科教文卫质量的提升　　　D. 创新理念的渗透

E. 政府治理机制的完善　　　F. 其他_____

第二部分　公众参与状况

		请您结合自身的实际情况，在相应的位置划"√"。	非常不同意	不同意	不清楚	较同意	非常同意
1	行为态度	我认为参与创新城市建设是明智的选择					
2		我认为参与创新城市建设对公众有利					
3		我认为应该鼓励更多公众参与创新城市的建设					

		请您结合自身的实际情况，在相应的位置划"√"。	非常不同意	不同意	不清楚	较同意	非常同意
4	主观规范	我认为参与创新城市建设比较符合我的道德观					
5		我认为参与创新城市建设符合国家创新驱动发展战略需求					
6		假如周围大多数人都参与，我愿意参与创新城市建设					
7	感知行为控制	我熟悉创新城市建设的相关政策与制度法规					
8		我具备参与创新城市建设所需要的基本素养					
9		我能够获取参与创新城市建设的相关信息					
10		我积极参与创新城市建设活动，若与个人学习、工作、生活不冲突					
11	参与意愿	我愿意参与创新城市建设的各项活动					
12		我愿意收集和学习创新城市建设的更多信息					
13		我愿意把参与创新城市建设的活动推介给亲朋好友					
14	参与行为	我常常通过各种渠道了解创新城市建设的情况					
15		我常常参与创新城市建设各种相关活动					
16		我常常鼓励亲朋好友参与创新城市建设					

续表

请您结合自身的实际情况，在相应的位置划"√"。			非常 不同意	不同意	不清楚	较同意	非常 同意
17	建设 绩效	我认为创新城市建设增强了城市的创新绩效					
18		我认为创新城市建设提升了城市的可持续性					
19		我认为创新城市建设拉动了城市的经济发展水平					
20		我认为创新城市建设营造了城市浓厚的创新文化氛围					
21		我认为创新城市建设城市优化了城市基础设施					
22	制度 建设	本地政府加大了创新城市建设的宣传力度					
23		本地政府营造了创新城市建设的创新环境					
24		本地政府提供了创新城市建设的政策工具					
25		本地政府招揽了创新城市建设的创新人才					

非常感谢您的合作！

附录 2 《中共北京市委、北京市人民政府关于增强自主创新能力建设创新型城市的意见》

各区、县委，各区、县政府，市委、市政府各部委办局，各总公司，各人民团体，各高等院校：

21 世纪头 20 年，是我国经济社会发展的重要战略机遇期，也是科学技术发展的重要战略机遇期。为坚持以邓小平理论和"三个代表"重要思想为指导，认真贯彻党的十六大和十六届三中、四中、五中全会精神，全面落实科学发展观，深入贯彻新世纪第一次全国科学技术大会精神和《中共中央国务院关于实施科技规划纲要增强自主创新能力的决定》（中发〔2006〕4号）、《国家中长期科学和技术发展规划纲要（2006－2020年)》（国发〔2005〕44号）以及实施规划纲要的若干配套政策，增强首都自主创新能力，加快创新型城市建设，特提出如下意见。

一、建设创新型城市的目标任务

（1）建设创新型城市是新世纪新阶段首都发展面临的重大战略任务。提高自主创新能力，建设创新型国家，是党中央、国务院把握全局、放眼世界、面向未来作出的重大战略决策。贯彻国家创新战略，增强自主创新能力，建设创新型城市，是全面落实科学发展观，建设社会主义和谐社会首善之区的重要举措，是加快首都发展的必然选择，也是时代赋予北京的重大历史使命。增强自主创新能力，北京具有雄厚的科教资源优势和良好的基础条件。面对新的历史机遇，必须立足于国家战略，发挥首都优势，统一思想、明确目标、聚集力量，大力实施以增强自主创新能力为核心的首都创新战略，推动经济社会又快又好地发展，为建设创新型国家服务，率先建成创新型城市。

（2）建设创新型城市的总体要求。按照自主创新、重点跨越、支撑发展、引领未来的国家科技发展指导方针，把推进自主创新作为科学技术发展的战略基点，作为调整产业结构、转变经济增长方式的中心环节，着力提高首都科技自主创新能力、科技辐射能力和科技支撑发展能力，提升城市核心竞争力和综合实力。推进创新型城市建设，必须坚持把增强自主创新能力作为核心和关键，全面推进理论创新、制度创新、管理创新和文化创新，使创新成为城市发展的灵魂和不竭动力；必须坚持发挥首都优势，突出首都特点，知识创新和技术创新并重，原始创新、集成创新和引进消化吸收再创新并举，构建首都特色的区域创新体系；必须坚持有所为、有所不为，选择一批具有较好基础和优势、关系首都经济社会发展的重点领域和关键技术，整合资源，联合攻关，实现重点突破；必须坚持以企业为主体，以应用为导向，加速创新成果转化，促进科技、教育与经济融合发展，培育一批具有自主知识产权和国际竞争力的知名品牌和创新型骨干企业，形成多点支撑的高新技术产业集群；必须坚持以人才为根本，以制度创新为保障，汇集大批高素质创新创业人才，完善激励创新的体制机制，营造有利于创新创业的良好环境。

（3）建设创新型城市的主要目标。到 2010 年，全社会研发经费支出占 GDP 比重达到 6%，每万人专利申请数达到 18 件，科技进步贡献率达到 60%，高技术产业增加值的增长速度高于 GDP 增速，企业创新主体地位初步确立，创新体系基本形成，自主创新能力明显增强，科技支撑经济社会发展的作用明显提高，初步建成创新型城市。再经过十年努力，到 2020 年，首都创新体系更加完善，自主创新能力显著增强，成为推动创新型国家建设的重要力量，进入世界创新型城市的先进行列。

（4）建设创新型城市的重点任务。"十一五"期间，要着力推进五个方面的重点工作。一是大力发展对经济增长有重大带动作用、具有自主知识产权的核心技术和关键技术，发展高端产业，在推动首都经济结构调整和增长方式转变上实现新突破。二是落实"科技奥运行动计划"，依靠科技解决城乡建设与管理中的难题，在科技支撑社会发展上实现新突破。三是按照"重要载体、强大引擎、服务平台、前沿阵地"的定位要求，充分发挥中关村科技园区的示范带动作用，在推动提高首都自主创新能力上实现新突破。四是发挥高等院校、中央在京科研机构在知识创新和技术创新中的基础和骨干作用，在整合首都创新资源、服务国家创新战略上实现新突破。五是创新体制机制，强化企业在技术创新中的主体地位，在建立以企业为主体、市场为导向、产学研相结合的技术创新体系上实现新突破。

二、增强自主创新能力的重点方向

（一）攻克一批支持可持续发展的关键技术，加快资源节约环境友好型宜居城市建设

（5）研究开发能源节约利用技术。加快研究主要耗能领域的关键节能技术和共性技术，重点发展工业节能、建筑节能、交通节能和清洁能源汽车技术，提高一次能源利用效率和终端用能效率。加快太阳能、地热能、生物质能等新能源和可再生能源的开发利用，促进能源结构调整。

（6）研究开发水资源节约利用技术。加快城市水循环利用、农业高效节水、工业和生活节水技术研发，重点攻克节水技术、雨洪利用技术、污水处理和回用关键技术等，提高水资源利用效率。

（7）研究开发生态环境治理技术。进一步开展大气污染、水污染、固体废弃物污染、噪声和电磁辐射污染治理等方面的技术攻关，加快生态恢复技术开发，提高城市生态环境治理能力和水平。

（二）突破一批具有重大带动作用的核心技术，促进高端产业发展

（8）大力发展信息技术。发挥软件、通讯、网络等领域的技术优势，重点推进重大行业应用软件、第三代移动通信、数字电视、下一代互联网等技术的研发与应用，带动软件技术与服务、信息增值服务和网络服务发

展。研究开发高性能计算、集成电路和光电显示技术。

（9）加快发展生物医药、新材料技术。研制针对重大疾病防治的创新药物，加快名优中药产品的技术创新，开展基因工程、蛋白质工程、生物芯片等技术的产业化研究，支持数字医学诊疗设备及诊断试剂的研究开发。开发超大规模集成电路用配套材料、新型元器件基础材料等电子信息相关材料及器件，推进高效低成本光电材料技术、高温超导技术和纳米技术、生物医用与仿生材料等研究开发。

（10）提升制造业技术水平。用信息化带动工业化，发展大规模集成电路制造装备、中高档数控装备和轻型化、智能化电子装备，促进数控系统和关键功能部件的配套发展，提高装备设计、制造和集成能力。利用高技术改造传统产业，形成具有自主知识产权的汽车产品，发展清洁能源汽车。

（三）培育一批科技与文化结合的共性技术，促进文化创意产业发展

（11）加快支撑文化创意产业的技术研发。在数字动漫、网络游戏设计、影视制作、出版、演出及软件、工业与城市设计、媒体内容制作等领域掌握一批关键和共性技术，促进以音视频信息服务为主体的数字媒体内容处理技术发展，加快建设以交互和交换、具有版权保护功能和便于管理为特点的现代传媒信息综合内容平台。用信息技术提升传统文化产业，提高制作、传播、发行和增值能力。

（四）实施"科技奥运行动计划"，应用一批新技术，提升城市管理和服务水平

（12）科技支撑奥运。重点围绕奥运交通、奥运场馆、赛事转播、赛事通信、奥运安全、运动科技、奥运会开（闭）幕式等方面，集成应用一批国内外先进技术。加强奥运信息基础设施建设。依托一批国内奥运合作伙伴、赞助商和产品供应商，使奥运会成为集中展示首都高新技术成果和自主创新能力的平台和窗口。借助奥运，带动一批科技创新成果应用于城市建设、管理与发展，提高城市综合服务功能。

（13）提升信息化城市管理水平。综合运用数字、网络、通信等技

术，建立以人口、社会单位、环境和市政设施为主要内容的社会管理与服务数据库，建设信息化城市管理系统。大力发展电子政务、电子商务，强化信息安全建设。发展智能化交通管理技术。

（14）推进人口健康和公共安全领域技术研究。开展公共卫生事件应对技术和重大疾病防治关键技术攻关。开展食品、饮用水安全的快速检测、监测、预警与可追溯技术研究，建立全过程食品安全保障体系。开展重大事故、灾害的危险源识别与诊断、监测与监控、预测与预防、风险评估与预警、应急反应与指挥决策等方面的关键技术研发。

（五）推广一批服务农村发展的适用技术，促进新农村建设

（15）发展都市型现代农业技术。加快农作物和畜禽良种繁育技术、动植物疫病防控技术的研究推广，支持农产品精深加工、产后减损和绿色供应链产业化关键技术的开发和应用。加快特色农产品新品种、新技术的研发与推广，加强新型农业科技推广体系服务能力建设。

（16）科技服务新农村。加快节水、节能技术在农村的推广应用，开发绿色建筑技术。推进新农村信息基础设施建设，重点完善广播、电视、电信、电话网络，利用信息技术、计算机网络和多媒体技术等现代信息技术手段，发展远程教育，通过信息化促进新农村建设。

（六）支持一批基础和前沿技术研究项目，为提高国家原始创新能力服务

（17）支持基础和前沿技术研究。发挥高等院校和中央在京科研院所优势，支持开展基础学科、交叉学科和新兴学科研究。在农业、环境与资源、能源、人口与健康等领域重点支持一批有基础有潜力的基础研究，在电子信息、生物医药、新材料、航空航天等领域重点支持一批具有前瞻性、先导性和探索性的前沿技术研究，增强科技持续创新能力。

三、创新体制机制，完善首都创新体系

（18）强化企业技术创新主体地位，激发企业创新活力。充分发挥市场机制在科技资源配置中的基础性作用，建立以企业为主体、市场为导

向、产学研相结合的技术创新体系，使企业真正成为研究开发投入的主体、技术创新活动的主体和创新成果应用的主体。支持企业依托自身科技研发资源，自办技术研发中心、工程中心等研发机构，加大研发投入，增强自主创新能力。鼓励企业与高等院校和科研院所共建实验室，开展委托研发、技术入股、投资入股等多种形式的产学研合作。

吸引跨国公司和国内大企业在京投资设立研发中心或研发总部，通过共建实验室、人才交流、研发外包等形式，凝聚创新资源，使北京成为重要的国际研发中心。

支持拥有自主知识产权和自创品牌的高新技术企业开拓国内外市场，塑造一批国内知名品牌和国际品牌。加快面向中小企业的投融资体系建设，改善科技型中小企业自主创新政策环境。完善国有企业考核体系，明确大型国有企业自主创新的职责，鼓励国有大中型企业加强企业技术中心建设，加大研发投入，强化企业创新活动。

（19）发挥高等院校和中央在京科研院所优势，探索创新资源整合机制。以建立开放、流动、竞争、协作的运行机制为中心，促进科研院所之间、科研院所与高等院校之间创新资源的集成与整合。鼓励高等院校和科研院所的创新资源与企业的研发需求相结合，通过合作共建研究开发机构、共同承担科技项目等多种形式，形成稳定的产学研合作机制，促进知识创新与技术创新良性互动，推动创新成果产业化。

围绕国家战略需求，依托国家级工程中心、技术研究中心、企业技术中心或研发中心，积极争取《国家中长期科学和技术发展规划纲要（2006~2020年）》确定的一批国家重大专项落户北京。支持市属单位与高等院校、中央在京科研院所联合承担一批国家863、973项目。建立"部市合作机制"，对落户首都的国家项目在政策、用地、配套设施建设等方面给予支持，做好服务。鼓励高等院校、中央在京科研院所单独或联合承担北京市重大科技计划项目。

（20）搭建共性技术与公共技术研发支撑平台，完善科技资源共享机制。按照"整合、共享、完善、提高"的原则，通过政策、资金引导和市场化运作，激励现有科技条件资源开放共享。依托高等院校、中央在京科研院所丰富的科技条件资源，形成一批科研基础设施和大型科学仪器、设备共享平台，自然科技资源共享平台，科学数据共享平台，科技文献共享平台，成果转化公共服务平台，网络科技环境平台，以及面向行业的共性技术研发与测试平台等，逐步形成各具特色、开放共享的科技条件平台网络系统，支撑自主创新。实施中关村开放实验室工程，支持中关村科技园区企业与高等院校、科研院所共建开放式实验室。研究政府部门对开放式、专业化、共性研发平台的支持方式和补贴机制。

（21）加强大学科技园、孵化器建设，完善成果转化机制。加强对大学科技园和孵化器建设的政策扶持和资金引导，支持建立专业技术孵化体系，搭建科技成果转化平台，提高产业共性技术、关键技术的集成配套能力和工程化技术服务水平，拓展面向科技项目和科技企业的综合服务功能，培育中小企业发展。鼓励社会力量、企业参与投资建设大学科技园和专业孵化器。促进大学科技园和孵化器与风险投资结合，支持设立促进成果转化的种子资金。

（22）大力培育和发展各类科技中介服务机构。强化政策支持和资金引导，鼓励科技中介服务机构面向企业，为自主创新和成果转化提供专业化服务。建设社会化、网络化的科技中介服务体系，引导科技中介服务机构向专业化、规模化和规范化方向发展，促进企业之间、企业与高等院校和科研院所之间的信息传递、知识流动和技术转移。培育新型协会组织，发展各种专业技术协会和行业协会，发挥协会组织的桥梁和纽带作用，促进行业技术联盟的形成和行业技术标准的制定，提升行业协会组织在促进行业发展和产业技术创新方面的代表性、权威性和影响力。鼓励高等院校和科研院所建立技术转移机构，利用北京产权交易所，搭建产权交易平台，加快技术转移和交易市场体系建设，完善技术转移中的利益分配机制，促进创新成果的交易、转移和扩散。

（23）进一步深化科技管理体制改革。以解决首都经济社会发展重点难点问题的科技需求为导向，以服务国家创新战略为导向，调整科技管理模式和科技计划体系的重心，集成运用多种手段实施科技工作主题计划，推进创新目标的实现。健全科技决策机制，引导社会力量参与科技规划、战略研究和项目管理工作。按照公正、公开、公平和激励创新的原则，改革科技评审制度，项目评审要体现政府目标。完善科技成果评价和科技奖励办法，突出政府奖励的重点。推进社会公益类科研院所管理体制和运行机制改革，建立现代科研院所制度，明确功能定位和工作目标，完善分类管理制度，提高经费保障程度，达到与其承担科研和公益服务相适应水平。

（24）建立政府科技投入资金的整合机制。由市发展改革委牵头，会同市科委、市工业促进局、市农委、中关村科技园区管委会等有关部门和单位，每年集中支持一批以应用为导向的产学研项目和以扩大产业规模为目标的科技成果产业化，依靠科技进步解决首都经济社会发展中的重点和难点问题。

（25）完善知识产权制度。加强知识产权创造、保护、利用与管理，提高全社会知识产权意识，使知识产权成为推动科技创新的战略手段和制度保障。综合运用行政手段、法律手段和高技术手段，打击侵犯知识产权行为，规范市场秩序。

四、做强中关村科技园区，打造自主创新高地

（26）充分发挥中关村科技园区在首都创新体系中的龙头带动作用。中关村科技园区是国家实施科教兴国战略、完善社会主义市场经济体制的综合改革试验区，是国家创新体系和首都创新型城市的重要组成部分，是具有国际竞争力的自主创新和知识经济示范基地，是科技辐射扩散、技术孵化和产业化基地及高素质创新人才培养基地。贯彻落实国务院关于做强中关村科技园区的重大决策，举全市之力，努力将中关村科技园区建设成为促进技术进步和增强自主创新能力的重要载体，成为首都经济结构调整和经济增长方式转变的强大引擎，成为高新技术企业走出去参与国际竞争的服务平台，成为抢占世界高技术产业制高点的前沿阵地。

（27）继续推进金融创新等综合配套改革试点。做好中关村科技园区非上市高新技术企业进入证券公司代办系统进行股份转让试点工作。优先支持创新能力强、成长性好的企业在境内外资本市场上市融资。实施创业投资企业风险补贴政策，争取国家创业投资基金率先在园区试点。拓宽中小企业间接融资渠道，推动"信保贷"业务联动。按照《国务院办公厅转发财政部科技部关于国有高新技术企业开展股权激励试点工作指导意见的通知》（国办发〔2002〕48号）等文件规定，选择若干国有高新技术企业和院所转制企业，进行产权改革和股权激励的试点工作，鼓励智力、技术等要素以合法形式参与收益分配。加快推进中关村科技园区信用体系建设试点，推广使用新型信用产品，促进企业信用自律，建立信用激励和监督机制。

（28）推进多种形式的产业组织创新，形成协同创新机制。支持"闪联"、TD-SCDMA、下一代互联网、SCDMA、长风软件联盟等以企业为主体、高等院校和科研院所共同参与的技术联盟、产业联盟、标准联盟发展。依托联盟建立具有公信力的、开放式的第三方共性技术创新平台，促进重点产业集群共同创新和发展。引导中小企业按照产业链和技术链分工加强与大型企业合作，"以大带小"，推动各类企业协同创新。

（29）优化中关村科技园区产业发展空间，增强创新辐射力。制定并实施《中关村科技园区总体规划》和《中关村科技园区土地利用规划》，明确各专业园和产业基地的功能定位。建设好中关村软件园、中关村生命科学园、永丰产业基地、大兴生物医药产业基地、通州光机电一体化产业基地和文化创意产业基地等一批专业园和产业基地，在昌平园建立国家工程技术创新基地。建立市、区协调工作机制，促进园区技术、产业、人才资源向远郊区县辐射扩散。

（30）加大对归国留学创新创业人才的吸引力度。在政策、服务机构、孵化、资源共享、项目融资、资金扶持、从业求职服务等方面采取有效措施，继续加强中关村科技园区留学人员创业扶持工作。加强留学人员创业园区建设，继续给予留学人员企业小额自主贷款担保支持，建立引进优秀留学人员、外籍优秀人才"绿色通道"。

（31）实施"走出去"战略，促进园区国际化发展。重点培育一批拥有自主知识产权的出口企业和出口产品。发挥并扩大中关村科技园区驻海外联络机构和海外科技园的宣传、联络和引智作用，帮助企业到海外建立研发中心，开拓国际市场。加强与世界知名科技园区的交流与合作，与具有共同基础的国际科技园建立长期战略合作伙伴关系。

（32）继续设立"中关村科技园区发展专项资金"。主要用于支持企业提高自主创新能力，促进重大科技成果和关键技术产业化，鼓励创业投资、担保、产权交易和信用发展，吸引培养创新型人才，扶持中小企业成长，为国家重大创新和产业化项目落户中关村科技园区提供配套资金和服务等。

五、完善政策措施，激励自主创新

（一）加大科技投入

（33）大幅度增加科技投入。建立多元化、多渠道的科技投入体系，全社会研究开发投入占国内生产总值的比例逐年提高，使科技投入水平同建设创新型城市的要求相适应。确保财政科技投入的稳定增长，"十一五"期间，市级财政科技投入增幅明显高于市财政经常性收入增幅。

（34）创新财政科技投入管理机制。按照科技部门、行业主管部门和科研机构的职责，合理配置科技资源。优化科技计划体系，重点支持对首都经济发展有重大支撑作用的科技项目。改革和强化科技经费管理，建立严格规范的监管制度和绩效评价体系，提高资金使用效益。

（35）加大财政资金对企业自主创新的引导和支持。通过直接投入、补贴、贷款贴息等多种方式，引导企业加大研发投入。各类企业自办或与高等院校、科研院所联合组建的工程技术研究中心和企业技术中心，经认定后，对其具有产业化发展前景的主要研究开发项目给予支持。

（36）继续支持创新成果转化项目。对经认定的高新技术成果转化项目，自认定之日起三年内，由财政安排专项资金支持；对重大高新技术成果转化项目，自认定之日起五年内，由财政安排专项资金支持。

（37）鼓励发展与高新技术企业和高新技术成果转化相关的科技中介服务机构。对经认定的在本市注册的促进高新技术成果转化和发展高新技术企业有重大贡献的中介服务机构，由财政安排专项资金支持。

（38）对经认定的专业孵化基地和在孵企业，由财政安排专项资金予以支持，用于孵化基地建设和在孵企业的项目贴息、投资和补助拨款等。

（39）进一步发挥现有风险投资机构和担保机构的作用，鼓励民间资本建立创业投资机构和担保机构。本市注册的风险投资机构，对本市认定的高新技术成果转化项目投资超过当年投资总额60%的，由财政安排专项资金支持。

（二）落实税收政策

（40）加大对企业自主创新投入的所得税前抵扣力度。允许企业按当年实际发生的技术开发费用的150%抵扣当年应纳税所得额。实际发生的技术开发费当年抵扣不足部分，可按税法规定在五年内结转抵扣。企业提取的职工教育经费在计税工资总额2.5%以内的，可在企业所得税前扣除。

（41）允许企业加速研究开发仪器设备折旧。企业用于研究开发的仪器和设备，单位价值在30万元以下的，可一次或分次摊入管理费，其中达到固定资产标准的应单独管理，但不提取折旧；单位价值在30万元以上的，可采取适当缩短固定资产折旧年限或加速折旧的政策。

（42）落实促进高新技术企业发展的税收政策。中关村科技园区内新创办的高新技术企业经严格认定后，减按15%税率征收企业所得税，可以享受自开办之日起三年内免征，第四至六年减半征收的优惠政策；或享受自获利年度起两年内免征企业所得税的优惠政策。完善高新技术企业计税工资所得税前扣除政策。争取在中关村科技园区开展高新技术企业增值税转型改革和创业风险投资企业税收优惠政策试点。

（43）落实促进转制科研机构发展的税收政策。对整体或部分企业化转制科研机构免征企业所得税、科研开发自用土地、房产的城镇土地使用税、房产税的政策到期后，根据实际需要加以完善，以增强其自主创新能力。

（三）落实金融支持政策

（44）引导各类金融机构重点支持自主创新。政策性金融机构对国家重大科技专项、国家重大科技产业化项目的规模化融资和科技成果转化项目、高新技术产业化项目、引进技术消化吸收项目、高新技术产品出口项目等提供贷款，给予重点支持。政府利用贴息、担保等方式，引导商业金融机构支持自主创新与产业化；对国家和市级立项的高新技术项目，商业银行应根据国家投资政策及信贷政策规定，积极给予信贷支持。

（45）改善对中小企业科技创新的金融服务。商业银行与科技型中小企业建立稳定的银企关系。加快建设企业和个人征信体系，为商业银行改善对科技型中小企业的金融服务提供支持。政府引导和激励社会资金建立中小企业信用担保机构，建立担保机构的资本金补充和多层次风险分担机制。探索创立多种担保方式，弥补中小企业担保抵押物不足的问题。

（46）加快发展创业风险投资。设立市级创业风险投资引导资金。支持引导社会资金和保险公司、证券机构投资创业风险投资企业，鼓励创业风险投资企业投资处于种子期和起步期的创业企业。

（47）推进支持自主创新的多层次资本市场建设。支持有条件的高新技术企业在国内主板和中小企业板上市。通过财政支持等方式，扶持北京产权交易市场发展，拓宽创业风险投资退出渠道。

（四）实施政府采购

（48）建立财政性资金采购自主创新产品制度。建立自主创新产品认证制度，由市科委会同市发展改革委等部门，按照公开、公正的程序对自主创新产品进行认定。按照财政部确定的政府采购自主创新产品目录贯彻执行。

（49）加强预算控制，优先安排自主创新项目。采购人使用财政性资金进行采购的，必须优先购买列入自主创新产品目录的产品。采购人在编制年度部门预算时，应当标明自主创新产品。市财政局在预算审批过程中，在采购支出项目已确定的情况下，优先安排采购自主创新产品的预算。

（50）改进政府采购评审方法，给予自主创新产品优先待遇。在政府采购评审方法中，须考虑自主创新因素。以价格为主的招标项目评标，在满足采购需求的条件下，优先采购自主创新产品。其中，自主创新产品价格高于一般产品的，要根据科技含量和市场竞争程度等因素，对自主创新产品给予一定幅度的价格扣除。自主创新产品企业报价不高于排序第一的一般产品企业报价一定比例的，将优先获得采购合同。以综合评标为主的招标项目，要增加自主创新评分因素并合理设置分值比重。

（51）建立激励自主创新的政府首购制度。企业或科研机构生产或开发的试制品和首次投向市场的产品，符合首都经济发展要求和先进技术发展方向，具有较大市场潜力并需要重点扶持的，经认定，政府进行首购，由采购人直接购买或政府出资购买。

（52）实施政府技术研发项目订购制度。政府对于需要研究开发的重大创新产品或技术，经论证列入政府科技计划，通过政府采购招标方式，面向高新技术企业、高等院校和科研院所开展技术研发订购，签订政府订购合同，并建立相应的考核验收和研究开发成果推广机制。

（53）建立本国货物认定制度和购买外国产品审核制度。采购人应根据《中华人民共和国政府采购法》规定，优先购买本国产品。采购外国产品时，坚持有利于企业自主创新或消化吸收核心技术的原则，优先购买向我转让技术的产品。

（五）鼓励引进消化吸收再创新

（54）加强对技术引进和消化吸收再创新的管理。依据国家制定的鼓励引进技术目录及禁止进口限制进口技术目录，确定能够引进的重大装备和关键技术。凡由政府核准或使用政府投资的重点工程项目，确需引进重大技术装备的，由项目业主联合制造企业制定引进消化吸收再创新方案，作为政府项目审批和核准的重要内容。将通过消化吸收是否形成了自主创新能力，作为项目评估和验收的重要内容。

（55）大力支持企业引进消化吸收再创新。由市科委会同市发展改革委、市财政局、市工业促进局、市知识产权局等部门制定政策，对引进技术进行消化吸收再创新并形成自主知识产权或技术标准的企业给予支持。

（56）支持产学研联合开展消化吸收再创新。对重大装备的引进，用户单位应联合制造企业、高等院校和科研院所，在消化吸收的基础上，共同开展自主创新活动。在政府投资的科技基础设施建设中，优先支持在重点产业中由产学研合作组建的科技平台承担重大引进技术消化吸收再创新任务。

（六）创造和保护知识产权

（57）根据国家有关部门发布的应掌握自主知识产权的关键技术和重要产品目录，对开发目录中技术和产品的企业在专利申请、标准制定、国际贸易和合作等方面予以支持，形成一批拥有自主知识产权、知名品牌和较强国际竞争力的优势企业。

（58）鼓励引导企业创制和采用先进技术标准。重点扶持重要标准研究项目，对企业参与国际标准、国家标准、行业标准、地方标准制定给予政策和资金支持。建设北京市标准服务平台，为企业开展标准化研究，吸收、采用国际标准和国外先进标准提供支撑。

（59）健全知识产权保护与服务体系。建立北京知识产权侵权举报中心，强化知识产权执法部门之间的协作，成立北京知识产权保护协会和专利代理人协会。加快知识产权中介服务机构发展，重点培育50家左右的骨干专利中介机构。建立知识产权信息服务平台。

（60）对企业申请和取得国内外专利、建立专利数据库、进行专利预测预警研究给予资助。继续实施首都专利战略推进工程，争取到2010年全市专利试点企业达到3 000家、示范企业达到300家，对试点企业的国内专利申请费用给予资助。

（七）培养和吸引创新型人才

（61）结合重大项目的实施加强对创新人才的培养。依托重大科研和建设项目、重点学科和科研基地以及国际学术交流与合作项目，加大学科带头人的培养力度，积极推进创新团队建设。在科技计划项目的评审、验收中，把创新人才的培养作为重要考评指标。

（62）支持企业培养和吸引创新人才。改革和完善企业分配和激励机制，允许国有高新技术企业对技术骨干和管理骨干实施期权等激励政策，将企业技术创新投入和创新能力建设作为国有企业负责人业绩考核的重要内容。在高等院校和科研机构中设立面向企业创新人才的客座研究员岗位，选聘企业高级专家担任兼职教授或研究员，引导和规范高等学校或科研机构科技人才到企业兼职。

（63）支持培养农村实用科技人才。对科技人员面向农村开展技术创新服务予以政策支持。实施农村实用人才和劳动者素质提高培训工程，充分利用现代信息技术手段，实现科技入户，培养掌握新品种、新技术应用的农村实用人才队伍。

（64）本市行政区域内的高等学校、科研机构的应届毕业生受聘于中关村科技园区内的高新技术企业，对急需专业人才试用期满后由试用企业正式聘用的，经市人事局批准，可办理本市常住户口。

（八）发展教育和科普事业

（65）加强人才培养与科技创新的有机结合，推进高等教育改革。支持世界一流大学和一批高水平研究型大学建设，研究市属高等院校定位和发展方向。建立企业与大学间人才培养互动机制，鼓励企业参与改革和创新大学教学内容和模式，转变创新人才培养模式。

（66）加强职业教育，加大公共财政对职业教育的投入。扩大职业教育和培训的规模，形成政府主导、充分发挥行业企业作用、社会力量积极参与的办学格局。灵活设置专业和培训项目，重点发展面向现代服务业、高新技术产业、现代制造业、文化创意产业以及现代农业等相关领域的专业，拓宽专业方向，增强专业适应性。推行工学结合、校企合作的培养模式，建立企业接收职业院校学生实习的制度，加强公共实习实训基地建设。

（67）全面推进素质教育，从青少年开始培养创新意识和实践能力。加快基础教育课程改革和教学改革，广泛运用现代远程教育手段，积极开发、合理利用图书馆、实验室、实践基地等校内外资源，鼓励青少年参加丰富多彩的科普活动和社会实践，培养学生独立思考、追求新知、敢于创新的精神和能力。

（68）大力发展科普事业。实施全民科学素质行动计划，把公众科学素质建设作为创新型城市的基础性工程，建立政府主导、社会广泛参与的科普工作机制，鼓励和支持社会力量兴办科普事业。以科学教育与培训、科普资源开发与共享、大众传媒科技传播能力建设、科普基础设施建设为重点，推进社会化科普工作，增强科普服务能力，提高公众科学素质。

六、动员全社会力量，为建设创新型城市而奋斗

增强自主创新能力，建设创新型城市，是一项极其广泛而深刻的社会变革，是首都在新的历史条件下面临的重要战略任务。全市各级党委和政府必须高度重视，充分认识自主创新的长期性、复杂性和艰巨性，增强紧迫感和责任感，切实加强对科技工作的组织领导，把提高自主创新能力作为落实科学发展观和正确政绩观的重要内容，努力为增强自主创新能力创造良好的法治环境、政策环境、市场环境和舆论环境。要切实发挥市科技教育领导小组的作用，加强对全市科教工作的统筹协调和宏观管理，抓紧研究制定《北京市中长期科学和技术发展规划纲要》。各有关部门要紧密配合，加强协调，强化政策支持，及时研究解决增强自主创新能力，推进创新型城市建设中遇到的困难和问题。各地区、各部门要根据本意见精神，制定实施细则和相关配套政策措施。要在全社会广为传播科学知识、科学方法、科学思想、科学精神，努力营造鼓励创新、宽容失败的创新文化氛围。

首都科教资源丰富，各类人才荟萃，有基础、有条件、有责任在增强自主创新能力方面走在全国前列，率先进入创新型城市行列。全市广大科技工作者、企业、高等院校、科研院所和社会各界要积极行动起来，统一思想，提高认识，开拓创新，勇于探索，大力实施首都创新战略，走有首都特色的自主创新道路，全面完成创新型城市建设的各项任务，在建设创新型国家的伟大事业中做出重要贡献。

附录3 《中共上海市委 上海市人民政府关于加快建设具有全球影响力的科技创新中心的意见》

为全面落实中央关于上海要加快向具有全球影响力的科技创新中心进军的新要求,认真贯彻《中共中央、国务院关于深化体制机制改革加快实施创新驱动发展战略的若干意见》,适应全球科技竞争和经济发展新趋势,立足国家战略推进创新发展,现就本市加快建设具有全球影响力的科技创新中心提出如下意见。

一、奋斗目标和总体要求

综观国内外发展形势,全球新一轮科技革命和产业变革正在孕育兴起,国际经济竞争更加突出地体现为科技创新的竞争。我国经济发展进入新常态,依靠要素驱动和资源消耗支撑的发展方式难以为继,只有科技创新,依靠创新驱动,才能实现经济社会持续健康发展,推动国民经济迈向更高层次、更有质量的发展阶段。不抓住机遇,不改革创新,我们就不能前进。上海作为我国建设中的国际经济、金融、贸易和航运中心,必须服从服务国家发展战略,牢牢把握世界科技进步大方向、全球产业变革大趋势、集聚人才大举措,努力在推进科技创新、实施创新驱动发展战略方面走在全国前头、走到世界前列,加快建设具有全球影响力的科技创新中心。

(一)奋斗目标。建设科技创新中心,必须树立全球视野,对标国际领先水平,不断提升上海在世界科技创新和产业变革中的影响力和竞争力；聚焦科技创新，围绕科技改变生活、推进发展、引领未来，率先走出创新驱动发展的新路；体现中心城市的辐射带动服务功能，根据国家战略部署，当好全国改革开放排头兵、创新发展先行者，为我国经济保持中高速增长、迈向中高端水平作出应有的贡献。

面向未来的奋斗目标是，努力把上海建设成为世界创新人才、科技要素和高新科技企业集聚度高，创新创造创意成果多，科技创新基础设施和服务体系完善的综合性开放型科技创新中心，成为全球创新网络的重要枢纽和国际性重大科学发展、原创技术和高新科技产业的重要策源地之一，跻身全球重要的创新城市行列。

实现这个目标，前提是打好基础，关键要强化功能，只争朝夕，持续推进。2020 年前，形成科技创新中心基本框架体系，为长远发展打下坚实基础。政府管理和服务创新取得重要进展，市场配置创新资源的决定性作用明显增强，以企业为主体的产学研用相结合的技术创新体系基本形成，科技基础设施体系和统一开放的公共服务平台构架基本建成，适应创新创业的环境全面改善，科技创新人才、创新要素、创新企业、创新组织数量和质量位居全国前茅，重要科技领域和重大产业领域涌现一批具有国际领先水平并拥有自主知识产权和核心技术的科技成果和产业化项目，科技进步贡献率全面提升。再用 10 年时间，着力形成科技创新中心城市的核心功能，在服务国家参与全球经济科技合作与竞争中发挥枢纽作用，为我国经济发展提质增效升级作出更大的贡献。走出一条具有时代特征、中国特色、上海特点的创新驱动发展的新路，创新驱动发展走在全国前头、走到世界前列。基本形成较强的集聚辐射全球创新资源的能力、重要创新成果转移和转化能力、创新经济持续发展能力，初步成为全球创新网络的重要枢纽和最具活力的国际经济中心城市之一。最终要全面建成具有全球影响力的科技创新中心，成为与我国经济科技实力和综合国力相匹配的全球创新城市，为实现"两个一百年"奋斗目标和中华民族伟大复兴的中国梦，提供科技创新的强劲动力，打造创新发展的重要引擎。

（二）总体要求。建设科技创新中心，要深入贯彻落实党的十八大和十八届三中、四中全会精神，体现中央要求，把握好"五个坚持"。

坚持需求导向和产业化方向。面向经济社会发展主战场，推进科技创新，围绕产业链部署创新链，着力推动科技应用和创新成果产业化，解决经济社会发展的现实问题和突出难题。

坚持深化改革和制度创新。发挥市场配置资源的决定性作用和更好发挥政府作用，着力以开放促改革，破除一切制约创新的思想障碍和制度藩篱，全面激发各类创新主体的创新动力和创造活力，让一切创造社会财富的源泉充分涌流。

坚持以集聚和用好各类人才为首要。把人才作为创新的第一资源，集聚一批站在行业科技前沿、具有国际视野和产业化能力的领军人才，大力引进培育企业急需的应用型高科技创新人才，充分发挥企业家在推进技术创新和科技成果产业化中的重要作用，打通科技人才便捷流动、优化配置的通道，建立更为灵活的人才管理机制，强化分配激励，鼓励人才创新创造。

坚持以合力营造良好的创新生态环境为基础。尊重科技创新和科技成果产业化规律，培育开放、统一、公平、竞争的市场环境，建立健全科技创新和产业化发展的服务体系和支持创新的功能型平台，建设各具特色的创新园区，营造鼓励创新、宽容失败的创新文化和社会氛围。

坚持聚焦重点有所为有所不为。瞄准世界科技前沿和顶尖水平，选准关系全局和长远发展的战略必争之地，立足自身有基础、有优势、能突破的领域，前瞻布局一批科技创新基础工程和重大战略项目，支持企业通过各种途径获得若干重要产业领域的关键核心技术，实现科技创新的跨越式发展。

二、建立市场导向的创新型体制机制

清除各种障碍，让创新主体、创新要素、创新人才充分活跃起来，形成推进科技创新的强大合力，核心是解决体制机制问题，突破创新链阻断瓶颈。

（三）着力推进政府管理创新。针对企业创新投资难、群众创业难、科技成果转化难，加快政府职能转变，简政放权，创新管理。加大涉及投资、创新创业、生产经营、高技术服务等领域的行政审批清理力度。保留的行政审批事项一律依法向社会公开，公布目录清单，目录之外不得实施行政审批。市级部门和各区县政府没有行政审批设定权，凡自设的各种行政审批必须全面清理、取消。对企业创新投资项目，取消备案审批。改革创新创业型初创企业股权转让变更登记过于繁杂的管理办法，按照市场原则和企业合约，允许初创企业依法合规自愿变更股东，工商管理部门不实施实质性认定审查，依法合规办理变更登记。全面推进全过程信用管理。

放宽"互联网＋"等新兴行业市场准入管制，改进对与互联网融合的金融、医疗保健、教育培训等企业的监管，促进产业跨界融合发展。放宽企业注册登记条件，允许企业集中登记、一址多照，便利创业。认真梳理政府部门及其授权的办证事项，坚决取消不必要的办证规定，便利创新创业和企业有效经营。主动探索药品审评、审批管理制度改革，争取设立国家食品药品监管总局药品审评中心上海分中心，争取试点开展创新药物临床试验审批制度改革，争取试点推行上市许可与生产许可分离的创新药物上市许可人持有制度。公务用车和公共交通车辆优先采购使用新能源汽车，多途径鼓励家庭购买使用新能源汽车，扩大新能源汽车应用领域。研究放宽版权交易管理限制。整合精简检验检测服务行政审批事项。

深入推进地理位置类、市场监管类、民生服务类等政务公共数据资源开放应用，鼓励社会主体对政务数据资源进行增值业务开发。建立市与区县政府部门横向互通、纵向一体的信息共享共用机制。

（四）改革财政科技资金管理。改变部门各自分钱分物的管理办法，建立跨部门的财政科技项目统筹决策和联动管理制度，综合协调政府各部门科技投入专项资金，建立覆盖基础研究、应用研究和产业化的项目投入管理和信息公开平台，调整优化现有各类科技计划（专项）。

对基础前沿类科技计划（专项），强化稳定性、持续性的支持；对市场需求明确的技术创新活动，通过风险补偿、后补助、创投引导等方式发挥财政资金的杠杆作用，促进科技成果转移转化和资本化、产业化。实施科技计划（专项）绩效评价，主动向社会公开，接受公众监督和审计监督。

降低政府采购和国有企业采购门槛，扩大对本市中小型科技企业创新产品和服务的采购比例。制定创新产品认定办法，对首次投放市场的创新产品实施政府采购首购政策，通过订购及政府购买服务等方式支持创新产品，鼓励采取竞争性谈判、竞争性磋商、单一来源采购等非招标方式实施首购、订购及政府购买服务。研究制定高端智能装备首台（套）突破及示范应用政策。

（五）深化科研院所分类改革。推进政事、政企分离，建立现代科研院所分类管理体制。扩大科研院所管理自主权和个人科研课题选择权，探索研究体现科研人员劳动价值的收入分配制度。对前沿和共性技术类科研院所，建立政府稳定资助、竞争性项目经费、对外技术服务收益等多元投入发展模式。探索建立科研院所创新联盟，以市场为导向、企业为主体、政府为支撑，组织重大科技专项和产业化协同攻关。

（六）健全鼓励企业主体创新投入的制度。积极贯彻国家有关要求，完善企业研发费用计核方法，调整目录管理方式，扩大研发费用加计扣除优惠政策适用范围。落实国家对包括天使投资在内的投向种子期、初创期等创新活动投资的相关税收支持政策。实施国家调整创业投资企业投资高新技术企业条件限制的规定、允许有限合伙制创业投资企业法人合伙人享受投资抵扣税收优惠政策。

完善国有企业经营业绩考核办法，加大创新转型考核权重。分类实施以创新体系建设和重点项目为核心的任期创新转型专项评价。对科技研发、收购创新资源和重大项目、模式和业态创新转型等方面的投入，均视同于利润。实施对重大创新工程和项目的容错机制，引入任期激励、股权激励等创新导向的中长期激励方式。

（七）完善科技成果转移转化机制。下放高校和科研院所科技成果的使用权、处置权、收益权，对高校和科研院所由财政资金支持形成，不涉及国防、国家安全、国家利益、重大社会公共利益的科技成果，主管部门和财政部门不再审批或备案，由高校和科研院所自主实施转移转化，成果转移转化收益全部留归单位。争取支持科技成果转移转化的普惠税制等在上海先行先试。

促进技术类无形资产交易，建立市场化的国有技术类无形资产可协议转让制度，试点实施支持个人将科技成果、知识产权等无形资产入股和转让的政策。探索知识产权资本化交易，争取国家将专利质押登记权下放至上海，探索建立专业化、市场化、国际化的知识产权交易机构，逐步开展知识产权证券化交易试点。

三、建设创新创业人才高地

创新驱动实质是人才驱动。要实施更加积极的人才政策，建立更加灵活的人才管理制度，优化人才创新创业环境，充分发挥市场在人才资源配置中的决定性作用，激发人才创新创造活力，让各类人才近者悦而尽才、远者望风而慕。

（八）进一步引进海外高层次人才。缩短外籍高层次人才永久居留证申办周期。简化外籍高层次人才居留证件、人才签证和外国专家证办理程序。对长期在沪工作的外籍高层次人才优先办理 2 至 5 年有效期的外国专家证。建立外国人就业证和外国专家证一门式受理窗口，对符合条件的人才优先办理外国专家证，放宽年龄限制。开展在沪外国留学生毕业后直接留沪就业试点。完善上海市海外人才居住证（B 证）制度，降低科技创新人才申请条件，延长有效期限最高到 10 年。

（九）充分发挥户籍政策在国内人才引进集聚中的激励和导向作用。完善居住证积分、居住证转办户口、直接落户的人才引进政策体系，突出市场发现、市场认可、市场评价的引才机制，加大对创新创业人才的政策倾斜力度。对通过市场主体评价的创新创业人才及其核心团队，直接赋予居住证积分标准分值。对通过市场主体评价且符合一定条件的创业人才、创业投资管理运营人才、企业科技和技能人才、创新创业中介服务人才，居住证转办户口年限由 7 年缩短为 2 至 5 年。对获得一定规模风险投资的创业人才及其核心团队、在本市管理运营的风险投资资金达到一定规模且取得经过市场检验的显著业绩的创业投资管理运营人才及其核心团队、市场价值达到一定水平的企业科技和技能人才、经营业绩显著的企业家人才、在本市取得经过市场检验的优异业绩的创新创业中介服务人才及其核心团队，予以直接入户引进。建立统一的落户管理信息平台，实现一口受理、信息共享，优化户籍引进人才申请落户"社区公共户"的审批流程。

（十）创新人才培养和评价机制。建设创新型大学，在自主招生、经费使用等方面开展落实办学自主权的制度创新。根据上海未来发展需求，在高校建设若干国际一流学科，培育一批在国际上有重要影响力的杰出人才。推进部分普通本科高校向应用技术型高校转型，探索校企联合招生、联合培养模式。改革基础教育培养的模式，强化兴趣爱好和创造性思维培养。加强科学普及，办好一批有影响的科普类场馆、网站、期刊和广播电视科技类节目，实施提升公民科学素养行动计划。

尊重市场经济规律和人才成长规律，改革人才计划选拔机制。探索建立全市统一的人才资助信息申报经办平台，避免重复资助和交叉资助。对国有企事业单位科研人员和领导人员因公出国进行分类管理，对技术和管理人员参与国际创新合作交流活动，实行有别于领导干部、机关工作人员的出国审批制度。

健全人才评价体系，对从事科技成果转化、应用开发和基础研究的人员分类制定评价标准，强化实践能力评价，调整不恰当的论文要求。对符合条件的海外高层次留学人才及科技创新业绩突出、成果显著的人才，开辟高级职称评审绿色通道。引入专业性强、信誉度高的第三方专业机构参与人才评价。

（十一）拓展科研人员双向流动机制。鼓励科研人员在职离岗创业。允许高校和科研院所等事业单位科研人员在履行所聘岗位职责前提下，到科技创新型企业兼职兼薪。科研人员可保留人事关系离岗创业，创业孵化期 3 至 5 年内返回原单位的，工龄连续计算，保留原聘专业技术职务。鼓励高校拥有科技成果的科研人员，依据张江国家自主创新示范区股权激励等有关政策和以现金出资方式，创办科技型企业，并持有企业股权。

鼓励高校设立科技成果转化岗位，对优秀团队，增加高级专业技术岗位职数。允许企业家和企业科研人员到高校兼职，试点将企业任职经历作为高校工程类教师晋升专业技术职务的重要条件。制定实施高校大学生创业办法，支持在校学生休学创办科技型企业，创业时间计入实践教育学分。扶持大学生以创业实现就业，落实各项鼓励创业的政策措施。

（十二）加大创新创业人才激励力度。构建职务发明法定收益分配制度，允许国有企业与发明人事先约定科技成果分配方式和数额；允许高校和科研院所科技成果转化收益归属研发团队所得比例不低于70%，转化收益用于人员激励的部分不计入绩效工资总额基数。

完善科研院所绩效工资和科研经费管理制度，给予基础科研稳定的财政拨款或财政补助，提高科研项目人员经费比例。探索采用年薪工资、协议工资、项目工资等方式聘任高层次科技人才。

对高校和科研院所以科技成果作价入股的企业，放宽股权激励、股权出售对企业设立年限和盈利水平的限制。探索实施国有企业股权激励和员工持股制度，试点国有科技创新型企业对重要科技人员和管理人员实施股权和期权激励。积极落实国家关于高新技术企业和科技型中小企业科研人员通过科技成果转化取得股权奖励收入时，可在5年内分期缴纳个人所得税的税收优惠政策，并积极争取进一步完善股权奖励递延缴纳个人所得税办法。

妥善解决各类人才住房、医疗、子女入学等现实问题，鼓励人才集聚的大型企事业单位和产业园区利用自用存量用地建设单位租赁房或人才公寓。优化海外人才医疗环境，鼓励支持具备条件的医院加强与国内外保险公司合作，鼓励医院与商业医疗保险直接结算。支持国内社会组织兴办外籍人员子女学校。加大科技成果转化司法保障力度，明确界定执法标准，依法维护科研人员创新创业合法权益。

（十三）推进"双自"联动建设人才改革试验区。发挥中国（上海）自由贸易试验区和张江国家自主创新示范区政策叠加和联动优势，率先开展人才政策突破和体制机制创新，探索简化海外高层次人才外汇结汇手续，探索设立民营张江科技银行，建设海外人才离岸创业基地，推进人才试点政策在全市复制推广。建立与国际规则接轨的高层次人才招聘、薪酬、考核、科研管理、社会保障等制度，支持高校和科研院所试点建立"学科（人才）特区"，实施长聘教职制度，构建灵活的用人机制。

四、营造良好的创新创业环境

没有好的创新生态环境，不可能孕育成长科技创新中心。要秉持开放理念，弘扬创新文化，培育大众创业、万众创新的沃土，集聚国内外创新企业、创新要素和人才，共同推进科技创新中心建设。

（十四）促进科技中介服务集群化发展。重点支持和大力发展研究开发、技术转移、检验检测认证、创业孵化、知识产权、科技咨询、科技金融等专业科技服务和综合科技服务，培育一批知名科技服务机构和骨干企业，形成若干个科技服务产业集群。按照市场化、专业化原则，加快推进技术评估、知识产权服务、第三方检验检测认证等机构改革。培育市场化新型研发组织、研发中介和研发服务外包新业态。发挥科技类行业协会作用。

完善高新技术企业认定管理有关办法，按照国家将科技服务内容及其支撑技术纳入国家重点支持的高新技术领域的规定，对认定为高新技术企业的科技服务企业，减按15%的税率征收企业所得税。

充分发挥国家级技术转移交易平台的功能作用，建立与国际知名中介机构深度合作交流的渠道，打造辐射全球的技术转移交易网络，建立健全市场化、国际化、专业化的营商服务体系。

（十五）推动科技与金融紧密结合。扩大政府天使投资引导基金规模，强化对创新成果在种子期、初创期的投入，引导社会资本加大投入力度，对引导基金参股天使投资形成的股权，5年内可原值向天使投资其他股东转让。创新国资创投管理机制，允许符合条件的国有创投企业建立跟投机制，并按照市场化方式确定考核目标及相应的薪酬水平。允许符合条件的国有创投企业在国有资产评估中使用估值报告，实行事后备案。对已投资项目发生非同比例增减资，而国有创投企业未参与增减资的经济行为，允许国有创投企业出具内部报告。

支持保险机构开展科技保险产品创新，探索研究科技企业创业保险，为初创期科技企业提供创业风险保障。支持保险机构与创投企业开展合作。

支持商业银行设立全资控股的投资管理公司，与银行形成投贷利益共同体，探索实施多种形式的股权与债权相结合的融资服务方式，实行投贷联动。发挥民营银行机制灵活优势，创新科技金融产品和服务。鼓励商业银行科技金融服务专营机构加大对科技企业信贷投放力度。组建政策性融资担保机构或基金。建立政策性担保和商业银行的风险分担机制，引导银行扩大贷款规模、降低中小企业融资成本。

加快在上海证券交易所设立"战略新兴板"，推动尚未盈利但具有一定规模的科技创新企业上市。争取在上海股权托管交易中心设立科技创新专板，支持中小型科技创新创业企业挂牌。探索建立资本市场各个板块之间的转板机制，形成为不同发展阶段科技创新企业服务的良好体系。探索建立现代科技投资银行。建设股权众筹平台，简化工商登记流程，探索开展股权众筹融资服务试点。

（十六）支持各类研发创新机构发展。继续完善鼓励外资研发中心发展的相关政策，进一步吸引支持跨国公司在沪设立研发中心，鼓励其升级成为参与母公司核心技术研发的大区域研发中心和开放式创新平台。支持外资研发机构参与本市研发公共服务平台建设，承接本市政府科研项目，与本市单位共建实验室和人才培养基地，联合开展产业链核心技术攻关。大力支持本土跨国企业在沪设立全球研发中心、实验室、企业技术研究院等新型研发机构。鼓励有实力的研发机构在基础研究和重大全球性科技领域，积极参与国际科技合作、国际大科学计划和有关援外计划，营造有利于各类创新要素跨境流动的便利化环境。

优化境外创新投资管理制度。积极支持本土企业以境外投资并购等方式获取关键技术，鼓励国内企业去海外设立研发中心。探索以共建合作园、互设分基地、成立联合创投基金等多种方式，深化国际创新交流合作。用好国家会展中心和上交会、工博会、浦江创新论坛等载体，打造具有国际影响力的科技创新成果展示、发布、交易、研讨一体化的合作平台。

（十七）建造更多开放便捷的众创空间。实施"互联网＋"行动计划，推动大数据发展，持续推进智慧城市建设，提升网络通信能级，降低网络通信费用，加快推动信息感知和智能应用。扶持"四新"企业发展，建设国家"四新"经济实践区。整合各类科技资源，推进大型科学仪器设备、科技文献、科学数据等科技基础条件平台建设，加快财政投入的科研基础设施向创新创业中小企业开放，建立健全开放共享的运行服务管理模式和支持方式，制定相应的公众用户评价体系和监督奖惩办法。

大力扶持众创空间发展。鼓励发展混合所有制的孵化机构，支持有优势的民营科技企业搭建孵化器等创新平台，探索设立国有非企业研发机构，引导协同创新。扶持发展创业苗圃、孵化器、加速器等创业服务机构，支持创建创业大学、创客学院，鼓励存量商业商务楼宇、旧厂房等资源改造，促进市区联动、社会力量参与，提供开放的创新创业载体。鼓励支持创造创意活动，培养具有创造发明兴趣、创新思维和动手能力的年轻创客，扶持更多创新创业社区。

（十八）强化法治保障。统筹推进地方立法，及时开展涉及创新的法规、规章的立改废释工作。制定科技成果转移、张江国家自主创新示范区条例等地方性法规。修订科学技术进步、促进中小企业发展专利保护等条例。对改革创新实践迫切需要的探索，依法作出授权，予以先行先试。

实行严格的知识产权保护。建立知识产权侵权查处快速反应机制，推进知识产权民事、行政、刑事"三合一"审判机制，发挥上海知识产权法院作用。建立健全知识产权多元纠纷解决机制，为企业"走出去"提供知识产权侵权预警、海外维权援助等服务。健全知识产权信用管理制度，将符合条件的侵权假冒案件信息纳入本市公共信用信息服务平台，强化对侵犯知识产权等失信行为的惩戒。

五、优化重大科技创新布局

瞄准世界科技前沿和顶尖水平，在基础建设上加大投入力度，在科技资源上快速布局，力争在基础科技领域作出大的创新，在关键核心技术领域取得大的突破。

（十九）加快建设张江综合性国家科学中心和若干重大创新功能型平台。在张江上海光源、蛋白质科学设施等重大科学设施基础上，依托优秀科研机构和知名大学集聚优势，建设世界级大科学设施集群。积极争取承担超强超短激光、活细胞成像平台、海底观测网等新一批国家大科学设施建设任务，形成具有世界领先水平的综合性科学研究试验基地。创建有国际影响力的高水平研究大学，汇聚全球顶尖科研机构和科学大师，引进海外顶尖科研领军人物和一流团队，建设全球领先的科学实验室，开展世界前沿性重大科学研究，探索建立张江综合性国家科学中心运行管理新机制，营造自由开放的科学研究制度环境。

建设若干重大创新功能型平台，在信息技术、生物医药、高端装备等领域，重点建设若干共性技术研发支撑平台，建设一批科技成果转化服务平台。

（二十）实施一批重大战略项目，布局一批重大基础工程。服务国家战略，积极争取国家支持，重点推进民用航空发动机与燃气轮机、大飞机、北斗导航、高端处理器芯片、集成电路制造及配套装备材料、先进传感器及物联网、智能电网、智能汽车和新能源汽车、新型显示、智能制造与机器人、深远海洋工程装备、原创新药与高端医疗装备、精准医疗、大数据及云计算等一批重大产业创新战略项目建设。把握世界科技进步大方向，积极推进脑科学与人工智能、干细胞与组织功能修复、国际人类表型组、材料基因组、新一代核能、量子通信、拟态安全、深海科学等一批重大科技基础前沿布局。

（二十一）建设各具特色的科技创新集聚区。加快建设张江国家自主创新示范区，瞄准世界一流科技园区目标，率先开展体制机制改革试验，推动园区开发管理模式转型，深化功能布局、产业布局、空间布局融合，充分发挥科技创新和科技成果产业化的示范带动作用。聚焦张江核心区和紫竹、杨浦、漕河泾、嘉定、临港等重点区域，突出各自特色，发挥比较优势，结合城市更新，打造创新要素集聚、综合服务功能强、适宜创新创业的科技创新中心重要承载区。

各区县要因地制宜、主动作为，利用中心城区和郊区不同区位条件和资源禀赋优势，创新政府管理，搭建开放创新平台，完善创业服务体系，提升环境品质，营造大众创业、万众创新的良好环境，闯出因地制宜、各具特色的创新发展新路。

（二十二）制定若干配套政策文件。围绕强化创新活力、强化科技成果转化、强化发挥人才作用，制定促进科技成果转移转化、完善金融支持体系、鼓励各类主体创新、加大知识产权运用和保护力度、激励创新创业人才等一批配套政策文件，形成可操作的具体实施计划和工作方案，加快落实各项政策措施。

建设具有全球影响力的科技创新中心是一项系统工程，需要长期艰苦努力，必须统筹谋划、周密部署、精心组织、认真实施。要加强组织领导，建立市推进科技创新中心建设领导小组，由市委、市政府主要领导挂帅，各相关部门共同参与，及时协调解决推进中的问题。要按照中央要求，加强与国家相关部门对接，争取成为首批国家系统全面创新改革试验城市，进一步完善试点方案和张江综合性国家科学中心方案。要充分依靠区县和重要科技创新集聚区大胆探索，加快推进创新发展。要积极融入"一带一路"、长江经济带等国家战略，促进长三角地区科技创新联动发展。

各级党委、政府要把科技创新中心建设摆在发展全局的核心位置，明确责任，分解任务，真抓实干。改革完善创新驱动导向评价机制和考核办法，把创新业绩纳入对领导干部考核范围。加强宣传舆论引导，实施营造创新文化氛围的行动方案，加强对创新主体、创新过程、创新成就的宣传，树立一批破难关、勇创新的先进典型，广泛发动社会参与，为加快推进具有全球影响力的科技创新中心建设营造良好环境。

附录4 《佛山市全面建设国家创新型城市促进科技创新推动高质量发展若干政策措施》

为贯彻落实《广东省人民政府印发关于进一步促进科技创新的若干政策措施的通知》（粤府〔2019〕1号），深入实施创新驱动发展战略，以全面建设国家创新型城市为总目标，促进科技创新推动高质量发展，为粤港澳大湾区建设具有全球影响力的国际科技创新中心作出佛山贡献，制定以下政策措施。

一、全面融入粤港澳大湾区国际科技创新中心建设

（一）创新体制机制，按照"市统筹、区建设"思路和"三专、三不变"原则（搭建专门架构、打造专业队伍、专注建设发展，保持行政区划、财政管理体制、建设发展主体责任不变），市财政每年投入不少于5亿元建设引导资金，集聚全市人力、物力、财力、精力，将"三龙湾"高端创新集聚区打造成为对接广深港澳的门户枢纽、创新发展核心、高质量发展示范区、城市建设标杆。〔责任单位：佛山中德工业服务区（佛山新城）管委会，市委编办，市发展改革局、科技局、自然资源局、财政局〕

（二）经认定为省港澳青年创新创业基地的，市财政给予每家500万元资助并享受省级孵化器相关优惠政策；落户港澳青年创新创业基地或基地内孵化的中国创新创业大赛（港澳台赛）获奖企业，市财政最高给予100万元奖补。（责任单位：市科技局、教育局、人力资源社会保障局、

财政局）

（三）港澳地区高校、科研机构可牵头或独立申报市财政科技创新资金项目；建立市财政科研资金跨境港澳使用机制，项目资金可直接拨付至港澳两地机构。（责任单位：市财政局、科技局）

（四）减轻在我市工作的港澳、外籍高层次人才和紧缺人才工资薪金所得税税负，由其单位所在区财政按内地与香港个人所得税税负差额给予补贴，该补贴免征个人所得税。（责任单位：市财政局、市税务局）

（五）试行港澳人才享受我市企业职工基本养老保险延缴政策。对在我市工作并且属于非事业编制、达到法定退休年龄、累计缴费不足 15 年的港澳人员，可延缴企业职工基本养老保险；延缴至男性满 65 周岁、女性满 60 周岁时缴费年限仍不足 15 年的，可一次性趸缴。鼓励用人单位为外籍人才建立商业补充养老医疗保险等多层次保险体系，对在我市工作、不能享受社会保险待遇，或达到法定退休年龄、累计缴费不足 15 年的外籍高层次人才和用人单位因需引进的外籍人才，用人单位可使用财政资金为其购买任期内商业养老和医疗保险；各用人单位应根据引才用才需要制定使用财政资金购买商业保险相应管理办法。（责任单位：市人力资源社会保障局、医保局）

二、着力构筑人才集聚发展高地

（一）国家重大科研创新项目立项课题（项目）负责人作为带头人组建的创新创业团队，可直接申报我市"全年申报、单独评审"类科技创新团队项目。（责任单位：市科技局）

（二）对在中国创新创业大赛等国家级赛事总决赛中获得一、二、三等奖和优秀奖的企业团队，并在我市实施项目产业化或创办企业的，市财政分别给予200 万元、100 万元、50 万元和 30 万元奖补，区财政按照不少于 1∶1 的比例给予配套。（责任单位：市科技局、财政局，各区人民政府）

（三）我市领军人才、创新团队带头人个人所得税市、区留存部分，市财政连续 3 年给予全额补助，领军人才自引进认定当年开始计算，创新

团队自项目通过验收当年开始计算。（责任单位：市财政局、人力资源社会保障局、科技局）

（四）市财政对新引进的领军人才每人给予200万至400万元安家补贴；博士和博士后、高级职称专业技术人才每人给予20万元至30万元安家补贴；对来佛山培养（实践）满3个月以上的博士研究生和硕士研究生，分别给予每人每月2 500元和1 500元生活补贴，每人可连续补贴10个月。鼓励各区根据实际情况给予配套。（责任单位：市人力资源社会保障局、教育局、财政局）

（五）鼓励机构和个人为我市举荐科技人才，每成功引进1个国家级创新人才团队，给予举荐者30万元奖励；每成功引进1名国家级科技领军人才，给予举荐者10万元奖励；每成功引进1个省级创新创业团队，给予举荐者20万元奖励；每成功引进1名省级科技领军人才，给予举荐者5万元奖励。（责任单位：市委组织部，市科技局、人力资源社会保障局）

三、加强基础研究和核心技术攻关

（一）3年内省市共同出资设立不少于1亿元的基础与应用基础研究联合基金，围绕我市创新发展的重大科学研究需求，开展基础与应用基础研究，培养优秀科学家团队，提升我市原始创新能力。（责任单位：市科技局、财政局）

（二）市财政每年安排不少于1亿元支持我市企事业单位开展制约产业发展的核心技术攻关；优先支持高新技术企业牵头申报产业技术研究专题及未来产业技术专题，重点支持高新技术企业创新联盟攻克关键核心共性技术。（责任单位：市科技局、财政局）

（三）吸引一批国家级、省级项目在我市开展延展性研究和产业化应用。加强省市联动，促使更多已结题、未转化的国家级、省级项目落地，市财政按照国家、省财政经费给予配套接续支持。鼓励我市企事业单位申报国家、省重大科技专项，市财政按照国家、省立项金额1∶1给予配套。（责任单位：市科技局、财政局）

（四）建立省以上科学技术奖培育项目库，对入库项目分两档分别给予 20 万元和 15 万元资助。对以我市企事业单位作为第一完成单位的国家和省科学技术奖获奖项目给予资助，国家科学技术奖特等奖资助 1 000 万元，一等奖资助 500 万元，二等奖资助 300 万元，国际科技合作奖资助 50 万元；广东省科学技术奖特等奖资助 500 万元，一等奖资助 300 万元，二等奖资助 100 万元，国际科技合作奖资助 20 万元。（责任单位：市科技局、财政局）

四、加大企业创新支持力度

（一）对进入省高新技术企业培育库的企业，市财政一次性资助 5 万元；对通过高新技术企业认定的企业一次性资助 10 万元；对完成整体搬迁落户我市、高新技术企业有效期在 1 年以上的企业，市财政一次性补助 10 万元。培育标杆高新技术企业，组织遴选一批标杆高新技术企业并给予每家 200 万元资助，市、区财政各承担 50%。鼓励高新技术企业加大研发投入，对已建研发准备金制度，并按规定在税务部门年度汇算清缴结束前申报企业研究开发费用税前加计扣除的高新技术企业，市财政每年安排不少于 2 亿元资金，根据企业在税务部门核定的研究开发费用数额按比例给予补助。（责任单位：市科技局、财政局，市税务局）

（二）建立佛山国家高新区瞪羚企业库，培育独角兽企业。开展瞪羚企业分类施策、独角兽企业"一企一策"靶向服务；市财政对新进入瞪羚企业库的企业每家资助 25 万元，达到独角兽企业标准的企业每家资助 1 000 万元。（责任单位：佛山高新区管委会、市财政局）

（三）支持有条件的企业、新型研发机构牵头联合高校、科研机构组建产业技术创新联盟，市财政择优给予每家 100 万元资助；支持行业内龙头高新技术企业牵头组建高新技术企业创新联盟，择优给予每家最高 50 万元的资助。（责任单位：市科技局、财政局）

（四）支持我市企业与国防类高校、科研机构及军工企业开展军民科技协同创新，共同承接国家级国防重大专项、核心技术攻关等，市财政按企业实际研发投入给予最高 35% 的资助，每家企业最高资助 500 万元；鼓励企事业单位获得军工产品科研生产相关资质，对新获得资质的单位，每个资质 50 万元资助。（责任单位：市委军民融合办，市财政局）

（五）扩大市科技创新券规模和适用范围，实现全国使用、佛山兑付，简化流程，提高效能，重点支持科技型中小企业购买创新创业服务。（责任单位：市科技局）

五、加快科技创新平台建设

（一）支持企业、高校和科研机构联合建设研发平台，对认定为省级新型研发机构或省级及以上技术创新中心的，市财政按省级及以上部门资助金额给予不少于 1：1 配套支持；经评估优秀的省级新型研发机构，市财政按省奖补金额给予 1：1 比例配套，鼓励各区根据实际情况给予配套。对获批建设国家重点实验室、国家工程研究中心的，一次性资助 1 000 万元；对获批建设省（企业）重点实验室的，一次性资助 200 万元；对获批建设省工程技术研究中心的，一次性资助 20 万元。（责任单位：市科技局、财政局）

（二）市级重大创新平台可自主确定工资和绩效工资总量，自主确定工资结构和比例及分配方式；自主设立的科技项目视同市级科技创新项目；自主管理财产和财政性资助，可使用财政性资金为高层次人才提供货币化的购房补贴；自主决策孵化企业投资，自行处置除建筑物、车辆和土地外的淘汰报废固定资产。（责任单位：市财政局、科技局）

（三）优化财政性资金采购流程，对高校和科研机构等创新平台科研急需的设备和耗材，采用特事特办、随到随办的采购机制，可采用竞争性磋商、竞争性谈判、询价等非招标采购方式，缩短采购周期；对于独家代理或生产的仪器设备，按程序确定采取单一来源采购等方式；国有企业利用国有资金采购科研仪器设备和耗材的，可参照上述规定执行。市级重大创新平台采购管理可参照省实验室采购授权有关文件执行。（责任单位：市发展改革局、财政局、科技局、国资委）

（四）事业单位性质的新型研发机构可设立多元投资的混合制运营公司，其管理层和核心骨干可以货币出资方式持有50%以上股份，理事会可批准授权运营公司负责新型研发机构经营管理；在实现国有资产保值增值的前提下，盈余的国有资产增值部分可按不低于50%的比例留归运营公司自主使用；对市参与建设的事业单位性质的新型研发机构，由其自主审批下属创投公司最高3 000万元的投资决策权。（责任单位：市财政局、科技局，市委编办）

六、加强科技创新载体建设

（一）以提高佛山国家高新区发展质量和效益为目标，以发展高科技、实现产业化为方向，创新高新区发展体制机制，全力推进产业转型升级，全面提升科技创新能力，努力将高新区建设成为创新驱动发展示范区、新兴产业集聚区、转型升级引领区、高质量发展先行区，形成区域经济新的增长极；结合佛山国家高新区"证照分离"改革，围绕企业注册、经营许可、科学研究等领域，新增下放一批市级行政审批服务事项至高新区，支持高新区申请省级审批权限；加大高新区财政投入力度，各高新园区的税收在原留成比例基础上，增加返还市级以下留成部分的10%，专项用于园区科技产业发展；市财政每年投入不少于5亿元建设引导资金，支持园区创新载体和环境建设。（责任单位：佛山高新区管委会，市委编办，市市场监管局、财政局、科技局）

（二）对新认定的国家级科技企业孵化器和国家级科技企业孵化器培育单位，分别给予资助200万元和100万元；对新认定的国家级"苗圃—孵化器—加速器"科技创业孵化链条建设示范单位，资助150万元；对新认定的国家级众创空间，资助50万元，已获市级财政补助的众创空间不重复资助；对运营良好的孵化器和众创空间，分别资助最高100万元和50万元；探索"离岸孵化"新模式，支持我市企事业单位在境外创新资源密集地区设立研发机构，直接利用境外高端人才、科研条件和创新环境等开展研发活动，认定为海外研发机构的，市财政一次性资助200万元。

（责任单位：市科技局、财政局）

（三）鼓励我市高校、科研机构建设孵化器等载体利用自有物业、闲置楼宇建设科技企业孵化器、加速器和众创空间，自主招租或授权运营机构公开招租；所上缴财政的租金收入全额返还，主要用于孵化器运营、科技服务人员奖励等；其孵化服务收入全部归属为科技成果转化收入，留归自主使用。（责任单位：市自然资源局、科技局）

（四）经市认定新组建的专业镇技术创新平台，每个资助50万元，各区按照不少于1∶1的比例给予配套。（责任单位：市科技局）

（五）省分配的占用征收林地定额，优先用于重大科技基础设施、省实验室、新型研发机构等重点科技创新项目建设，该类项目同期使用林地申请优先受理审核。落实国家级、省级科技企业孵化器免征房产税和城镇土地使用税政策；对国家级、省级科技企业孵化器为在孵对象提供孵化服务取得的收入，免征增值税。在符合规划、不改变用途的前提下，国家级科技企业孵化器利用原有科研用地，提高建筑系数、增加容积率的，新增建筑面积补交的地价款可按分期方式缴纳地价款，缴纳期限最长可达1年；建成后的房屋需整体确权，不可分割转让。（责任单位：市自然资源局、财政局，市税务局）

七、促进科技金融深度融合

（一）引导银行加大对科技型企业信贷支持力度，设立佛山市科技型企业信贷风险补偿资金，信贷产品风险分担比例最高可达90%，撬动银行机构向科技型企业投放信贷累计超过100亿元。（责任单位：市科技局、金融工作局、财政局）

（二）鼓励商业银行设立科技支行，对新认定的科技支行一次性资助20万元；对新开发的科技型企业第一笔融资额度达300万元以上的科技支行，一次性资助5万元，每家科技支行每年最高50万元；对科技型企业年末贷款余额首次达到5亿元的科技支行，一次性资助100万元，对科技型企业年末贷款余额首次达到10亿元的科技支行，一次性资助200万

元。（责任单位：市金融工作局、科技局、财政局）

（三）鼓励股权投资机构投资我市科技创新项目，对落户我市的私募股权投资基金投资我市的创新创业团队、高新技术企业、科技型中小企业、孵化器项目达到一定规模的，按累计实际投资额每达到500万元，给予其管理机构10万元资助，每家管理机构累计获资助最高200万元。（责任单位：市金融工作局、科技局、财政局）

八、深化科技领域"放管服"改革

（一）试行部分市级财政科研资金切块下达到区和重点科研机构等，由其自主立项、自主管理。（责任单位：市财政局、科技局，各区人民政府）

（二）减少项目实施周期内的各类评估、检查等活动，对同一项目同一年度的监督、检查、评估等结果互通互认，避免重复多头检查；自由探索类基础研究项目和实施周期3年以下（不含3年）的项目原则上以承担单位自我管理为主，一般不开展过程检查。（责任单位：市科技局、财政局、审计局）

（三）科研项目承担单位可全权调剂直接费用中所有科目，人力资源成本费不受比例限制；科研人员可以在研究方向不变、不降低申报指标的前提下自主调整研究方案和技术路线图，报科技主管部门备案。（责任单位：市科技局、财政局、审计局）

（四）鼓励本地高校、科研机构制定科技成果转移转化收益分配办法，将科技成果转移转化净收益的70%以上奖励给成果完成人或研发团队；市、区财政对职务科技成果转化现金奖励个人所得税地方留存部分全额用于奖补成果完成人。（责任单位：市科技局、财政局、教育局、人力资源社会保障局）

本政策措施自2019年6月8日起施行，有效期3年。此前有关规定与本政策措施不一致的，按照本政策措施执行。各区和各责任单位要结合实际情况在本政策措施的基础上研究制定具体实施措施或方案。鼓励中直、省属驻佛山企事业单位全面适用本政策措施。

附录5 《合肥市人民政府关于促进全市开发区改革和创新发展的实施意见》

各县（市）、区人民政府，市政府各部门、各直属机构：

　　为认真贯彻落实党的十九大精神，坚持以习近平新时代中国特色社会主义思想为指导，进一步加快推进开发区改革和创新发展，充分发挥开发区在全市决胜全面建成小康社会、夺取新时代中国特色社会主义伟大胜利中的引领带动作用。根据《国务院办公厅关于促进开发区改革和创新发展的若干意见》（国办发〔2017〕7号）和《安徽省人民政府关于促进全省开发区改革和创新发展的实施意见》（皖政〔2017〕98号）等文件精神，结合我市实际，现提出如下意见。

一、改革管理体制

　　（1）实施优化整合。以国家级和发展水平高的省级开发区为主体，整合区位相邻相近、产业关联同质的开发区，建立统一的管理机构、实行统一管理。县（市、区）原则上实行"一县一区"。被整合的开发区的地区生产总值、财政收入等经济统计数据，按托管（合作）协议的规定进行分成。支持有条件的开发区跨区托管产业结构合适、资源要素互补的开发区，开展跨省、跨市等多种形式的合作共建，实施"一区多园"模式。科学规划开发区功能布局，引导开发区实行特色化、差异化发展。（市发改委、市编办、市科技局、市商务局、市规划局、市统计局等按职责分工负责）

（2）完善开发区管理体制。加大简政放权力度，依照法定程序向开发区下放同级人民政府相应的经济管理权限。对需要所在地人民政府有关部门逐级转报的审批事项，探索简化申报程序，由开发区管理机构直接向审批部门转报。加快推进园区新企业设立和建设项目审批"单一窗口"服务，逐步实现项目前置审批向并联审批过渡。各开发区完善"3＋2"清单（权力清单、责任清单、涉企收费清单＋公共服务清单、中介服务清单），进一步明确开发区管理机构职责权限，全面推进依法行政。对具备条件的开发区，可实行与行政区合并的"城区合一、镇区合一"管理体制。（市编办、市政务服务中心、市发改委、市科技局、市商务局、市工商局、市物价局等按职责分工负责）

（3）探索市场化运营机制。推行"市场化运作、企业化经营"模式，支持通过政府购买服务等方式，引入社会资本参与开发区建设，探索多元化的开发区运营模式，鼓励社会资本在现有的开发区中投资建设、运营特色产业园。鼓励国内外社会资本、专业化园区运营商参与投资建设、运营开发区。进一步完善和细化跨行政区域经济总量和税收分享、环境总量分担等"飞地"政策，鼓励园区之间开展"共建、共管、共享"全方位合作，建立各具特色的跨区域合作园区或合作联盟。（市发改委、市科技局、市商务局、市金融办、市统计局等按职责分工负责）

二、提升创新能力

（4）加快创新驱动。依托战略性新兴产业集聚发展基地、重大工程与专项，在有条件的开发区优先布局工程（技术）研究中心、工程实验室、国家（部门）重点实验室等新型研发机构，对新认定的上述机构按照规定给予支持。建立以企业为主体、市场为导向、产学研深度融合的技术创新体系，支持开发区与省内外科研院所、高等学校"结对子"，建立产学研用基地。科研院所、高等学校科研人员在开发区兼职从事技术转移转化服务的，可按照规定取得报酬。到2020年，国家级开发区的首位产业要有1家以上服务全产业链的国家级公共创新平台，省级开发区的首位产业要有 2 家以上服务全产业链的省级公共创新平台，海关特殊监管区要与东部地区海关特殊监管区开展合作，积极承接加工贸易产业梯度转移，开展公共服务平台建设。支持开发区复制推广自由贸易试验区改革试点经验。激发企业创新活力，支持依托优势骨干企业建设国家和省认定的企业技术中心，加大高新技术企业培育力度，鼓励更多的企业成为国家高新技术企业。开发区申报的国家、省科技计划项目，同等条件下优先推荐。鼓励开发区打造创新创业人才高地，高校、科研机构转化职务科技成果以股权或出资比例形式给予科技人员的奖励，获奖人享受递延至取得分红或转让时适用 20% 税率征税优惠。支持开发区结合培育发展战略性新兴产业和园区主导产业，积极培养相关领域领军人才和专业技术人才。（市人才办、市发改委、市科技局、市商务局、市教育局、市人社局、市经信委、市地税局等按职责分工负责）

（5）优化产业结构。坚持质量第一、效益优先，以供给侧结构性改革为主线，进一步明晰各园区主导产业和首位产业，突出特色、错位发展，避免同质化竞争。顺应开发区转型升级发展规律，科学谋划转型升级项目，着力加快建设实体经济、科技创新、现代金融、人力资源协同发展的产业体系，提高全要素生产率。围绕"三重一创"建设，鼓励开发区实施战略性新兴产业集聚发展，优先推荐基地内符合条件的企业或建设项目申报国家、省市级重点产业技术与开发、重大专项、创新平台、发行战略性新兴产业债券等；优先支持基地内重大项目引进、重大创新平台布局。支持传统制造业通过技术改造向中高端迈进，促进信息技术与制造业结合。强化市四大开发区工业发展"主引擎"作用，突出先进制造业、战略性新兴产业、现代服务业等产业特色，主动对接国际标准，培育形成具有国内领先水平和全球竞争力的主导产业，建设具有国际竞争力的高水平园区；强化城区开发区产业转型"辐射源"作用，实施高密度高层次开发，发展适合人居环境的先进制造业、现代服务业和生活性服务业，增强开发区人口集聚支撑能力，推进开发区逐步向城市综合功能区转型；强化五县市开发区新型工业化"主战场"作用，着力培育全产业链，推进产业联动发展，提升县域工业园区基础设施配套水平和综合服务功能，培育形成具有国内和区域市场竞争力的产业集群，带动区域经济结构优化升级；强化拓展海关特殊监管区功能，发展国际中转、物流配送、转口贸易和保税加工等业务。坚持生态优先、绿色发展，大力发展绿色经济，支持开发区争创国家产城融合示范区、循环化改造示范园区、生态示范园区、产业转型升级示范区等试点。优先支持转型升级水平突出的开发区申报国家级开发区。（市发改委、市科技局、市商务局、市财政局、市经信委、市人社局、市国土资源局、市环保局、市科技局等按职责分工负责）

三、集聚要素资源

（6）推动集约发展。加强开发区土地节约集约利用评价工作，对发展较好、土地节约集约的开发区，需要新增建设用地指标的给予适度倾斜，符合条件的优先申报扩区。对投资强度超过 500 万元/亩或连续亩均税收超过 30 万元的项目，需要新增建设用地指标的优先给予支持。发挥各地积极性，支持开发区外购占补平衡指标。支持对现有工业用地追加投资、升级改造，利用存量工业房产发展生产性服务业以及创办创客空间、创新工厂等众创空间的，可在 5 年内继续按原用途和土地权利类型使用土地，5 年期满或涉及转让需办理相关用地手续的，在符合规划的前提下，可按新用途、新权利类型、市场价，以协议方式处理。允许工业用地使用权人按照有关规定经批准后对土地进行再开发，涉及原划拨土地使用权转让需补办出让手续的，可采取规定方式办理，并按照市场价缴纳土地出让价款。改造开发土地需办理有偿使用手续，符合协议出让条件的，可采取协议方式。支持开发区在严格贯彻土地利用规划和城镇规划的前提下，探索先租后让、租让结合的供地模式。（市国土资源局、市规划局、市发改委、市科技局、市商务局、市环保局等按职责分工负责）

（7）对接金融资本。大力推广政府和社会资本合作（PPP）模式，重点鼓励各类社会资本参与开发区公共产品和公共服务项目的投资、运营和管理，提高公共产品和公共服务供给能力与效率。鼓励开发区按市场化原则设立投资开发公司、担保公司、金融租赁公司、产业发展基金等投融资平台。支持符合条件的开发区运营企业在境外上市、发行债券融资。允许符合条件的开发区内企业在全口径外债和资本流动审慎管理框架下，通过贷款、发行债券等形式从境外融入本外币资金。支持开发区根据发展需要设立创新发展基金，扶持开发区内符合条件的企业和项目发展。（市发改委、市财政局、市金融办等按职责分工负责）

（8）优化营商环境。坚持基础设施建设适度超前，提升开发区道路、电力、供水、供热、供气、通信、治污等基础设施和为企业服务的公共信息、技术、物流等服务平台建设水平，推进开发区与所在城区基础设施配套和公共服务共享，统筹布局建设公共交通、市政设施、教育医疗等公共服务设施，提升开发区承载能力。支持建设和完善网上审批平台，优化开发区行政审批流程。一般性项目实现网上审批；必要的验证性审批集中受理，实行内部流转、限时办结、统一反馈、监督追责机制。支持开发区根据实际情况和主导产业的发展方向，在法律、法规、政策允许和权限范围内制定相应的招商引资优惠政策，与省、市政府出台的相关政策不重复享受，实现与发达地区政策的等高甚至超高对接。加强外籍人才的服务，对符合条件的外籍人才及其随行家属给予签证和居留便利。注重引进和培养高层次人才，选拔开发区高层次专家人才进行重点培养提升，开发区企业开展高级技师培训取得相应证书后，政府按规定给予补贴。（市城乡建委、市商务局、市招商局、市外办、市台办、市财政局、市科技局、市人才办、市人社局、市教育局、市工商局、市公安局、市规划局等按职责分工负责）

四、强化考核评价

（9）加强人才队伍建设。开发区管理机构是政府派出机关，按照干部管理权限，赋予并落实开发区中层干部（不含副处级及以上干部）任免权，实行任免后备案。鼓励支持各级干部到开发区任职、挂职、交流，在县域开发区工作经历，按有关规定视同基层工作经历。鼓励管理人员实行聘任（用）制、竞争上岗制、绩效考评制，努力形成人员能进能出、职位能上能下、待遇能高能低的管理机制。对专业岗位急需的高层次管理人才和招商人员可实行特岗特薪、特职特聘，支持和鼓励领军人才、经营管理人才、专业技术人才到开发区管理机构任职。有条件的开发区可以根据实际探索制定人事和薪酬制度改革方案，经所在地党委、政府审核批准后执行。在有条件的开发区进行全员聘用机制试点。（市委组织部、市人社局、市发改委、市科技局、市商务局等按职责分工负责）

（10）完善考核激励。进一步完善统计体制和报表报送机制，建立开发区工作年度例会制度。加大对开发区科学规划、结构优化、科技创新、特色和生态创建、功能完善、合作开发、管理服务和社会贡献等方面的督查。进一步完善考核机制，继续对开发区实施目标管理考核，并增加经济指标考核权重。根据全省开发区考核评价的结果，对在全省综合考核中排名居前的开发区给予奖励，并在项目、资金、土地、扩区升级等方面给予倾斜，优先支持申报国家级经济技术开发区、高新技术开发区；对在全省综合考核中排名处于后5位的开发区主要负责人进行约谈。（市政府督查目标办、市发改委、市科技局、市商务局、市统计局等按职责分工负责）

加快推进开发区改革和创新发展，是贯彻落实党的十九大精神、抢抓国家实施"一带一路"倡议、长江经济带等发展战略、落实新发展理念、加快转变经济发展方式的重要举措，对深化供给侧结构性改革、建设现代化经济体系、打造长三角世界级城市群副中心具有重要意义。各级各部门要高度重视，按照职责分工，密切协作，加强对开发区工作的指导和监督，共同开创开发区持续健康发展的新局面。

附录6 《中共武汉市委　武汉市人民政府关于加快推进全面创新改革建设国家创新型城市的意见》

　　为全面贯彻落实习近平总书记关于实施创新驱动发展战略一系列重要讲话和《中共中央、国务院关于深化体制机制改革加快实施创新驱动发展战略的若干意见》（中发〔2015〕8号）精神，以及国务院提出的关于开展武汉市国家创新型城市试点的要求，现就加快推进全面创新改革、建设国家创新型城市提出如下意见。

一、总体思路和主要目标

　　当前，以互联网为核心的新一轮科技革命和产业变革孕育兴起，正在重构城市之间的竞争格局，为武汉赶超国内外发达城市提供了重大机遇。在经济发展进入新常态的背景下，依靠要素驱动和资源消耗支撑的发展方式难以为继，必须加快创新驱动发展，让创新成为城市经济社会发展的第一动力。中央对武汉创新发展寄予厚望，《国务院关于依托黄金水道推动长江经济带发展的指导意见》（国发〔2014〕39号）明确提出，开展武汉市国家创新型城市试点。这是改革开放以来，武汉的最大机遇、最大使命。

　　全市上下必须以高度的责任感、使命感和紧迫感，汇聚全武汉地区创新力量，激发全市人民创新创业激情，用最好资源、最优政策、最多投入，全方位、全体系、全区域、全领域推进全面创新改革。要坚持问题导向，进一步明确政府的角色定位，着力破除各种体制机制障碍，让市场在创新资源配置中发挥决定性作用，让企业成为创新的主体力量。要坚持需求导向和产业化方向，按照"面向世界科技前沿、面向国家发展战略需求、面向国民经济主战场"的要求，瞄准未来产业方向，紧紧围绕产业链部署创新链、人才链、资金链，加快推进产业从"0"到"1"跃升，构建支撑城市未来发展的产业体系和产业创新体系，努力打造具有全球影响力、强大创新力、显著辐射力的国家创新型城市。

到2020年，形成具有全球影响力的国家创新型城市的基本框架。集聚一批优秀创新人才、研发转化一批国际领先科技成果、做大做强一批具有全球影响力的创新型企业、打造一批国际知名的创新品牌，基本形成具有武汉特色的自主创新体系，成为促进我国中部地区崛起和长江经济带建设的重要战略支点。全社会研究与试验发展（R&D）经费支出占地区生产总值（GDP）的比重达到35%。全市高新技术企业总数超过2 500家，高新技术产业产值突破16 500亿元，高新技术产业增加值占GDP比重达到25%。东湖国家自主创新示范区企业总收入达到3万亿元。全社会科技创新创业投资基金规模达到1 000亿元。技术合同成交额突破700亿元。万人有效发明专利拥有量达到25件以上。参与制定的国际标准数大幅度增加。公民具备基本科学素质比例超过15%。

到2030年，形成具有全球影响力的国家创新型城市的核心功能。成为全国高端创新要素集聚中心，成为知识创新的策源地、技术创新的枢纽地、创新创业的圆梦地。培育5家以上世界500强的知名高技术企业，培育和集聚跨国企业研发机构500家，产生一批国内市场占有率超过50%、全球市场占有率超过20%的高技术产品，战略性新兴产业总量规模进入全国副省级城市前三名，东湖国家自主创新示范区企业总收入达到15万亿元。培育发展一批世界一流学科，国家级科技基础设施数量居于全国城市前列，全社会研究与试验发展（R&D）经费支出占地区生产总值（GDP）的比重达到45%。全社会科技创新创业投资基金规模进入全国城市前三名。

到 2049 年，全面建成具有全球影响力的综合型、开放式的国家创新型城市。成为全球重要的科技创新高端要素配置中心、具有全球影响力的科技创新中心，走出一条具有时代特征、中国特色、武汉特点的创新驱动发展新路，为实现"两个一百年"奋斗目标和中华民族伟大复兴中国梦，提供科技创新的强劲动力，打造创新发展的重要引擎。形成若干在全球居于引领地位的战略性新兴产业集群，建成世界级大学之城，1 ~ 2 所大学成为世界一流大学，一批科研院所建成该领域全球技术中心。

二、完善以企业为主体、市场为导向的创新体制机制

（一）进一步强化企业在产业创新中的主体地位。发挥市场对技术研发方向、路线选择和各类创新资源配置的导向作用，引导创新资源向企业集聚，促进企业真正成为技术创新决策、研发投入、科研组织和成果转化的主体。支持企业建立研发机构，实现高新技术企业研发机构全覆盖。争取下放高新技术企业认定管理权限，将科技服务企业纳入高新技术企业认定范围，加快培育一批产值过百亿元甚至千亿元的高新技术领军企业。

降低政府采购和国有企业采购门槛，扩大对本地中小型科技企业创新产品和服务的采购比例。制定创新产品认定办法，对首次投放市场的创新产品实施政府采购首购政策，鼓励采取竞争性谈判、竞争性磋商、单一来源采购等非招标方式实施首购、订购及政府购买服务。研究制定高端智能装备首台（套）突破及示范应用政策。

（二）改革财政专项资金管理机制，支持企业创新发展。建立普惠性财税政策，变项目申报制和直接资助为"后补助""后奖励"及间接投入等方式支持企业开展研发活动。改革政府产业、科技等财政性资金管理体制机制，整合市级各类产业、科技财政资金，集中财力办大事；推进财政性资金由无偿拨款模式向政府引导基金和股权投资模式转变。争取国家政策支持，完善企业研发费用计核方法，调整目录管理方式，扩大研发费用加计扣除优惠政策适用范围。落实国家调整创业投资企业投资高新技术企

业条件限制的规定、允许有限合伙制创业投资企业法人合伙人享受投资抵扣税收优惠政策。

完善国有企业经营业绩考核办法，加大创新转型考核权重。分类实施以创新体系建设和重点项目为核心的任期创新转型专项评价。对科技研发、收购创新资源、业态创新转型等方面的投入，均视同于利润。实施对重大创新工程和项目的容错机制。

（三）开展高校院所考核奖评制度改革试点。深化职务科技成果管理、使用和处置权改革，构建市场导向的成果转化和技术转移机制。对高校院所的职务科技成果，除涉及国防、国家安全、国家利益、重大社会公共利益外，单位可自主处置，主管部门和财政部门不再审批。职务科技成果转化所得收益不上缴国库，全部留归单位，纳入单位预算，实行统一管理。职务科技成果转化所得净收益，按照不低于70%的比例归参与研发的科技人员及团队拥有。推进高校院所考核评价制度改革，在专业技术职称评聘中，确保一定比例的名额用于参与技术转移、成果转化和产业化的人员。支持在汉高校院所面向本地企业开展技术转移和技术合作，加强技术转移服务体系建设，培育壮大技术转移示范企业、示范机构、示范基地。

（四）完善创新驱动发展的政务环境。深化行政审批制度改革。加大涉及投资、创新创业、生产经营、高技术服务等领域的行政审批清理力度。保留的行政审批事项一律依法向社会公开，公布目录清单，目录之外不得实施行政审批。对企业创新投资项目，取消备案审批。改革创新创业型企业股权转让变更登记过于繁杂的管理办法，按照市场原则和企业合约，工商管理部门除对涉嫌虚假申请材料进行实质性审查需现场确认外，允许企业依法合规自愿登记变更股东时不要求当事股东亲自办理。全面推进全过程信用管理。

放宽企业注册登记条件，允许企业集中登记、一址多照，便利创业。主动探索药品审评、审批管理制度改革，争取试点开展创新药物临床试验审批制度改革，争取试点推行上市许可与生产许可分离的创新药物上市许可人持有制度。公务用车和公共交通车辆优先采购使用新能源汽车，多途径鼓励家庭购买使用新能源汽车，扩大新能源汽车应用领域。研究放宽版权交易管理限制。

大力推进政府由主导创新向服务创新转变。建立依托专业机构管理科研项目的机制，政府部门不再直接管理具体项目，最大限度地减少政府对企业创新创业活动的管制。推进政府各部门数据的互联互通和开放共享，加强政府组织结构、运作模式和服务模式创新，打造透明、开放、智能化、扁平化政府。

（五）建设知识产权强市。实施发明专利倍增计划。进一步提高知识产权拥有量，优化结构，大幅提升核心专利、知名品牌、版权精品和优良植物新品种数量。健全完善武汉知识产权交易所专利投融资综合服务平台功能和专利收储转化工作机制，探索建立专利收储制度，支持市场主体根据需要收储专利。完善知识产权服务体系，推进光谷国家知识产权示范区建设，大力吸引国内外知识产权专业服务机构集聚发展。探索设立武汉地区专利运营基金，促进高校院所知识产权开放共享，建立高校、院所、企业等共建共享的专利联盟、专利池和技术标准联盟，推动专利集成运营。完善专利申请快速通道，对小微企业亟须获得授权的核心专利申请开辟绿色通道。

实行严格知识产权保护制度。建立知识产权侵权查处快速反应机制，积极争取设立武汉知识产权法院。建立健全知识产权纠纷多元解决机制，为企业"走出去"提供知识产权预警分析、海外维权援助等服务。

健全知识产权信用管理制度。争取授权下放知识产权质押登记权，建立知识产权质押融资市场化风险补偿机制，简化知识产权质押融资流程，争取知识产权资本化、证券化试点。加强与全球知名技术转移网络和基金的合作，加快构建一批专业化、市场化、国际化的技术交易平台，大力发展技术经纪人队伍，建设立足武汉、服务全国的国家技术转移中部中心、长江经济带技术转移中心。

三、优化重大科技创新布局，打造国家级产业创新中心

进一步放大东湖新技术开发区、武汉经济技术开发区等国家级开发区引擎作用，打造特色产业集群和基地。发挥东湖国家自主创新示范区先行先试政策优势，推动东湖新技术开发区探索建设"自由创新区"，努力实现国内外人才自由流动、技术自由转化、资本自由融通，做大做强光电子信息、生物与健康、智能制造、新能源与节能环保、现代服务业等优势产业，加快建设世界一流高科技园区。推进武汉经济技术开发区建设汽车及零部件产业集群。推进武汉临空港经济技术开发区建设现代物流产业、电子商务、食品轻工业产业集群。推进武汉化工区建设化工新材料产业集群。

加快东湖新技术开发区"一区多园"试点，将可复制、可推广的先行先试政策逐步推广到全市各科技园区，带动各区突出特色、聚焦优势、错位发展，形成以东湖新技术开发区为龙头、各区协同推进的区域创新体系。深化"基金＋基地"发展模式，探索建立政府投入引导、社会资本参与的战略性新兴产业基金和园区。推动各区（开发区）工业园区转型升级，高标准规划与新建一批科技产业园区。积极推动科技园区的市场化管理改革，探索引入中介机构、企业及科研机构参与园区管理。

（六）加快推进战略性新兴产业成为千亿级支柱产业。坚持需求导向和产业化方向，集中力量打造信息技术、生命健康、智能制造三大战略性新兴产业，建成若干国家级产业创新中心，成为国家产业创新体系中的重要一极。积极发展新材料、新能源、节能环保等新兴产业和国防科技工业，加速赶超、引领步伐。进一步完善政府引导的产业基金运作模式，重点培育引进一批领军企业，在关键核心领域布局一批重大项目，打造全国主要的战略性新兴产业基地，加快培育形成若干新的千亿级产业。

信息技术产业。重点布局移动互联、集成电路、新型显示、地球空间信息、物联网、全光网络等领域，强力推进武汉新芯存储芯片研发制造基地建设，策划建设大数据、云计算等产业基地，加快研发大容量存储、新

型智能终端、新型路由交换、新一代基站、超大容量光纤传输、超强超快激光等设备，构建完整的信息通信制造研发体系，培育形成具有世界影响力的新一代信息技术产业集群。

生命健康产业。重点布局生物医药、医疗器械、生物农业、生物制造等领域，加快推动基因测序、干细胞与再生医学、分子靶向治疗、仿生科技等技术大规模应用，超前布局生命、信息、纳米等科技的融合创新领域，加快发展针对重大疾病的药物和医疗器械新产品，争取在一些领域抢占全球制高点，努力建设全国重要的生命健康产业中心。

智能制造产业。重点布局智能机器人、高端数控机床、增材制造等领域，打造全国重要的智能装备研发制造产业集群。推动人工智能技术突破发展，加快智能家居、智能汽车、智能船舶、无人机等产业化发展。

（七）全力推进"互联网+"行动，加快传统产业向中高端升级。将武汉建成"互联网+"创新创业的试验场。积极运用开放式创新思维，采用"外包"模式，变购买设备为买服务、买功能，加大对本土互联网企业"首台、首套、首创"产品的政府采购力度。采用众创、众研、众包、众规等方式，围绕长期困扰城市治理的难点、痛点问题，定期开展竞赛活动，吸引促进各类主体进行"互联网+"创新创业。探索在城市中心地带、生态环境优美的区域，着力打造若干"互联网+"应用示范区，探索试行适合"互联网+"发展的负面清单管理、工商登记、财政税收等特殊政策，鼓励发展"互联网+"新技术、新产品、新业态、新模式。

加快推进公共数据资源开放共享。建设政府大数据中心、政务云，尽快打通各部门"信息孤岛"，实现政府大数据互联互通，在保证安全的前提下，尽可能多地把数据尽快迁移到"云端"，鼓励企业对政务数据资源进行增值业务开发。大力发展智慧交通、智慧医疗、云教育等，力争智慧城市建设走在全国前列。

超前布局信息基础设施建设。创新城市新一代信息基础设施投资建设和运营模式，加快建设城市高速互联网，推进4.5G移动网络建设，尽快实现100兆宽带入户，城区重要公共场所免费WiFi全覆盖，食品、药品等主要消费品二维码全覆盖，做到网络收费全国最低、网络速度全国最快。

成立市推进"互联网＋"行动委员会，放宽"互联网＋"等新兴行业市场准入管制，改进对与互联网融合的金融、环保、医疗卫生、文化、教育等领域的监管，促进互联网与各行业、各产业跨界融合发展，推动产业转型升级。

大力发展电子商务、智慧物流、互联网金融等新兴服务业，支持武汉东湖综合保税区建设跨境电商产业园。完善农村信息化业务平台和服务中心，推动农产品生产、流通、加工、储运、销售、服务等环节的互联网化，助推农业现代化发展。

（八）大力发展工研院等新型技术创新机构。坚持企业化、市场化发展方向，着力构建集"研究所＋技术平台＋工程中心＋孵化育成中心"四位一体的新型创新创业平台。探索完善工研院发展体制机制和运作模式，聘请世界级的产业科学家主持运营，强化工研院自主决策和运行管理，建立企业化的决策管理机制、市场化的团队选聘及管理机制、科学合理的人才评价和激励机制。设立工研院发展专项引导基金，对工研院建设初期阶段收益归属政府部分及税收实行全额返还。探索采取企业主导、院校协作、多元投资、军民融合、成果分享的新模式，支持和鼓励国内外领军企业、高校院所、创新团队等各类主体在汉创办多种体制的工研院、产业技术创新战略联盟等新型技术创新机构。

四、推进大众创业、万众创新，激发全社会创新潜能和创业活力

（九）打造开放便捷的众创空间。以激发青年大学生、高校院所科研人员、大企业高管、留学归国人员创新创业活力为主线，抢抓"互联网＋"先机，通过建平台、降门槛、优服务，重点在培育创业主体、建设创业载体、鼓励创业活动、繁荣创业投资等方面取得创新和突破。结合"三旧"改造、城市有机更新，鼓励支持企业、投资机构、行业组织等社会力量投资建设或管理运营创客空间、创业咖啡、创新工场、微观装配实验室等新

型孵化载体，打造一批低成本、便利化、全要素、开放式的众创空间。扩大各类孵化器的数量和规模，引导现有孵化器提档升级。以东湖国家自主创新示范区为中心，打造环高校众创圈、大东湖创客带，在鲁巷、街道口等区域建设连片创业街区、创业园区。对各类新型孵化平台实施房租补贴和宽带网络等方面优惠扶持政策。鼓励各区（开发区）、高校、孵化器和社会各方面力量，利用老旧厂房、闲置房屋、商业设施等资源进行整合和改造提升，为众创免费提供专门场所。

（十）支持开展丰富多彩的创新创业活动。大力实施"摇篮工程""青桐计划"，全面鼓励和系统支持大学生创新创业，打造"全国青年创业圣地"。支持高校制定实施大学生创业办法，在校学生休学创办科技型企业，创业时间计入实践教育学分。策划举办"武汉国际创业周""科技节""科幻节"等一批创新创业主题节会，大力开展创新创业大赛、创客周、发明大赛、创业论坛、创客马拉松、青年创客营、创新成果和创业项目展示推介等活动和赛事，倾力打造青桐汇、光谷创新创业大赛等特色活动品牌，让武汉成为海内外创业先锋领袖的汇聚地、国际性创新创业活动的集聚地。建立健全创业辅导制度，支持高等院校、职业学校开设创业课程。

（十一）进一步完善创新创业配套服务体系。综合运用政府购买服务、资金补助、无偿资助、业务奖励等方式，鼓励支持技术创新、工业设计、质量检测、知识产权、信息网络、电子商务、中试孵化、企业融资、成果交易等众创服务平台建设。加强众创空间网络信息平台建设，通过政策集成和创新，发挥协同效应，实现创新与创业相结合、线上与线下相结合、孵化与投资相结合，为广大创新创业者提供良好的工作空间、网络空间、社交空间和资源共享空间，真正形成国内首屈一指的创新创业环境。实施科技创新券制度，鼓励企业开展各类研发活动。加强电子商务基础建设，提高小微企业市场竞争力。

积极推动创业教育，与在汉高校联手共建一批创业学院，支持社会力量创办各类创业教育培训机构，定期邀请全国知名创业企业家、天使投资人到武汉培训创业者，让更多的创业大学生和青年人在创业之前，接受创业教育、掌握创业技能，提高创业成功率。

五、完善人才发展机制，加快构建创新创业人才高地

（十二）实施"城市合伙人计划"。大力培育引进集聚创新创业者和创业投资人，把他们作为"城市合伙人"，结成"奋斗共同体"，共同怀抱改变世界的理想与情怀，共担风险，共历艰辛，共创未来，努力将武汉打造成为人才向往和首选的创新乐园、创业家园。

探索市场化人才选拔引进、扶持资助方式，以创业领军科学家、企业家和团队为重点，建立高层次人才分类认定标准和认定程序，给予相应的奖励补贴和生活保障等待遇。对获得 A 轮以上投资的企业引进高管团队和技术精英，政府给予一定补贴。实施"千企万人"支持计划，激励企业引进和培育高层次人才。拓宽引才平台和渠道，发挥"华创会""新侨沙龙"品牌作用，创办"高创会"等高端人才交流平台，在发达国家的创新中心设立实体化、常态化海外人才工作联络站，建立覆盖全球的海外高层次人才信息库。

建立完善战略性新兴产业基金与人才计划的衔接机制，实现人才链与资金链的有效对接。设立政府资金引导、社会资金参与的武汉人才创新创业投资基金，支持人才创新创业活动。设立股权激励代持专项资金，加快推进高新技术企业股权激励、员工持股。

积极打造国际人才自由港，探索建设海外人才离岸创业基地。营造国际化的服务环境，推进人才创新创业超市建设，引进培育一批国际化、专业化的人才中介服务机构。对符合条件的海外高层次留学人才及科技创新业绩突出、成果显著的人才，放宽高级职称评审限制。探索建立技术移民制度，规范和放宽外籍高层次人才取得外国人居留证的条件，简化居留证、人才签证和外国专家证办理程序。为外籍人士办理社会保险和购买商业性补充养老保险，解决海外高层次人才居留与生活难题。建立科技人员正常出国学术交流制度，放宽出国次数、时长限制。

按照不同层次，采取货币化补贴或实物配租方式，多渠道为创新创业

人才提供住房保障。吸引国内外资本和专业运营商，建设一批国际社区、国际医院、国际学校、国际体育文化和休闲娱乐设施。鼓励引导各类社会主体利用闲置厂房、商业用房、宿舍等，建设各类青年创业公寓、创业社区，为创新创业大学毕业生提供公租房。设立"社区公共户"，建立统一的落户管理平台，简化办理审批流程，为大学毕业生落户提供最大便利。

（十三）拓宽科研人员双向流动机制。推动高校院所按"人员用时打通"原则进行去行政化改革。允许高校院所等事业单位科研人员与企业家、企业科研人员，在履行所聘岗位职责前提下，开展双向兼职。科研人员可保留人事关系离岗创业，创业孵化期 5 年内返回原单位的，工龄连续计算，保留原聘专业技术职务。鼓励高校拥有科技成果的科研人员创办科技型企业，并依据东湖国家自主创新示范区股权激励等有关政策持有企业股权。

六、强化金融创新功能，建设科技金融特区

（十四）推动科技与金融结合，努力打造"天使之城"。加快建设多层次资本市场，推动金融资产、知识产权等各类要素交易市场建设发展，支持科技型企业在主板、创业板、新三板、科技板市场上市，加快武汉股权托管交易中心发展。创新财政科技投入方式，通过"资金变基金""间接补""后补助"、利用金融工具等方式，实现资金杠杆多级放大。设立市级天使投资母基金，同等比例募集社会资本设立天使子基金，由市发改委统筹监管，委托第三方市场化机构运营。大力培育和引进天使投资人，支持组建"长江天使汇"等天使投资俱乐部。落实国家对天使投资的相关税收支持政策，改革完善鼓励天使、风投、股权投资、并购等基金集聚发展的法规政策。

（十五）探索开展股权众筹融资服务试点。积极向国家争取公募股权众筹牌照，建立武汉众筹金融交易所。简化工商登记流程，探索开展股权众筹融资服务试点。支持金融机构联合创业风投资本设立科技银行、科技支行，大力开展科技保险、信用贷款、知识产权质押贷款等融资服务。支持符合条件的创新创业企业发行公司债券，支持符合条件的企业发行项目

收益债，募集资金用于加大创新投入。支持保险机构开展科技保险产品创
新、专利保险试点和小额贷款保证保险，探索研究科技企业创业保险，为
初创期科技企业提供创业风险保障。

（十六）发挥东湖新技术开发区"资本特区"的示范效应。创新国资
创投管理机制，允许符合条件的国有创投企业建立跟投机制，并按照市场
化方式确定考核目标及相应的薪酬水平。允许符合条件的国有创投企业在
国有资产评估中使用估值报告，实行事后备案。推进企业信用体系和中介
服务体系建设，创新银政企合作和服务模式，完善"政府＋保险＋银行"
的风险共担模式和风险补偿机制，推广光谷"萌芽贷"模式。支持商业
银行设立全资控股的投资管理公司，与银行形成投贷利益共同体，探索实
施多种形式的股权与债权相结合的融资服务方式，实行投贷联动。组建政
策性融资担保机构或基金，建立政策性担保和商业银行的风险分担机制，
引导银行扩大贷款规模、降低中小企业融资成本。

七、全力支持高校院所改革发展，加快建设世界一流大学

（十七）加快建设世界一流大学和学科。全力支持武汉大学、华中科
技大学加快建设世界一流大学。支持在汉高校与世界知名大学、研究机构
联合在汉创办国际合作大学、科研机构、实验室等。支持中科院武汉分院
等科研院所与在汉高校联合兴办高水平研究型大学。支持在汉高校加快推
进高等教育综合改革，创新办学体制、办学模式、管理体制，探索校董
会、教授治校等扩大自主权改革举措。按照"新投入用于新平台、新机制
配置新资源"的增量改革思路，打造"学术特区"，聚焦武汉地区高校优
势学科及科技产业变革和经济社会发展亟须的新兴学科，探索建立与世界
一流大学接轨的学科建设体制机制，在全球选聘领军科学家，集成资金、
人才等投入，加快建设一批具有世界影响力的学科。设立"会议大使"
制度，吸引一批全国和国际性高水平学术会议在汉举办，创办、协办国际
学术期刊。大力发展职业教育，突破性改革职业学院办学方式和体制机
制，探索职业教育"双轨制"模式，构建现代职业教育体系。

（十八）加快建设世界一流科研院所。面向国家战略需求，大力部署和建设国家"大科学工程"。联合在汉高校院所，主动争取国家实验室、大科学装置、多学科研究平台等国家级重大基础研究项目布局武汉。支持武汉大学、华中科技大学、中科院武汉分院等高校院所在汉建设卓越创新中心、创新研究院、大科学研究中心和特色研究所。

深化科研院所分类改革。建立现代科研院所分类管理体制。扩大科研院所管理自主权和个人科研课题选择权，探索研究体现科研人员劳动价值的收入分配制度。对前沿和共性技术类科研院所，建立政府稳定资助、竞争性项目经费、对外技术服务收益等多元投入发展模式。探索建立科研院所创新联盟，以市场为导向、企业为主体、政府为支撑，组织重大科技专项和产业化协同攻关。

（十九）加快推进大学之城建设。推动校区、社区、园区统一的空间规划、产业发展、生态文明建设、社会事业服务、社会治理，促进大学与城市共生融合发展。积极推动高校科研设施、文体设施、图书信息资源有序开放共享，深入推进社会公共服务进校园。支持大学深化招生制度改革，引导高校与中小学联动，推动中小学实施素质教育，巩固提升武汉基础教育在全国的竞争力。加快"教育云"建设，积极探索"慕课"等互联网教育模式创新。推动社会资本创新模式、创新方式进入教育领域。

八、全面提高开放创新水平，建设全球研发网络重要节点城市

（二十）集聚全球研发资源，打造国际创新高地。遵循开放式创新理念，积极融入全球创新网络，全面提升我市科技创新的国际化水平和在全球科技创新体系中的地位。依托各工业园区和科技园区，建设若干国际化、智慧化、专业化的研发产业基地，加快引进以跨国公司为主体的国际研发资源，鼓励跨国公司、国际高校院所、国际科技组织、国内大企业在汉设立研发中心、分支机构，组建跨境跨地区的产学研联盟，鼓励现有在汉研发中心升级成为参与母公司核心技术研发的区域研发总部和开放式创新平台。支持国际研发机构联合在汉单位协同研发。支持外资研发机构参

与本地研发公共服务平台建设，承接本地政府科研项目，与本地单位共建实验室和人才培养基地，联合开展产业链核心技术攻关。

（二十一）整合内生研发资源，深度参与国际科技合作与创新。推进与美国硅谷及芝加哥地区"双城双谷"合作，积极与世界级创新城市建立合作关系，通过探索共建国际级研发中心和合作园、互设分基地、成立联合创投基金等多种方式，加强政府间科技创新合作。推动在汉高校院所及企业加强与国际一流科研协会、行业协会交流合作，主动参与或牵头开展国际重大科学工程项目。建立海外研发投资风险准备金制度，支持企业开展境外并购重组和研发合作。支持领军企业在对外投资、出口成熟技术过程中形成标准和专利。支持企业在外设立研发中心，鼓励企业与国外一流高校院所建立合作研发中心或联合实验室。充分发挥"华创会""中博会""光博会""机博会"等载体作用，打造具有国际影响力的科技创新成果展示、发布、交易、研讨一体化合作平台。积极融入"一带一路"、长江经济带等国家战略，促进长江中游城市群科技创新联动发展。加快建设国际资源配置中心。

（二十二）推动科技协同创新，提升城市创新辐射能力。深入实施国际化水平提升计划，打造创新宜居环境和开放创新生态。加快建设中法武汉生态示范城。支持高校联合科研院所、企业积极争取国家"2011计划"，建设一批国家级协同创新中心。积极组建部市（省市）协同创新、军民融合发展的平台和联盟。支持企业与高校院所共建学科和专业、研发机构、技术转移中心、成果中试（转化）基地、科技园区等。推动科技创新资源共享体制机制改革，实行公共创新平台开放补助政策，推动高校院所和企业的大型科技基础设施、仪器设备、科技文献、科学数据等科技资源向社会开放。支持企业等市场主体建立大型科研设备、机器设备等租赁、后援服务平台。

九、强化组织领导

（二十三）建立实施创新驱动发展战略协调机制。成立武汉创新驱动发展委员会，由市委主要领导担任主任，市委市政府有关领导和市直相关部门负责人、高校院所负责人、创新创业领军人物等共同参与、共同谋划、共同推动，打造创新驱动发展的决策协调领导平台，委员会下设投资工作、新兴产业发展、产业创新体系建设、"城市合伙人"计划、"互联网＋"行动等若干专业委员会和办公室。按照中央要求，积极加强与国家相关部门对接，争取成为首批国家系统全面创新改革试验城市。建立创新政策协调审查机制。发挥地方立法引领保障作用，及时开展涉及创新的法规、规章的立改废释工作。

（二十四）发挥智库对创新决策的支撑作用。增强党政研究机构决策服务能力。推动社会科学研究机构、高校院所等建设高水平科技创新智库。规范引导社会智库健康发展，大力引进国内外知名专业智库，探索与国际知名智库交流合作机制，鼓励各类智库深度参与城市经济社会发展各领域咨询研究。

（二十五）加强舆论引导，提高大众科技素养。大力弘扬"敢为人先、追求卓越"的武汉精神，鼓励创新、宽容失败，培育卓越意识，倡导全社会形成专注、极致、完美的创新文化。加强宣传舆论引导，树立一批破难关、勇创新的先进典型。加强科普能力建设，大力开展公益性科普服务。推动传统媒体和新兴媒体融合发展，进一步增强武汉主流媒体传播力、公信力、影响力和舆论引导能力。积极推进科技和文化融合，努力建设武汉东湖国家级文化和科技融合示范基地，打造全国重要的科教文化中心。

（二十六）完善绩效考核。改革完善创新驱动导向评价机制和考核办法，把创新业绩纳入对领导干部考核范围。研究建立科技创新、知识产权与产业发展相结合的创新驱动发展评价指标，并纳入国民经济和社会发展规划。加强调度，对创新型城市建设情况进行定期评估。探索建立"改革创新责任豁免"制度，对在改革创新中勤勉尽责、不牟私利，但因客观原因未能实现预期目标的，免予追究相关人员的责任，为改革创新者消除后顾之忧。

附录7 《中共长沙市委、长沙市人民政府关于加快科技创新大力推进创新型城市建设的意见》

把长沙建设成为充满活力的创新型城市是我市第十一次党代会提出的重大战略任务。为贯彻落实全国和全省科技大会关于推进创新型城市建设的有关精神，增强长沙自主创新能力，加快创新型城市建设，现提出以下意见。

一、加快科技创新，建设创新型城市的总体要求

（1）加快科技创新，建设创新型城市的重大意义。提高自主创新能力，建设创新型国家，是党中央、国务院把握全局、放眼世界、面向未来作出的重大战略决策。目前我市正处在一个重要的战略转型期，面对土地、资源、环境、人口给经济社会发展带来的制约，把自主创新从科技发展战略和产业发展战略提升为城市发展的主导战略，加快转变经济增长方式和城市发展模式，大幅提升城市综合竞争力，建设创新型城市，是加快长沙发展的必然选择。

（2）加快科技创新，建设创新型城市的指导思想。以邓小平理论和"三个代表"重要思想为指导，全面落实科学发展观，坚持"自主创新、重点跨越、支撑发展、引领未来"的方针，以科技创新为先导，以提高自主创新能力为主线，以观念创新、体制机制创新为保障，以文化创新、环境创新为基础，大力实施科教先导战略，努力把长沙建设成为充满活力的

创新型城市。

（3）加快科技创新，建设创新型城市的主要目标。通过自主创新把长沙建设成为中部地区重要的技术开发基地、高新技术产业化基地和区域科技合作基地，成为创新精神突出、创新文化活跃、创新要素集聚、创新体系健全、创新成果丰硕、创新产业发达、创新环境优良的创新型城市。到 2010 年，全社会研发投入占 GDP 比重 2% 以上；高新技术产品增加值占 GDP 比重 20% 以上；企业自主知识产权的产品增加值占全部产品增加值的比重 85% 以上，专利申请量年均增长 15% 以上；科技进步贡献率60% 以上。

二、坚持企业主体地位，不断提升持续创新能力

（4）积极发展创新型企业。深入实施中小企业成长工程，加快培育创新型企业。制定实施自主创新政策，促进企业真正成为研发投入的主体、技术创新活动的主体和创新成果应用的主体。支持企业开展重大关键共性技术攻关，支持建立企业创新联盟，努力建成一批在国内有重要影响的技术中心和创新基地。鼓励科技人员和留学回国人员在长创新创业。引导、扶持企业积极参与国际标准、国家标准和行业标准制定，形成有自主知识产权的技术和标准。鼓励企业结成技术标准联盟，推动自主知识产权与技术标准的结合。积极运用政府采购政策推进自主创新型企业成长，对符合政府采购产品目录和标准、具有自主知识产权的产品，在同等条件下实行政府优先采购。

（5）着力推进产学研结合。充分发挥在长科研院所、高等院校在自主创新中的源头作用，组织推动高校、科研院所面向我市优势产业，开展关键和共性技术研究、应用基础研究和高新技术应用研究。鼓励企业与高校、科研机构开展合作，建立以企业为主体、高校和科研机构参与的产学研联合体以及创新人才合作培养机制。对企业、行业协会和高校共同建设、培育并达到较高水平的产学研基地，给予财政资金支持和奖励。支持高校和科研机构的广大科技人员进入企业兼职，增强其面向企业和市场的

技术创新能力。

（6）深入实施品牌战略。以自主品牌创新为出发点和落脚点，完善有利于企业品牌培育发展的政策环境和市场环境。优先培育高新技术产业和优势制造业品牌，推进"长沙制造"向"长沙创造"转变。鼓励企业开展国际化经营，创建出口品牌和国际品牌。发挥产业集群优势，推进区域品牌建设。促进集体品牌或集体商标、原产地注册商标、地理标志等地区品牌的发展，积极争创中国驰名商标。

三、大力培育新型产业支柱，发展战略创新产业

（7）大力发展先进制造业。以工程机械、汽车、家电为重点，把长沙建成中部地区具有强大市场竞争力的先进装备制造业基地；以先进电池材料、新型合金材料等为重点，把长沙建成中西部地区重要的新材料产业基地；以浏阳生物医药园为核心，把长沙建成具有国内先进水平的国家生物医药产业基地。

（8）大力发展信息产业。重点在应用软件系统、数字媒体、网络产品与网络安全、新型电子元器件等领域开展攻关，力争在 IC 设计技术、信息安全技术、电子信息材料技术，视频编码解码技术、传感技术等领域取得突破。实施"制造业信息化科技工程"，加速先进适用技术的集成创新和推广应用，实现设计制造数字化、生产过程智能化和企业管理信息化。积极推进重点行业、产业集群和工业园区信息化服务平台建设，提高产业竞争力。

（9）大力发展创意产业。加快支撑创意产业的技术研发，在数字动漫、网络游戏设计、影视制作、出版、演出及软件、工业与城市设计、媒体内容制作等领域掌握一批关键和共性技术，促进以音视频信息服务为主体的数字媒体内容处理技术发展。依托长沙国家软件产业基地、数字媒体技术产业化基地和国家动漫游戏产业振兴基地，建立和完善激发创意产业发展的科技平台以及各类中介机构和公共服务平台。鼓励社会资源以各种形式参与创意产业基础设施建设和创意产业园区建设，推动创意过程数字化、传播网络化、产品市场化、服务社会化。

（10）大力发展现代服务业。进一步推动信息与通讯技术在现代服务业的深度集成应用。支持第三方支付、网络安全等技术在金融业的集成应用，促进网络、电子金融与其他相关产业的融合发展。推进商业企业与高新技术企业的结合，通过核心技术改造传统商业，积极发展电子商务。加强综合现代化物流园区建设，促进现代化物流网络体系的形成。以网络导航、定位服务和位置信息服务为重点，大力发展基于位置的服务产业，促进物流、交通、旅游、城市规划等领域的精确信息化管理。

（11）大力发展环保节能产业。重点支持污水处理、废弃物处理、大气质量控制、噪声控制、土壤改良等环保技术的开发和应用，引导企业采用清洁生产技术，开发、生产环境友好型产品，大力扶持拥有核心技术、著名品牌、市场占有率高、能够提供较多就业机会的优势环保企业发展，支持不同企业、行业之间形成资源高效利用的产业链和区域循环经济生产模式。以提高能源效率为核心，鼓励、支持研究和开发先进节能技术，大力实施节能技术改造，在工业、建筑、交通运输和政府机关等重点领域，积极采用节能新技术、新工艺，加快发展节能产业。

四、加强产业园区发展，建设创新型园区

（12）充分发挥园区的龙头带动作用。积极利用国家级园区的技术、政策、人才等创新优势，努力把高开区和经开区率先建成创新型园区，成为促进技术进步和增强自主创新能力的重要载体、带动经济结构调整和经济增长方式转变的强大引擎、高新技术企业走出去参与国际竞争的服务平台、抢占世界高技术产业制高点的前沿阵地。按照"地方化、特色化、差异化"原则，加快"二区八园"的建设和发展，形成特色鲜明、产业类聚、功能互补的发展格局。

（13）努力培育高新技术产业集群。把推进产业集群作为园区推进新型工业化的重点，引导和组织中小企业按照产业链和技术链分工，加强与大型企业合作，参与产业配套，扩大产业关联，使龙头企业的本地配套率达50%以上。重点围绕发展电子信息、先进制造、新材料，生物医药、

新能源与节能环保、数字媒体等高新技术产业，集中力量实施一批重大战略产品计划和工程专项，加快形成高新技术产业集群。

（14）大力引进战略投资者。以世界 500 强、行业排名靠前的跨国公司及国内知名大企业、大集团和上市公司为重点，着力引进战略投资者。由简单的引进资金、引进项目向引进核心技术、营销网络和管理理念并举转变，突出无形要素的引进，增强消化吸收再创新本领，提升企业自主创新能力。策划、开发、包装一批成熟度高、吸引力强的服务业项目，积极吸引外资投向现代服务业，力争在科技、商贸、物流、文化、金融、保险、旅游等服务业领域实现引资引技引智新突破。

五、切实保护知识产权，积极利用创新成果

（15）建立健全知识产权体系。建立健全以专利、商标、版权、商业秘密等为主要内容的知识产权体系，大力提高知识产权创造、管理、运用和保护能力。加大知识产权专项资金的投入力度，支持企事业单位和个人及时将科研成果、核心技术和名优产品形成自主知识产权，鼓励具有国际市场潜力的先进技术向国外申请知识产权保护。实施知识产权优势企业培育工程，增强长沙高新技术产业的比较优势。加快建立健全社会化、网络化的知识产权中介服务体系，提供优质知识产权公共服务，促进自主创新成果的知识产权化、商品化、产业化。

（16）加大知识产权保护力度。建立行政保护、司法保护、权利人维护、行业自律、中介机构服务和社会监督共同发挥作用的知识产权保护体系，完善自主知识产权保护和运用的政策措施，建立知识产权预警、监管系统及执法协作、涉外应对和以行业协会为主导的国际知识产权维权援助机制，加大知识产权保护和市场监管力度，有效保护权利人的创新权益。

六、加强人才资源开发，提供创新人才保证

（17）大力培养引进选拔使用创新型人才。深入实施人才强市战略，发挥创新人才的核心支撑作用。要争取和依托国家、省重大科技项目及重点学科、重点实验室、企业工程技术（研究）中心和博士后工作站等载体，培养和造就优秀创新团队与领军人才；调动在长高校、科研院所的积极性，围绕长沙产业发展需求，扩大人才培养规模；加强高等职业教育，培养一批产业急需的高技能实用人才；进一步加大吸引优秀留学人员和海内外高科技人才来长创新创业力度，重点引进产业领军人才、资本运作人才和高端技术人才。不拘一格选拔使用创新型人才，努力建设一支结构合理、素质优良、规模宏大的自主创新人才队伍。

（18）不断壮大创新型企业家队伍。创新型企业家是创新型城市建设的中坚力量。鼓励和支持企业家的各类创新活动，建立健全企业家创业发展的支撑服务体系，创新服务方式，提高服务水平。在选配好国有企业经营管理者的同时，要高度重视依靠市场机制、中介组织培育、选拔和大胆使用创新型企业家。逐步改革企业家薪酬制度，完善企业家奖励办法。进一步优化企业家成长环境，保护企业家合法权益。

（19）继续完善创新型人才激励机制。建立以能力和业绩为重点的自主创新人才评价指标体系，完善收入分配制度，促进技术要素参与收益分配，采取期股、期权等方式激励科技人员。鼓励科技人员以智力支出作为技术开发费投入，通过合约明确投智者和投资者各自享有的专利发明权益。继续实施对具有重大贡献的科技创新项目和个人实行重奖的制度，设立"创新人物奖""创新企业奖"。

七、构筑多元投入体系，拓宽创新资金渠道

（20）强化财政投入对自主创新的导向作用。健全以政府投入为引导、企业投入为主体、社会投入为补充的多元化创新投入体系，全社会研发投入占地区生产总值的比例逐年提高。政府设立创新型城市建设专项资金，采取直接投入、补贴、贷款贴息等多种方式，发挥财政资金对企业自主创新的激励引导作用。各类财政专项资金重点支持创新体系建设、重大创新项目开发和自主创新能力培育；对经认定的市级以上企业新产品、技术中心、专业孵化基地和在孵企业，给予财政补贴和奖励。加强财政投入

管理，建立严格规范的监管制度和绩效评价体系。

（21）发展多元化的创业投资业和多层次的资本市场。积极推进金融创新，加快发展创业风险投资事业，扩充创业风险投资引导基金，引导社会资金流向创业风险投资业、鼓励创业风险投资企业投资处于种子期和起步期的创业企业。在政策法规的允许下，支持保险公司投资创业风险投资企业，允许证券公司开展风险投资业务。改善创业投资业的发展环境，大力吸引国内外创业投资机构。支持有条件的高新技术企业在国内主板、创业板、香港和海外资本市场上市以及发行企业债券进行融资。努力在优化金融环境上取得突破，加快区域性金融中心建设步伐。

（22）落实税收金融支持政策。加大对企业自主创新投入的所得税前抵扣力度；完善促进转制类科研机构发展的税收优惠政策；允许企业加速研究开发仪器设备折旧。引导各类金融机构积极支持自主创新，政策性金融机构对国家重大科技专项、科技产业化项目的规模化融资和科技成果转化项目、高新技术产业化项目、引进技术消化吸收项目、高新技术产品出口项目等提供贷款，给予重点支持；对国家、省和市级立项的高新技术项目，商业银行应根据国家的投资信贷政策，给予信贷支持。鼓励保险公司等金融机构投资和支持高新技术项目。

八、营造良好环境，增强创新活力

（23）增强全民创新意识。实施全民科学素质行动计划，在全社会强化创新观念，大力营造"勇于创新、尊重创新、激励创新"的社会氛围，积极倡导"敢为人先、勇于竞争、鼓励成功、宽容失败"的创新风尚，使一切有利于社会进步的创新愿望得到尊重，创新活动得到鼓励，创新才能得到发挥，创新成果得到肯定。

（24）进一步深化配套体制改革。努力推进公共管理体制改革，优化创新创业公共服务和市场环境。着力推进科技管理体制改革，突出组织重大共性关键技术的研发和推广、搭建公共平台、提供公共服务以及加速科技成果转化和产业化。深入推进文化体制改革，建立与社会主义市场经济相适应的文化管理体制和运行机制。全面推进农村综合配套改革，努力消除制约农村经济社会发展的体制性障碍，全面增强农业、农村的发展活力。继续推进国有企业改制，着力培育企业的创新精神和创新文化。

（25）切实加强部门联动。各部门要增强大局意识，加强协调配合，合力推进创新型城市建设。建立健全合理配置政府创新资源的统筹机制，打破部门利益分割和多头管理，完善科技研发、技术标准、对外贸易、政府采购等方面的创新激励政策，统筹使用各类创新资金，优化资源配置，提高创新效益。建立创新资源配置的信息交流制度。建立政府部门和行业协会相结合的管理机制，提高政府政策的透明度和有效性。

（26）强化创新组织领导。各级党委、政府要把增强创新能力摆在经济社会发展的突出位置，全面落实创新型城市建设发展规划，积极实施"一把手创新工程"，把创新工作纳入目标责任制考核范围，建立党委统一领导、政府统筹实施、部门各负其责、社会共同参与的工作机制。稳步推进创新型区县（市）、创新型园区、创新型企业、创新型机关、创新型乡镇、创新型社区建设。各级各部门要根据本《意见》要求，制定相关实施办法，确保各项工作落到实处。

附录8　《西安市关于深化统筹科技资源改革加快创新驱动发展的实施意见》

为认真贯彻落实《中共中央国务院关于深化科技体制改革加快国家创新体系建设的意见》（中发〔2012〕6号），按照省委、省政府的部署，结合我市统筹科技资源改革示范基地建设的实际，现就我市加快创新驱动发展提出如下实施意见。

一、总体要求及主要目标

总体要求：深入贯彻科学发展观，以转变发展方式为主线，加快创新驱动发展。坚持以企业为主体，提升科技创新效能；以市场为导向，加快科技成果产业化；以人才为核心，强化创新创业基础；以统筹科技资源为重点，深化科技体制改革。把科技资源优势转化为科技创新创业优势，实现科技与经济紧密结合，走出一条具有西安特色的创新发展、转型发展、跨越发展之路，为国际化大都市建设提供有力的科技支撑。

主要目标：到2016年，实现高新技术产业产值、技术成果交易额、发明专利授权量"三个翻番"。高新技术产业产值突破5 000亿元，占全市工业总产值比重超过55%；技术成果交易额超过500亿元，本地交易额占比超过40%；发明专利授权量达到7 000件，企业占比超过60%。企业技术创新主体地位基本确立，大中型工业企业平均研发投入占主营业务收入比例提高到2.5%。力争打造10家产业带动作用大、产值过百亿的创新型领军企业，发展 100 家核心竞争力强、产值超十亿的创新型示范企业，培育 5 000 家创新能力强、成长速度快的科技型中小企业，使西安在全省"科教强"建设中发挥重要支撑作用，成为国家一流创新型城市。

到 2020 年，完成国家统筹科技资源改革示范基地建设的目标任务，实现科技创新创业的重大突破，使西安成为全国科技人才创新创业高地，国家重要的战略性新兴产业发展高地，具有国际影响力的科技创新高地。科技进步对经济增长的贡献率达到 65%，科技创新成为产业升级和经济发展的重要支撑。

二、强化企业创新主体地位，提升产业核心竞争力

（一）促进企业成为创新主体。按照企业自主、市场运作、政策扶持的原则，重点支持 20 家大型企业创建国家级研发中心、30 家规模企业与高校院所联建省级研发中心、50 家服务中小企业的市级研发中心，积极引进国内外研发机构和知名企业在西安设立研发中心。对获得国家、省、市级认定的研发中心，分别给予 80 万元、50 万元、30 万元支持。

开展市级高新技术企业认定，对新认定的企业，通过科技计划、政策服务等方式连续支持，力争每年 100 家企业成为国家高新技术企业，并在研发能力和投融资等方面加大支持力度，促其做强做大。对主导制定国家标准、国际标准的牵头企业，给予 50 万 ~ 100 万元奖励。对获得国家、省级科技进步一等奖的企业，分别给予创新团队 30 万元、10 万元奖励。认真落实国家关于企业研发费用加计扣除、仪器设备加速折旧和国家级高新技术企业税收优惠等政策。

支持骨干企业牵头建设产业技术创新联盟，对新认定的国家级联盟或承担国家重大计划项目的联盟牵头企业，市级科技计划给予最高 200 万元支持。围绕渭北工业区建设、汉长安城遗址保护、秦岭北麓生态环境保护、"八水润西安"工程、绕城国道连接工程等重大技术需求，组织产学研协同创新，实施重大科技项目。

（二）发展壮大民营科技企业。开展民营科技企业认定并建立企业数据库，对当年销售收入首次达到 1 亿元且研发投入占比达到 4% 以上的，优先纳入市级科技研发等资金支持范围；对通过国家创新型企业认定的给予 100 万元奖励；对获得武器装备科研生产许可的给予 20 万元奖励。对于民营资本参与院所改制组建的科技企业，或从院所母体分离成立的民营科技企业，市级科技计划予以重点支持。

（三）建设 10 个新兴产业创新基地。全市统一规划，开发区、工业园区组织实施，建设集成电路设计与制造、云计算应用平台、新一代移动通信、特种金属与复合材料、卫星应用及数据服务、文化创意与数字内容、高端软件和新兴信息服务、创新药物、新能源汽车、先进制造服务等 10 个新兴产业创新基地。通过建设一批高水平的产业技术服务平台，吸引一批高端创新创业人才，培育一批自主创新能力强的企业，使创新基地成为高端产业技术的孵化区、创新人才和企业的聚集区，形成新兴产业发展的极化效应。市政府相关部门给予规划、土地、税收返还等方面政策优惠；对承担基地产业技术服务平台建设和重大科技产业化项目单位，市科技研发资金按照项目实施进度给予累计不超过 1 000 万元支持。

三、创新利益引导机制，加速科技成果就地转化

（四）支持企业转化科技成果。每年择优支持 20 项具有自主知识产权、市场潜力大的科技成果在企业实现产业化，根据其新增项目投资额度和实施进度，给予最高 100 万元资助。对购买高校院所技术成果并在本地实施转化的企业，按其年技术成果交易额的一定比例，给予最高 30 万元补助。一个纳税年度内，企业符合条件的技术转让所得不超过 500 万元的部分，免征企业所得税；超过 500 万元的部分，减半征收企业所得税。

（五）促进高校院所科技成果就地转化。建立高校院所与企业的对接机制，集中推介市场前景好的科技项目，促进成果就地转化。高校院所转化职务发明成果的收益，可按 60% 以上比例划归研发团队或个人支配。以科技成果作价出资在本市创办企业的，其作价份额最高可占注册资本的

70%，并可将作价份额不低于 20% 的比例奖励给成果完成人、为成果转化做出重要贡献的管理人员。高校院所转化职务科技成果，以股份或出资比例等股权形式给予科技人员个人的奖励，按照国家有关规定暂不征收个人所得税。

（六）加快军工和央企科技成果产业化。设立西安军民融合投资基金，引导风险投资、创业投资和社会资金投资符合我市产业规划的军民融合产业。围绕军品技术向民品转化，逐企业逐院所摸底，确定可转化的技术和实施转化的方案，并制定在我市落地的支持措施。军工单位的民品研发生产企业，其新增所得税市级留成部分，连续 5 年给予企业全额奖励。鼓励央企、军工单位与高校院所在产业园区联合建立中试基地或研发中心，各区县、开发区应对其技术改造和设备更新，给予建设资金补助和运行费用补贴。

四、打造创新创业金融服务链，建立多元化科技投融资体系

（七）深化科技和金融结合试点。以国家促进科技和金融结合试点为契机，推进金融产品和金融服务方式创新。修订完善《西安市科技金融合作试点风险补偿暂行办法》，在工作基础较好的区域，组织银行和担保机构先行先试，重点解决科技型中小微企业贷款难问题。加大科技金融合作投入力度，到 2016 年，投入资金累计达到 1 亿元，主要用于履约保证、风险补偿、融资担保补贴和企业贷款贴息。

建立科技金融服务中心，搭建科技金融合作服务平台，支持科技创新创业。建立完善技术交易、技术产权报价系统和创业投资联盟等平台，推进科技企业股权流转和融资服务。

（八）创新财政科技投入方式。财政科技投入的增长幅度应当高于财政经常性收入的增长幅度。财政科技资金 70% 以上用于支持公共技术服务平台建设、企业技术创新和成果产业化。创新财政科技投入方式，综合运用贷款贴息、股权投入、风险补偿、融资担保、政府增信、奖励补助等多种手段，提高财政资金使用效益和杠杆作用。

（九）加强对科技信贷和科技保险引导。鼓励金融机构加大对科技型中小微企业的信贷投放力度，到 2016 年，金融机构的科技贷款年均增长率要高于其他各类型贷款的年均增长率，力争使科技和金融结合试点惠及 2 000 家企业。对商业银行设立为科技型中小微企业提供金融服务的科技支行或专营部门，按其年度科技贷款总额和增速给予奖励。

建立轻资产科技企业的贷款风险补偿机制，对科技贷款的本金损失，经追偿、处置后，给予银行或融资性担保机构最终本金损失额一定比例的风险补偿。对承担试点业务的融资性担保机构，可根据反担保情况，给予最高 2% 的担保补贴。完善以知识产权质押融资激励机制，对以知识产权质押获得贷款并按期偿还本息的企业进行 2 年贴息，贴息比例不超过同期银行贷款基准利率的 50%。扩大助保金贷款业务合作范围，对入选我市"重点中小企业池"的科技企业，给予一定比例的助保金补贴或贷款贴息。

建立科技保险补贴机制，对参加出口信用类保险、贷款信用保证类保险的科技型中小微企业，分别按照年度实际保费支出的 40%、50%，给予每户企业每年最高 20 万元的保险费补贴。

（十）支持科技企业开展多元化融资。完善覆盖科技企业初创期、成长期、成熟期不同阶段的多元化投融资体系。发挥市级创业投资引导基金和风险投资基金作用，采取政策引导、资金参股和风险补偿等措施，吸引国内创业风险投资机构在我市聚集。到 2016 年，各类创业投资资金和股权投资基金规模突破 1 000 亿元，累计投资我市科技企业金额超过 200 亿元。支持符合条件的科技型中小企业，通过发行企业债、短期融资券、中期票据、集合债券、集合票据等方式融资。

设立 1 亿元的科技创业种子投资基金，重点用于支持初创期、成长期科技企业。建立创业投资风险补偿机制，对投资于初创期科技企业的投资损失，给予创业风险投资机构单户企业初始投资损失额的 30% 最高 100 万元、单个机构最高 300 万元补偿。创业投资公司以股权投资方式投资未上市中小高新技术企业 2 年以上的，可按其投资额的 70% 在股权持有满 2 年的当年抵扣该创业投资企业的应纳税所得额；当年不足抵扣的，可在以后纳税年度结转抵扣。

建立完善上市后备企业资源库，对拟在国内股票交易所上市的科技企业，按进入上市辅导期并在省级证券监督管理机构备案、得到国家证券监督管理机构受理并出具受理文件两个阶段，分别给予不超过30万元、50万元的奖励补助；对实现首发上市或非首发上市符合相关条件的科技企业，给予不超过200万元的奖励补助（创业板不超过100万元）；对在境内证券市场已上市实现再融资的科技企业，按再融资额（扣除发行费用及控股股东认购部分）的0.2%，给予不超过100万元的奖励。对在境外证券市场首发或实现融资1 000万美元以上的非首发上市科技企业，给予一次性不超过100万元的奖励。对整体改制并进入证监部门辅导备案阶段的拟上市科技企业，按省上规定，经审批后，可在3年内缓缴整体改制政策要求缴纳的个人所得税。

五、完善人才激励制度，催生培育科技型企业和企业家

（十一）支持高端人才创办科技型企业。积极引进国家高端人才、海内外高层次人才及创新团队来我市创新创业，按照《西安市引进海外高层次人才实施办法》，落实金融、税收、户籍、住房、子女入学等方面的优惠政策。对其在我市新办的科技企业，市科技计划予以优先支持，市属各类政策引导型创业投资基金予以重点支持，所在园区提供不少于100平方米的工作场所；自营业年度起，将企业第一年实际缴纳的营业税、增值税和企业所得税市与区县、开发区财政留成部分，第二、第三年财政留成较上年增长部分给予奖励扶持。

（十二）促进高校院所服务企业发展。建立高校院所与企业人才双向流动机制，组建专家教授牵头的技术服务团，解决企业技术、生产和工艺难题；鼓励企业与高校院所建立协同创新组织，对于联合攻关项目给予一定补助。

（十三）实施科技型企业家培养计划。聘请国内外知名专家教授和成功企业家，在技术路径、市场开拓、商业合作和投融资等方面进行培训辅导，每年重点培养 50 名科技型企业家。鼓励各区县、开发区组建企业家协会，搭建合作交流平台。设立西安市科技创新企业家奖，对在科技创新和产业化方面作出突出贡献的企业家给予奖励。

六、提升科技大市场功能，健全科技创新服务体系

（十四）强化科技大市场服务能力。市财政专项资金连续 5 年重点支持科技大市场建设，按照市场化方向，努力把科技大市场建设成为科技成果便捷交易、仪器设备开放共享、创新要素有效聚集、科技服务高效提供的国内外知名科技资源服务中心。

建设网络化、广覆盖、高效率的服务平台，聚集人才、技术、设备、信息资源，为企业虚拟研发中心和科技人员创新成果转化提供专业化服务。围绕我市主导产业发展关键技术研发和骨干企业重大技术需求，加强科研选题与产业发展紧密结合，推进重大科技难题招标。对在科技大市场进行技术交易、信息咨询、项目对接的提供免费服务，对使用共享设备的企业按实际支出的一定比例给予最高 30 万元补助，对设备提供单位给予最高 10 万元奖励。在科技大市场完成技术交易、难题招标，并在本地转化的项目，市级科技计划优先支持。

（十五）加强科技企业孵化器建设。鼓励社会资本组建公司性质的科技企业孵化器，对孵化成效明显的，给予 100 万元奖励；支持各区县、开发区建设孵化器专业技术服务平台，促进科技型中小微企业创新发展。在新兴产业创新基地，重点支持一批服务高端人才创业、支撑高端技术转化的专业孵化器。对国家级孵化器用于科研孵化的房产、土地以及提供孵化服务取得的收入，按照国家有关规定落实税收优惠政策。

（十六）大力培育科技服务业。促进创新主体和要素市场紧密结合，重点培育 300 家技术研发与设计、信息咨询、投融资、知识产权、检验检测等科技服务机构，打造具有技术、市场和资本融合功能的科技服务业产业链。对单位和个人从事技术转让、技术开发业务和与之相关的技术咨询、技术服务业务取得的收入，免征营业税。

（十七）加快文化与科技融合。以国家级文化与科技融合示范基地建设为契机，推动高新区和曲江新区以创意设计、动漫游戏、移动互联网及数字内容原创为主的100家示范企业聚集发展，培育文化产业新业态。市科技研发资金和市文化产业发展专项资金，重点支持一批关键技术支撑平台和重大创新项目，高新区、曲江新区予以资金配套。

七、深化科技管理体制改革，营造良好创新环境

（十八）加强组织领导和政策落实。各区县、市级部门和开发区要把创新驱动发展作为面向未来的一项重大战略，坚持把推进科技创新创业工作摆在重要位置，落实工作责任，制定配套措施，推进科技创新创业工作有力有序有效实施。把科技进步目标责任指标纳入全市年度综合目标责任考核范围。建立市属国有及国有控股企业技术创新责任考核制度。建立市政府与重点高校院所、军工单位、驻市央企的会商制度，发挥高校院所和军工央企在创新驱动发展中的重要作用，不断完善以企业为主体、市场为导向、产业化为目的的创新机制。

（十九）增强科技创新对县域经济发展的支撑。促进科技资源向县域企业流动，支持区县工业园建设，提升工业科技含量。加强农业科技示范园建设，培育科技型龙头企业；整合农业科技资源，加快组建西安市农业科学研究院，加强农业新品种、新技术研发与示范应用。加快信息技术与农业技术融合，健全以星火科技服务、专家大院、科技服务站为支撑的农业科技服务体系，推动都市型现代农业发展。

（二十）推进科技评价和经费管理制度改革。完善科技项目评价机制，建立评价专家责任制度和信息公开制度，保障公平竞争、择优支持和效能提高。建立健全科技项目立项、实施、评价相对分立、有效监督的工作制度，加强重大科技项目的绩效评估。完善经费监督机制，对重大项目和专项资金承担单位的自筹经费到位、财政资金使用情况，由独立的第三方会计师事务所实施审计，确保财政科技投入专款专用，使用效益不断提高。

　　完善科技奖励制度，优化奖项结构，突出产业创新发展导向，重点奖励对我市产业技术进步、成果就地转化和产业化、科技合作与交流等作出突出贡献的优秀科技人才。

　　本意见涉及的相关奖励扶持政策，按就高不就低原则不重复享受；涉及的税收扶持政策按照市与区县、开发区财政体制负担。

附录9 《新疆维吾尔自治区党委自治区人民政府关于实施创新驱动发展战略加快创新型新疆建设的意见》

　　《意见》共有八个部分、二十条内容。一是充分认识实施创新驱动发展战略、加快创新型新疆建设的重大意义。二是实施创新驱动发展战略、加快创新型新疆建设的指导思想、主要原则和主要目标。三是强化产业技术创新，促进科技与经济紧密结合。四是强化企业技术创新主体地位，加快区域创新体系建设。五是改革科技管理体制，促进创新资源优化配置和高效利用。六是创新人才发展机制，加快科技人才队伍建设。七是营造良好环境，形成保障科技创新的合力。八是加强组织领导，统筹推进实施。

　　《意见》阐明了实施创新驱动发展战略、加快创新型新疆建设的指导思想是：坚持把科技创新作为经济发展的内生动力，以提高科技创新能力和自我发展能力为核心，以促进科技与经济紧密结合为重点，进一步深化科技体制改革，着力解决制约科技创新的突出问题，充分发挥科技在转变经济发展方式和调整经济结构中的支撑引领作用，更加注重协同创新，加快建设具有新疆特色的区域创新体系，构筑符合新疆实际的现代产业体系，加速新型工业化、农牧业现代化、新型城镇化、信息化和基础设施现代化同步发展，为推动新疆经济社会科学跨越、后发赶超，建设繁荣富裕、和谐稳定的美好新疆奠定坚实基础。

　　《意见》明确了实施创新驱动发展战略、加快创新型新疆建设的主要目标是：到 2015 年，新疆的自主创新能力显著增强，创新型新疆建设取得明显成效。在重点领域、关键技术和区域创新体系建设方面实现新的突破；科研基础设施和装备水平、科技创新和成果转化的水平大幅提升；科技投入、创新人才、发明专利大幅增长。全社会研究与试验发展经费支出占生产总值的比重达到 1.8%，自治区财政科技投入占财政支出的比重达到 1.8%，大中型工业企业研究与试验发展经费支出占主营业务收入的比重达到 0.8%；每万人发明专利拥有量达到 1.09 件；科技支撑"五化"建设、引领"两个可持续"发展、增进民生福祉和保障公共安全的能力大幅提高。高技术产业产值占制造业产值的比重达到 5%，战略性新兴产业产值占生产总值的比重达到 8%，农业科技进步贡献率达到 50%；新疆综合科技进步水平达到 60%，接近全国平均水平。到 2020 年，区域创新体系建设取得重大进展，基本建成以企业为主体、市场为导向、产学研用结合的技术创新体系。科技投入持续增加，全社会研究与试验发展经费支出与生产总值的比重超过 2%，自治区财政科技投入占财政支出的比重提高到 2.5% 以上，大中型工业企业研究与试验发展经费支出占主营业务收入的比重提高到 1.5%。产业技术水平和竞争力显著提升，重点行业技术与装备达到国内先进水平。高新技术发展和产业化取得显著成绩，高技术产业产值占制造业产值的比重达到 8%，战略性新兴产业产值占生产总值的比重提高到 15%。科技进步成为推动经济增长和可持续发展的主要动力，科技为增进民生福祉和保障公共安全作出重要贡献。新疆综合科技进步水平达到全国平均水平，全民具备基本科学素质的比例达到全国平均水平，进入创新型省区行列，科技支撑新疆跨越式发展和长治久安的作用全面增强。

《意见》从产业技术创新的角度强调了科技要与经济紧密结合。一是强化重点产业技术创新，加快推进新型工业化。二是强化农业科技创新，加快推进农牧业现代化。三是以科技创新推动新型城镇化，提升城镇发展质量和水平。四是加强资源环境领域科技创新，增强可持续发展能力。五是加快民生科技发展，推进科技富民固边。六是加强文化科技创新，推进科技与文化融合发展。

《意见》强调了企业技术创新主体地位和区域创新体系建设。一是要建立企业主导产业技术研发创新的体制机制。二是提高科研机构和高等学校服务经济社会发展的能力。三是推进以企业为主导的产学研协同创新。四是加强科技基础条件和科技创新创业能力建设。

《意见》的起草，力求从新疆区情出发，深入贯彻落实党的十八大、全国科技创新大会和自治区第八次党代会精神，按照自治区的总体要求，牢牢把握主题主线，紧紧围绕"五位一体"总布局，坚持两个可持续，更加注重发展质量和效益，坚定不移地推进"三化"进程，进一步保障和改善民生，努力推进新疆科学跨越、后发赶超。在《意见》的编制过程中，通过大量调查研究，集中修改几十次，书面征求了自治区 71 个相关部门、高校和科研院所的意见和建议，兼顾了指导性和可操作性。《意见》的出台对充分发挥科技创新在"丝绸之路经济带"的支撑引领作用，促进新疆跨越式发展和长治久安将产生重要的推动作用。

附录10 《成都市关于实施创新驱动发展战略加快创新型城市建设的意见》

各区（市）县委和人民政府，市级各部门：

为实施创新驱动发展战略，加快创新型城市建设，现提出如下意见。

一、总体要求

坚持自主创新、需求导向、企业主体、开放合作，把健全区域创新体系作为构建现代产业体系、促进三次产业转型升级的核心引擎，大力促进科技与经济一体化发展，以科技创新引领"四化"同步发展、支撑"五位一体"建设，加快建设全国知名的创新之城、创业之都和创新发展引领区，为深入实施"五大兴市战略"、奋力打造西部经济核心增长极提供强劲动力。

二、发展目标

到2015年，率先建成领先西部、全国一流、国际知名的创新型城市。全市科技进步贡献率达62%，全社会研发支出占国内生产总值的比重3%以上，高新技术产业增加值占规模以上工业增加值55%以上，万人发明专利拥有量9件以上，引进高层次创新创业人才500名以上，建成国家级研发机构100家以上、国际研发机构50家以上、各类科技企业孵化载体面积500万平方米以上。

到 2020 年，成为全国一流的创新之城、创业之都，初步建成中西部创新驱动发展引领城市、国际知名的区域科技创新中心。

主要任务

（一）构建创新驱动发展机制

（1）制定面向未来和全球竞争的"技术路线图"，围绕产业链部署创新链。实施重大科技产业化工程，重点突破新一代信息技术、生物医药、汽车、轨道交通、航空等领域的关键核心技术，加快战略性新兴产业和先进制造业发展。推进信息化与工业化深度融合，广泛运用新技术、新工艺、新设备促进传统制造业高端化发展。

（2）推进现代服务业创新发展示范城市建设，在电子商务、现代物流等重点领域，推进技术集成创新和商业模式创新。推进国家级文化与科技融合示范基地建设，提高科技对文化事业和文化产业发展的支撑能力。大力培育研发、设计、检验检测等服务业态，培育科技和知识产权服务市场。

（3）构建适应高产、优质、高效、生态、安全农业发展要求的技术体系和新型科技服务体系，促进生物技术、现代农业装备技术、信息技术在高端种业、生态有机农业、农产品精深加工和农产品质量溯源等农业领域的应用推广。大力发展精准农业、设施农业、创意农业，加快建设现代农业示范基地。

（4）实施科技惠民工程，在医疗卫生、人口健康、环境保护、食品安全、防灾减灾等领域开展技术研发和成果推广应用，增加民生科技公共产品和服务供给。提升社区管理、社会养老等社会管理领域的科技支撑能力。加强人居环境改善等关键技术研发，支撑集约、智能、绿色、低碳的新型城镇化建设。

（二）增强企业自主创新能力

（5）支持大中型企业联合高校、科研院所建设国家级、省级研发机构，中小企业建设市级工程技术研究中心、产学研联合实验室。引进国外知名企业来蓉设立研发机构。

（6）发挥国家科技型中小企业技术创新基金的配套资金引导功能，完善中小微企业技术创新和成果转化的激励机制。对牵头承担国家重大项目的大中型企业，给予配套资金支持。对成功转化应用高校、科研院所科技成果的企业给予补贴。

（7）建立企业新产品推广应用制度，加大战略性新兴产品、重点新产品的扶持力度，鼓励开展商业模式创新，支持开拓先导性市场。大力实施技术标准战略，对将核心技术和专利技术形成技术标准、产业技术联盟标准的企事业单位给予资助。

（三）聚集培养创新创业人才

（8）鼓励入选国家"千人计划"、四川省"百人计划"和"成都人才计划"长期项目的高层次人才在蓉创新创业，对其创办独立纳税企业、实施自主知识产权成果转化的给予研发资助。实施"成都人才计划"顶尖创新创业团队项目、青年项目和海外短期项目。鼓励海外留学人员来蓉创新创业。

（9）建立市校（院）会商机制，支持在蓉部省属高校、科研院所建立科研人员自主处置、全面放开的成果转化机制，促进科技人员柔性流动、服务企业。实行职务科技成果转化激励新机制，建立职务发明成果转化股权和分红激励制度。市属高校、科学事业单位应制定鼓励科技人员主动服务企业、自主创新创业的具体措施和操作细则。

（10）制定实施市校（院）科技创新人才联合培养计划、高技能人才培养计划和创新方法培训工程，加强科技人才培育与重大科技项目实施的有机结合，拓展创新人才和技能型人才培育渠道。

（四）完善科技金融服务体系

（11）对获得创业投资的企业优先给予科技项目经费支持。鼓励社会资本来蓉组建"天使投资基金"，建立天使投资引导性参股和补助扶持机制，建立健全天使投资人和创业投资基金管理人投资种子期、初创期企业的激励机制。

（12）建立以企业信用体系为基础，政策性风险补偿资金和科技与专利保险资金为支撑的企业债权融资服务体系。加大企业债权融资风险补偿，引导和鼓励金融机构有针对性地开发信用贷款、股权质押贷款和知识产权质押贷款等产品。健全银行、保险、担保等机构共同参与的项目筛选与评价体系，建立企业债权融资风险分担机制。

（13）完善企业上市优惠政策体系和工作推进机制，支持企业在主板、中小板、创业板及海外证券市场发行上市融资。鼓励企业进入全国中小企业股份转让系统、区域性股权交易市场和券商柜台交易市场挂牌融资。

（五）打造科技创新创业载体

（14）支持天府新区规划建设创新研发产业功能区，建设开放型国际化的科研开发、成果转化和科技服务高地。支持成都高新区在股权激励、科技金融创新、科技成果处置权和收益权、高层次人才引进、科研项目和经费管理等方面先行先试和重点突破，争创国家自主创新示范区，建设世界一流高科技园区。支持汽车、新能源、新材料等产业功能区承担国家和省、市重大科技创新基础条件平台建设项目，提高研发支撑服务能力。

（15）支持中心城区依托重点高校，共建环高校特色知识经济圈和科技园区。鼓励近郊区县发挥产业和科教资源聚集优势，共建地校（院）科技创新产业园。引导远郊市县根据资源优势和产业定位吸聚高校、科研院所资源，共建高新技术产业基地和现代农业科技示范园。支持海关特殊监管区搭建产业技术研发服务平台，打造国际化科技创新先行区。

（16）支持建设创业苗圃、科技企业孵化器和加速器（中试基地）等创新创业载体，健全培育成长速度快、创新能力强的科技型中小企业孵化网络体系。

（六）优化科技创新创业环境

（17）完善重大项目知识产权审查工作机制，建立知识产权监测、预警制度。推进国家知识产权局专利审查协作中心建设。加强知识产权保护能力建设，加大案件查办力度。深化知识产权行政与司法保护的有机衔接机制和维权援助与大调解机制建设，构建"全域成都"知识产权保护协作体系。

（18）规划建设科技创新服务广场，构建科技服务资源共享机制。支持建立产业技术研发平台和技术创新服务平台，组建创新机构和产业技术创新联盟。加快创新驿站建设，支持技术转移机构联合研发与服务机构共建技术转移网络。采取政府购买科技公共服务的方式，培育科技中介机构和人才。

（19）加强自主创新政策、重大科技成果和创新创业典型宣传。开展系列国际科技交流活动。加强以体验、互动为主题的科技场馆和科普基地建设。

（20）建立区域协同创新工作机制和创新型城市建设评价指标体系。市本级和区（市）县财政对科技的投入增长幅度高于财政经常性收入的增长幅度。

各地各有关部门要根据本意见精神制定贯彻落实的具体措施。

参 考 文 献

[1] 辜胜阻. 转型与创新是后危机时代的重大主题 [J]. 财贸经济, 2010 (8)：91 - 95, 136.

[2] 刘志彪. 从后发到先发：关于实施创新驱动战略的理论思考 [J]. 产业经济研究, 2011 (4)：1 - 7.

[3] 洪银兴. 关于创新驱动和协同创新的若干重要概念 [J]. 经济理论与经济管理, 2013 (5) 5 - 12.

[4] 洪银兴. 现代化的创新驱动：理论逻辑与实践路径 [J]. 江海学刊, 2013 (6)：20 - 27.

[5] 辜胜阻, 刘江日. 城镇化要从"要素驱动"走向"创新驱动" [J]. 人口研究, 2012 (6)：3 - 12.

[6] 王志刚. 扎实推进创新驱动发展战略 [J]. 求是, 2012 (23)：52 - 54.

[7] 陈勇星, 屠文娟, 季萍, 杨晶照. 江苏实施创新驱动战略的对策研究 [J]. 科技管理研究, 2012 (20)：37 - 41.

[8] 洪银兴. 论创新驱动经济发展战略 [J]. 经济学家, 2013 (1)：5 - 11.

[9] 任保平, 郭晗. 经济发展方式转变的创新驱动机制 [J]. 学术研究, 2013 (2)：69 - 75, 159.

[10] 陈曦. 创新驱动发展战略的路径选择 [J]. 经济问题, 2013 (3)：42 - 45.

[11] 张来武. 论创新驱动发展 [J]. 中国软科学, 2013 (1)：1 - 5.

［12］王兰英，杨帆．创新驱动发展战略与中国的未来城镇化建设［J］．中国人口·资源与环境，2014（9）：163－169．

［13］马一德．创新驱动发展与知识产权制度变革［J］．现代法学，2014（3）：48－61．

［14］王海兵，杨蕙馨．创新驱动及其影响因素的实证分析：1979－2012［J］．山东大学学报（哲学社会科学版），2015（1）：23－34．

［15］郭铁成．创新驱动发展战略的基本问题［J］．中国科技论坛，2016（12）：5－9．

［16］李良成．政策工具维度的创新驱动发展战略政策分析框架研究［J］．科技进步与对策，2016（11）：95－102．

［17］王海燕，郑秀梅．创新驱动发展的理论基础、内涵与评价［J］．中国软科学，2017（1）：41－49．

［18］陈诗一．上海创新驱动和转型发展的评估指标研究［J］．湖南科技大学学报（社会科学版），2017（1）：70－77．

［19］Schumpeter，J A. The Theory of economic development［M］. Cambridge Mass：Harvard University Press，1934.

［20］刘新，吕廷杰．融合创新的概念、背景和特点［J］．通信企业管理，2006（12）：68－69．

［21］Dubé L，Pingali P，Webb P. Paths of convergence for agriculture，health and wealth［J］. Proceedings of the National Academy of Sciences of The United States of America，2012，109（31）：12294－12301.

［22］章文光，Ji Lu，Laurette Dubé．融合创新及其对中国创新驱动发展的意义［J］．管理世界，2016（6）：1－9．

［23］张文忠，许婧雪，马仁锋，马诗萍．中国城市高质量发展内涵、现状及发展导向——基于居民调查视角［J］．城市规划，2019，43（11）：13－19．

［24］方创琳．中国新型城镇化高质量发展的规律性与重点方向［J］．地理研究，2019，38（1）：13－22．

［25］李善同. 2018 中国城市论坛：城市高质量发展之路如何走［EB/OL］.［2019 – 01 – 25］. https：//baijiahao. baidu. com/s？ id = 1623589238738959540&wfr = spider&for = pc.

［26］武汉大学创新型城市研究课题组. 新时代高质量发展下的创新型城市建设——基于西安创新型城市的思考［J］. 中国科技论坛，2019（11）：132 – 137.

［27］袁晓辉. 创新驱动的科技城规划研究［D］. 北京：清华大学建筑学院，2014.

［28］Landry C. The creative city：A toolkit for urban innovators［M］. London：Earth scan publications LTD，2000.

［29］江育恒，赵文华. 研究型大学助推创新型城市建设的路径初探——来自华盛顿大学的经验借鉴［J］. 中国高教研究，2016（7）：73 – 79.

［30］Florida R. The Rise of the Creative Class［R］. US：Basic Books. 2004.

［31］周晶晶，吴思慧，沈能. 超效率视角下的我国创新型城市效率评价——以长三角地区为例［J］. 科技管理研究，2015，35（16）：68 – 71 + 82.

［32］吴传清，龚晨. 创新型城市评价指标体系设计：回顾与展望［J］. 统计与决策，2016（7）：68 – 71.

［33］王瑞军，李建平，李闽榕. 中国城市创新竞争力发展报告（2018）［M］. 北京：社会科学文献出版社，171 – 175.

［34］Pettigrew A M，Woodman R W，Cameron K S. Studying organizational change and development：Challenges for future research［J］. Academy of Management Journal，2001，44（4）：697 – 713.

［35］WIRED. The innovation driven economic development model：A practical guide for the regional innovation broker［R］. The US Department of Labor Workforce Innovation in Regional Economic Development，2008.

［36］王扬眉，梁果，李爱君，王海波．家族企业海归继承人创业学习过程研究——基于文化框架转换的多案例分析［J］．管理世界，2020，36（3）：120－142．

［37］Yin，R K. Case Study Research：Design and Methods［M］，Thousand Oaks：Sage Publications. 2009.

［38］苏敬勤，刘静．多元化战略影响因素的三棱锥模型——基于制造企业的多案例研究［J］．科学学与科学技术管理，2012，33（1）：148－155．

［39］林宇，何舜辉，王倩倩，等．新加坡创新型城市的发展及其对上海的启示［J］．世界地理研究，2016，25（3）：40－48．

［40］詹正茂，田蕾．新加坡创新型城市建设经验及其对中国的启示［J］．科学学研究，2011，29（4）：627－633．

［41］喻金田，陈媞．荷兰埃因霍温创新型城市建设经验及启示［J］．科学学与科学技术管理，2012，33（11）：46－51．

［42］Ricardo S，Giuseppe F，Andrea C. The relationships between innovation and human and psychological capital in organizations：A review［J］. The Innovation Journal：The Public Sector Innovation Journal，2013，18（3）：1－18.

［43］汤进．创新型城市的建设途径——日本川崎市的经验和启示［J］．上海经济研究，2009（7）：88－96．

［44］新军．上海蓝皮书经济［M］，北京：社会科学文献出版社，2011．

［45］郑德高，袁海琴．校区、园区、社区：三区融合的城市创新空间研究［J］．国际城市规划，2017，32（4）：67－75．

［46］吴建南，郑烨，徐萌萌．创新驱动经济发展：美国四个城市的多案例研究［J］．科学学与科学技术管理，2015，36（9）：21－30．

［47］杨荣．新加坡 R&D 投入体系、机制与绩效研究［J］．全球科技经济瞭望，2015，30（1）：39－46，59．

[48] 刘铮，党春阁，宋丹娜，等. 日本大气污染防治的经验与启示——以川崎市为例 [J]. 环境保护，2019，47（8）：70－73.

[49] 郑烨，吴建南. 内涵演绎、指标体系与创新驱动战略取向 [J]. 改革，2017（6）：56－67.

[50] 杨冬梅，赵黎明，闫凌州. 创新型城市：概念模型与发展模式 [J]. 科学学与科学技术管理，2006（8）：97－101.

[51] 胡钰. 创新型城市建设的内涵、经验和途径 [J]. 中国软科学，2007（4）：32－38＋56.

[52] 石忆邵，卜海燕. 创新型城市评价指标体系及其比较分析 [J]. 中国科技论坛，2008（1）：22－26.

[53] 杨华峰，邱丹，余艳. 创新型城市的评价指标体系 [J]. 统计与决策，2007（11）：68－70.

[54] 夏天. 创新驱动过程的阶段特征及其对创新型城市建设的启示 [J]. 科学学与科学技术管理，2010，31（2）：124－129.

[55] 胡树华，牟仁艳. 创新型城市的概念、构成要素及发展战略 [J]. 经济纵横，2006（8）：61－63.

[56] 尤建新，卢超，郑海鳌，陈震. 创新型城市建设模式分析——以上海和深圳为例 [J]. 中国软科学，2011（7）：82－92.

[57] 李琳，韩宝龙，李祖辉，张双武. 创新型城市竞争力评价指标体系及实证研究——基于长沙与东部主要城市的比较分析 [J]. 经济地理，2011，31（2）：224－229，236.

[58] 代明，王颖贤. 创新型城市研究综述 [J]. 城市问题，2009（1）：94－98.

[59] 邹燕. 创新型城市评价指标体系与国内重点城市创新能力结构研究 [J]. 管理评论，2012，24（6）：50－57.

[60] Schumpeter, J A. The Theory of Economic Development. Cam-bridge Mass：Harvard University Press，1934（Original in Ger-man，1912）.

[61] 袁晓辉. 创新驱动的科技城规划研究 [D]. 清华大学，2014.

[62] 霍丽，惠宁. 制度优势与创新型城市的形成 [J]. 学术月刊，2006 (12)：59 - 65.

[63] 张洁，刘科伟，刘红光. 我国主要城市创新能力评价 [J]. 科技管理研究，2007 (11)：74 - 77.

[64] 李永胜. 论创新型城市的涵义、特征及其实现途径 [J]. 天府新论，2008 (1)：98 - 101.

[65] 惠宁，谢攀，霍丽. 创新型城市指标评价体系研究 [J]. 经济学家，2009 (2)：102 - 104.

[66] 代明，张晓鹏. 创新型城市与创新型企业发展潜因素路径影响分析——基于结构模型路径图法的深圳实证检验 [J]. 科学学与科学技术管理，2011，32 (1)：60 - 66.

[67] 李靖华，李宗乘，朱岩梅. 世界创新型城市建设模式比较：三个案例及其对上海的启示 [J]. 中国科技论坛，2013 (2)：139 - 146.

[68] 魏亚平，贾志慧. 创新型城市创新驱动要素评价研究 [J]. 科技管理研究，2014，34 (19)：1 - 5 + 20.

[69] 江育恒，赵文华. 研究型大学助推创新型城市建设的路径初探——来自华盛顿大学的经验借鉴 [J]. 中国高教研究，2016 (7)：73 - 79.

[70] 张剑，吕丽，宋琦，彭定蝶，叶选挺. 国家战略引领下的我国创新型城市研究：模式、路径与评价 [J]. 城市发展研究，2017，24 (9)：49 - 56.

[71] 杨思莹，李政，孙广召. 产业发展、城市扩张与创新型城市建设——基于产城融合的视角 [J]. 江西财经大学学报，2019 (1)：21 - 33.

[72] 梁琦，李建成，夏添，徐世长. 知识交流合作的空间溢出与邻近效应——来自长三角创新型城市群的经验证据 [J]. 吉林大学社会科学学报，2019，59 (2)：41 - 51 + 219 - 220.

[73] 吕岩威，孙慧. 中国战略性新兴产业发展体系构建与行动路径

探讨 [J]. 科技与经济, 2013, 26 (4): 96-100.

[74] 蒋玉涛, 郑海涛. 创新型城市建设路径及模式比较研究——以广州、深圳为例 [J]. 科技管理研究, 2013, 33 (14): 24-30.

[75] 王瑞军, 李建平, 李闻榕. 中国城市创新竞争力发展报告 (2018) [M]. 北京: 社会科学文献出版社, 171-175.

[76] 代明, 周飞媚. 创新型城市文化特质的经济学分析 [J]. 城市问题, 2009 (12): 56-61.

[77] 周晶晶, 沈能. 基于因子分析法的我国创新型城市评价 [J]. 科研管理, 2013, 34 (S1): 195-202.

[78] 吴优, 李文江, 丁华, 左新兵. 创新驱动发展评价指标体系构建 [J]. 开放导报, 2014 (4): 88-92.

[79] 陈莉, 李运超. 基于遗传算法——支持向量机的我国创新型城市评价 [J]. 中国科技论坛, 2014 (11): 126-131.

[80] 周晶晶, 吴思慧, 沈能. 超效率视角下的我国创新型城市效率评价——以长三角地区为例 [J]. 科技管理研究, 2015, 35 (16): 68-71+82.

[81] 王默, 魏先彪, 彭小宝, 段玉珍. 国家创新型城市效率评价研究——基于两阶段 DEA 模型 [J]. 北京理工大学学报 (社会科学版), 2018, 20 (6): 65-74.

[82] 李妍. 建设创新型省份指标体系及广东实证研究 [J]. 科技管理研究, 2017, 37 (12): 52-57.

[83] 应可福, 顾水彬. 动态控制式创新型省份建设评价体系构建 [J]. 科技创业月刊, 2012, 25 (10): 1-2, 6.

[84] 贠兆恒, 潘锡杨, 夏保华. 创新型都市圈协同创新体系理论框架研究 [J]. 城市发展研究, 2016, 23 (1): 34-39.

[85] 王丽, 毛寿龙. 雄安新区创新型城市建设研究: 一个概念分析框架 [J]. 天津行政学院学报, 2019, 21 (4): 78-85.

[86] 徐小阳, 赵喜仓. 创新型省份建设绩效评价及其影响因素分析

[J]. 统计与决策, 2012 (24): 70 - 73.

[87] 吴建南, 刘焕, 阎波. 创新型省份建设的多案例分析 [J]. 中国科技论坛, 2015 (9): 87 - 91.

[88] 胡春萍, 李文慧, 王昕红. 创新型省份建设评价研究——以陕西为例 [J]. 科技与经济, 2016, 29 (2): 26 - 30.

[89] 刘刚, 王宁. 突破创新的 "达尔文海"——基于深圳创新型城市建设的经验 [J]. 南开学报 (哲学社会科学版), 2018 (6): 122 - 133.

[90] 高传贵, 张莹. 企业自主创新路径、模式与实现机制研究 [J]. 山东社会科学, 2018 (4): 143 - 147, 142.

[91] 施孝忠. 大学与创新型城市协同发展研究 [J]. 江苏高教, 2018 (7): 37 - 41.

[92] 朱仁显, 刘建义. 创新型城市建设视角下的科技文化和体制创新——基于厦门市的经验研究 [J]. 科技管理研究, 2014, 34 (19): 21 - 25, 30.

[93] 朱缨, 田雪枫. 创新型城市科技成果转化机制与政策研究 [J]. 学习与实践, 2016 (12): 47 - 53.

[94] 薛澜, 陈玲. 制度惯性与政策扭曲: 实践科学发展观面临的制度转轨挑战 [J]. 中国行政管理, 2010, (8): 7 - 9.

[95] 陈强, 余伟. 英国创新驱动发展的路径与特征分析 [J]. 中国科技论坛, 2013 (12): 148 - 154.

[96] 张素峰. 创新型城市建设的基础因素及协同关系——从中山市建设 "适宜创新" 城市谈起 [J]. 理论前沿, 2009 (23): 48 - 49.

[97] 陈潇潇, 安同良. 基于地方政府视角的创新型城市建设比较及启示 [J]. 经济问题探索, 2016 (8): 76 - 82.

[98] 韩洁平, 文爱玲, 闫晶. 基于工业生态创新内涵及外延的发展趋势研究 [J]. 生态经济, 2016, 32 (2): 57 - 62.

[99] 杨燕. 生态创新的概念内涵和特性: 与一般意义上创新的比较

与思考 [J]. 东北大学学报 (社会科学版), 2013, 15 (6): 557 - 562.

[100] 郑烨. 创新驱动发展战略与科技创新支撑: 概念辨析、关系厘清与实现路径 [J]. 经济问题探索, 2017 (12): 163 - 170.

[101] 辜胜阻, 杨嵋, 庄芹芹. 创新驱动发展战略中建设创新型城市的战略思考——基于深圳创新发展模式的经验启示 [J]. 中国科技论坛, 2016 (9): 31 - 37.

[102] 陈文玲, 周京. 把创新城市发展方式作为国家重大战略 [J]. 南京社会科学, 2012 (12): 6 - 12, 45.

[103] Kuo T C, Smith S. A systematic review of technologies involving eco-innovation for enterprises moving towards sustainability [J]. Journal of Cleaner Production, 2018, 192 (AUG. 10): 207 - 220.

[104] Karakaya E, Hidalgo A, Nuur C. Diffusion of eco-innovations: A review [J]. Renewable and Sustainable Energy Reviews, 2014, 33: 392 - 399.

[105] Fussler C, James P. Driving eco-innovation: A break thorough discipline for innovation and sustainability [M]. London: Pitman Publishing, 1996

[106] Rennings K. Redefining innovation-eco-innovation research and the contribution from ecological economics [J]. Ecological Economies, 2000, 32 (2): 319 - 332.

[107] Klemmer P, Lehr U, Lobbe K. Environmental Innovation. Vol. 3 of publications from a Joint Project on Innovation Impacts of Environmental Policy Instruments [R]. Synthesis Report of a project commissioned by the German Ministry of Research and Technology (BMBF), Analytica - Verlag, Berlin, 1999.

[108] Beise M, Rennings K. Lead markets and regulation: A framework for analyzing the international diffusion of environmental innovations [J]. Ecological Economics, 2005 (52): 5 - 17.

［109］唐善茂．广西矿产资源可持续开发利用与生态创新战略研究
［D］．吉林大学，2007．

［110］彭雪蓉．利益相关者环保导向、生态创新与企业绩效：组织合
法性视角［D］．浙江大学，2014．

［111］邵安菊．培育城市创新生态系统的路径与对策［J］．宏观经济
管理，2017（8）：61－66．

［112］徐君，任腾飞，戈兴成，贾倩．资源型城市创新生态系统的驱
动效应分析［J］．科技管理研究，2020，40（10）：26－35．

［113］Anthony A，Rene K．Measuring eco-innovation［J］United Na-
tions University，2009（17）：3－40

［114］Cheng C C，Shiu E C．Validation of a proposed instrument for
measuring eco-innovation：An implementation perspective［J］．Technovation，
2012，32（6）：329－344．

［115］付帼，卢小丽，武春友．中国省域绿色创新空间格局演化研究
［J］．中国软科学，2016（7）：89－99．

［116］García－Granero E M，Piedra－Munoz L，Galdeano－Gómez E．
Eco-innovation measurement：A review of firm perform-ance indicators［J］．
Journal of Cleaner Production，2018，119（1）：304－317．

［117］周雪娇，杨琳．基于创新驱动的区域经济与生态环境协调发展
的研究［J］．经济问题探索，2018（7）：174－183．

［118］彭文斌，文泽宙，邝嫦娥．中国城市绿色创新空间格局及其影
响因素［J］．广东财经大学学报，2019，34（1）：25－37．

［119］肖仁桥，丁娟，钱丽．绿色创新绩效评价研究述评［J］．贵州
财经大学学报，2017（2）：100－110．

［120］王彩明，李健．中国区域绿色创新绩效评价及其时空差异分
析——基于2005－2015年的省际工业企业面板数据［J］．科研管理，
2019，40（6）：29－42．

［121］段新，戴胜利，廖凯诚．区域科技创新、经济发展与生态环境

的协调发展研究——基于省级面板数据的实证分析［J］．科技管理研究，2020，40（1）：89-100.

［122］周亮，车磊，周成虎．中国城市绿色发展效率时空演变特征及影响因素［J］．地理学报，2019，74（10）：2027-2044.

［123］李金滟，李超，李泽宇．城市绿色创新效率评价及其影响因素分析［J］．统计与决策，2017（20）：116-120.

［124］Charnes A，Cooper W W，Rhodes E．Measuring the efficiency of decision making units［J］．European Journal of Operational Research，2007，2（6）：429-444.

［125］Tone K．A slacks-based measure of efficiency in data envelopment analysis［J］．European Journal of Operational Research，2001，130（3）：498-509.

［126］Alegre J，Lapiedra R，Chiva R．A measurement scale for product innovation performance［J］．European Journal of In-novation Management，2006，9（4）：333-346.

［127］姜滨滨，匡海波．基于"效率-产出"的企业创新绩效评价——文献评述与概念框架［J］．科研管理，2015，36（3）：71-78.

［128］郑烨，陈笑飞，孙淑婕．中国创新型城市研究历经了什么？——创新型国家建设以来的文献回顾与反思［J］．中国科技论坛，2020（8）：88-97，109.

［129］占世良．推进公众参与提高城建工作水平［N］．中国建设报，2015-05-05（10）.

［130］韩普，李瑶康，马健．公众参与智慧城市管理众包的影响因素研究［J］．信息资源管理学报，2019，9（2）：117-128.

［131］Boukhris I，Ayachi R，Elouedi Z et al. Decision Model for Policy Makers in the Context of Citizens Engagement［J］．Social Science Computer Review，2016.

［132］刘珊，梅国平．公众参与生态文明城市建设有效表达机制的构

建——基于鄱阳湖生态经济区居民问卷调查的分析 [J]. 生态经济, 2014, 30 (2): 41-44+61.

[133] 覃玲玲. 生态文明城市建设与指标体系研究 [J]. 广西社会科学, 2011 (7): 110-113.

[134] 侯爱敏, 袁中金. 国外生态城市建设成功经验 [J]. 城市发展研究, 2006 (3): 1-5.

[135] Ajzen I. The Theory of Planned Behavior [J]. Organizational Behavior and Human Decision Processes, 1991, 50 (2): 179-211.

[136] Icek, Ajzen. Perceived Behavioral Control, Self - Efficacy, Locus of Control, and the Theory of Planned Behavior [J]. Journal of Applied Social Psychology, 2002.

[137] 白永亮, 程奥星, 成金华. 水生态文明建设的公众参与意愿——5 个国家级试点城市的 1379 份问卷调查 [J]. 资源科学, 2019, 41 (8): 1427-1437.

[138] 施建刚, 司红运, 吴光东, 王欢明. 可持续发展视角下城市交通共享产品使用行为意愿研究 [J]. 中国人口·资源与环境, 2018, 28 (6): 63-72.

[139] 田慧荣, 张剑, 贾振全. 员工绿色行为研究现状: 关键词网络分析与内容综述 [J/OL]. 软科学: 1-11 [2021-01-28]. http: // kns. cnki. net/kcms/detail/51. 1268. G3. 20201216. 1322. 008. html.

[140] 董新宇, 杨立波, 齐璞. 环境决策中政府行为对公众参与的影响研究——基于西安市的实证分析 [J]. 公共管理学报, 2018, 15 (1): 33-45, 155.

[141] 崔庆宏, 薛凯, 王广斌. 公众参与智慧城市建设的意愿、行为与绩效关系研究 [J]. 现代城市研究, 2019 (11): 113-119, 31.

[142] 崔枫, 张琰. 城市居民低碳出行意向的影响因素 [J]. 城市问题, 2017 (11): 96-103.

[143] 贾鼎. 基于计划行为理论的公众参与环境公共决策意愿分析

[J]. 当代经济管理, 2018, 40 (1): 52 – 58.

[144] 王昶, 吕夏冰, 孙桥. 居民参与"互联网 + 回收"意愿的影响因素研究 [J]. 管理学报, 2017, 14 (12): 1847 – 1854.

[145] Jing M, Hipel K W, Hanson M L et al. An Analysis of Influencing Factors on Municipal Solid Waste Source – Separated Collection Behavior in Guilin, China by Using the Theory of Planned Behavior [J]. Sustainable Cities and Society, 2017, 37: 336 – 343.

[146] 梁莹. 居民参与环境治理行为的路径研究 [D]. 天津大学, 2018.

[147] Lee J H, Hancock M G, Hu M C. Towards an effective framework for building smart cities: Lessons from Seoul and San Francisco [J]. Technological Forecasting & Social Change, 2014, 89 (nov.): 80 – 99.

[148] 王亚玲. 公众参与: 智慧城市向智慧社会的跃迁路径 [J]. 领导科学, 2019 (2): 115 – 117.

[149] Benouaret K, Valliyur – Ramalingam R, Charoy F. Crowd SC: Building Smart Cities with Large – Scale Citizen Participation [J]. IEEE Internet Computing, 2013, 17 (6): 57 – 63.

[150] 郭永辉. 基于计划行为理论的设计链知识持续分享模型 [J]. 科学学研究, 2008, 26 (S1): 159 – 165.

[151] Kline, R B. Software Review: Software Programs for Structural Equation Modeling: Amos, EQS, and LISREL [J]. Journal of Psychoeducational Assessment, 1998, 16 (4): 343 – 364.

[152] Bagozzi R P, Edwards J R. A General Approach for Representing Constructs in Organizational Research [J]. Organizational Research Methods, 1998, 1 (1): 45 – 87.

[153] 张熠天. 遥感卫星应用服务质量评价研究 [D]. 哈尔滨工业大学, 2017.

[154] 胡玉洲. 模块化企业的创新能力与组织绩效研究 [D]. 武汉

大学，2012．

[155] 吴明隆．结构方程模型——AMOS 的操作与应用 [M]．重庆：重庆大学出版社，2010．

[156] Paul J M and Walter W P. The Iron Cage Revisited：Institutional Isomorphism and Collective Rationality in Organizational Fields [J]．American sociological Review，1983，48（2）：147－160．

[157] 周雪光．基层政府间的"共谋现象"——一个政府行为的制度逻辑 [J]．社会学研究，2008，23（6）：1－21．

[158] 吴建南，刘焕，阎波．创新型省份建设的多案例分析 [J]．中国科技论坛，2015，（9）：87－90．

[159] Chris C C and Paul W B. The Impact of Institutional Reforms on Characteristics and Survival of Foreign Subsidiaries in Emerging Economics [J]. Journal of Management Studies，2005，42（1）：35－62．

[160] 逄旭东，颜彦．我国地方政府间纵向竞争问题分析 [J]．商业经济研究，2013（4）：98－99．

[161] 竞争城市化和智慧城市创新的局限：英国未来城市倡议

[162] 城市的通过国家转型创新比赛：英国未来的教训城市示威者倡议

[163] 武汉建设创新型城市面临的问题与对策

[164] 创新型城市建设提高中国经济增长质量了吗？

[165] 赵曙明，张紫滕，陈万思．新中国 70 年中国情境下人力资源管理研究知识图谱及展望 [J]．北京：经济管理，2019（7）：190－208．

[166] 高玉娟，石娇．基于 CNKI 数据库的国内草原生态补偿研究的知识图谱分析 [J]．中国农业资源与区划，2022，43（8）：210－217．

[167] Kourtit K，Nijkamp P，Arribas D．Smart cities in perspective-a comparative European study by means of self-organizing maps [J]．Innovation：The European journal of social science research，2012，25（2）：229－246．

[168] Leamer E E，Storper M．The economic geography of the internet

age [M]. Location of international business activities. Palgrave Macmillan, London, 2014: 63 –93.

[169] Batty M, Axhausen K W, Giannotti F et al. Smart cities of the future [J]. The European Physical Journal Special Topics, 2012, 214 (1): 481 –518.

[170] Jones K E, Granzow M, Shields R. Urban virtues and the innovative city: An experiment in placing innovation in Edmonton, Canada [J]. Urban Studies, 2019, 56 (4): 705 –721.

[171] Zhou Y, Li S. Can the innovative-city-pilot policy promote urban innovation? An empirical analysis from China [J]. Journal of Urban Affairs, 2021: 1 –19.

[172] Caragliu A, Del Bo C F. Smart innovative cities: The impact of Smart City policies on urban innovation [J]. Technological Forecasting and Social Change, 2019, 142: 373 –383.

[173] Park J Y, Page G W. Innovative green economy, urban economic performance and urban environments: an empirical analysis of US cities [J]. European Planning Studies, 2017, 25 (5): 1 –18.

[174] Chong M, Habib A, Evangelopoulos N, et al. Dynamic capabilities of a smart city: An innovative approach to discovering urban problems and solutions [J]. Government Information Quarterly, 2018, 35 (4): 682 –692.

[175] Waibel M, Schrder F. The Interplay of Innovative Urban Planning Approaches and Economic Upgrading in China: The Case of Guangzhou Mega – City [J]. disP – The Planning Review, 2011, 47 (187): 49 –58.

[176] Kwok T. S. Innovation across cities [J]. Journal of Regional Science, 2018, 58 (2): 295 –314.

[177] Cui Q, Wei R, Huang R, Hu X, Wang G. The Effect of Perceived Risk on Public Participation Intention in Smart City Development: Evi-

dence from China. Land. 2022；11（9）：1604.

［178］Qian H. Diversity versus tolerance：the social drivers of innovation and entrepreneurship in US cities ［J］. Urban Studies, 2013, 50（13）：2718 – 2735.

［179］Nerini F F, Slob A, RE Engström et al. A Research and Innovation Agenda for Zero – Emission European Cities ［J］. Sustainability, 2019, 11（6）：1692.

［180］Beretta, Ilaria. The social effects of eco-innovations in Italian smart cities ［J］. Cities, 2018, 72（FEB.）：115 – 121.

［181］朱军文, 李奕赢. 国外科技人才国际流动问题研究演进 ［J］. 科学学研究, 2016, 34（5）：697 – 703.

［182］Lawrence R J. Inequalities in urban areas：innovative approaches to complex issues ［J］. Scandinavian Journal of Public Health Supplement, 2002, 59（59 suppl）：34.

［183］Audretsch D B. The innovative advantage of US cities ［J］. European Planning Studies, 2002, 10（2）：165 – 176.

［184］Nijkamp P, Reggiani A. Drivers of innovation：A comparative study on innovation in European cities by means of multi-criteria analysis ［J］. Tijdschrift Voor Economische En Sociale Geografie, 2010, 91（3）：308 – 315.

［185］Athey G, Nathan M, Webber C et al. Innovation and the city ［J］. Innovation, 2008, 10（2 – 3）：156 – 169.

［186］张衔春, 马学广, 单卓然, 胡国华, 孙东琪. 精明增长政策下美国城市多中心治理研究 ［J］. 地理科学, 2017, 37（5）：672 – 681.

［187］Ostrom E. Beyond markets and states：polycentric governance of complex economic systems ［J］. American economic review, 2010, 100（3）：641 – 72.

［188］张恩, 高鹏程. 城市治理中的多中心治理与整体性治理理论——以中国超大城市人口治理论争为例 ［J］. 国家治理现代化研究, 2020

（1）：65 – 79 + 269 – 270.

［189］罗震东，朱查松．解读多中心：形态、功能与治理［J］．国际城市规划，2008（1）：85 – 88.

［190］张文礼．多中心治理：我国城市治理的新模式［J］．开发研究，2008（1）：47 – 50.

［191］薄文广，陈飞．京津冀协同发展：挑战与困境［J］．南开学报（哲学社会科学版），2015（1）：110 – 118.

［192］徐培，金泽虎，李静．人才安居、技术创新的产业升级效应及空间溢出效应——基于人才安居城市和创新型城市的准自然实验［J］．西安交通大学学报（社会科学版）：1 – 12.

［193］曾鹏，黄晶秋．创新型城市建设与发展的机制与路径［J］．云南师范大学学报（哲学社会科学版），2022，54（4）：52 – 61.

［194］王晓红，张少鹏，李宣廷．创新型城市建设对城市绿色发展的影响研究［J］．科研管理，2022，43（8）：1 – 9.

［195］胡兆廉，石大千．创新型政策推进高质量发展的动力来源与作用机制——基于国家创新型城市建设的自然实验［J］．经济与管理研究，2022，43（8）：3 – 17.

［196］张扬，顾丽梅．中国创新型城市政策的演进逻辑与实践路径——基于文本分析的视角［J］．科学管理研究，2021，39（6）：8 – 16.

［197］王迎春．创新型城市建设中文化的作用及培育［J］．人民论坛，2016（2）：181 – 183.

［198］白洁，李万明．创新型城市建设、营商环境与城市创业［J］．软科学：1 – 12.

［199］张风帆，纪明．我国发展新兴战略产业中的政府与企业行为策略——基于演化博弈论的视角［J］．社会科学家，2020（2）：41 – 46，53.

［200］王星．低碳城市试点如何影响城市绿色技术创新？——基于政府干预和公众参与的协同作用视角［J］．兰州大学学报（社会科学版），2022，50（4）：41 – 53.

［201］王丽．公众参与背景下治理现代化能力提升［J］．人民论坛，2016（5）：61－63. DOI：10. 16619/j. cnki. rmlt. 2016. 05. 098.

［202］李凤亮．从"文化创新"到"创新文化"——创新型城市建设的一个视角［J］．深圳大学学报（人文社会科学版），2013，30（4）：31－32.

［203］任福君，刘萱，马健铨．面向2035创新文化建设的进一步思考［J］．科技导报，2021，39（21）：87－94.

［204］杨忠泰，白菊玲．基于建设世界科技强国的我国建国70年创新文化演进脉络和战略进路［J］．科技管理研究，2020，40（9）：244－250.

［205］王大广．公众参与基层社会治理的实践问题、机理分析与创新展望［J］．教学与研究，2022（4）：45－55.

［206］南锐，陈蒙．基于扎根理论的城市基层社会治理公众参与有效性研究——来自北京市垃圾分类治理经验的证据［J］．行政论坛，2022，29（3）：120－130.

［207］周勇．城市治理中公众参与的价值考量与法治进路［J］．重庆社会科学，2022（5）：87－98.

［208］魏敏，李书昊．新时代中国经济高质量发展水平的测度研究［J］．数量经济技术经济研究，2018，35（11）：3－20.

［209］周志忍，蒋敏娟．整体政府下的政策协同：理论与发达国家的当代实践［J］．国家行政学院学报，2010（6）：28－33.

［210］周志忍，蒋敏娟．中国政府跨部门协同机制探析——一个叙事与诊断框架［J］．公共行政评论，2013，6（1）：91－117，170.